民国时期营业税制度的变迁

柯伟明 / 著

近代中国的知识与制度转型丛书

社会科学文献出版社
SOCIAL SCIENCES ACADEMIC PRESS (CHINA)

本书为国家社科基金青年项目"民国时期营业税制度研究"（项目号：16CZS048）成果，得到中山大学历史学系学科建设经费专项出版资助

目　录

绪　论 …………………………………………………………… 1

第一章　营业税在国地财税体制中的变动 …………………… 18
- 第一节　筹议国家营业税 ………………………………… 19
- 第二节　开征地方营业税 ………………………………… 26
- 第三节　营业税收归中央 ………………………………… 45
- 第四节　营业税划归地方 ………………………………… 59
- 小　结 ……………………………………………………… 73

第二章　营业税征收制度的类型及其演进 …………………… 75
- 第一节　营业税包征制 …………………………………… 75
- 第二节　营业税代征制 …………………………………… 90
- 第三节　营业税官征制 …………………………………… 97
- 第四节　营业税简化稽征 ………………………………… 119
- 小　结 ……………………………………………………… 131

第三章　营业税的征管激励机制及其运用 …………………… 133
- 第一节　处罚制度及其运用 ……………………………… 133
- 第二节　罚金提奖与经费坐扣 …………………………… 146
- 第三节　考核制度及其适用 ……………………………… 156
- 小　结 ……………………………………………………… 170

第四章　营业税税率的变动及其减免纷争……172
   第一节　中央营业税税率的变化……172
   第二节　地方营业税税率的争议……182
   第三节　战时营业税税率的调整……205
   第四节　战后营业税的减免纷争……225
   　小　　结……243

第五章　营业税课税标准的演变及其争议……245
   第一节　西方国家营业税的课税标准……246
   第二节　中国营业税课税标准的演进……251
   第三节　中国营业税课税标准的争议……269
   　小　　结……291

结　语……294

参考文献……302

后　记……320

绪 论

一 选题缘起和意义

近代以后，中国开启了现代化的历史进程，其重要标志之一是由传统农业文明向现代工业文明转变。工业化是与传统生产方式（自给自足的小农经济）不同的一种新型生产方式，其核心是机器化大生产。在此过程中所需的资金是如何筹集的？如果说西方国家对外殖民扩张、掠夺为其走向现代化提供了必要的原始资本积累，那么对于中国这样一个半殖民地半封建社会的国家而言，早期现代化的资金从何而来？众所周知，税收是国家财政的重要收入来源，也是维持政府正常运作及推动各项现代化事业建设的资金保障。政府只有在掌握充足财力的基础上才能够大力发展社会经济，改善民生，乃至维护国家安全。以工业化为主体的现代化带来社会物质财富的迅猛增长，为政府提供了新税源，这需要建立一套与现代社会经济发展相适应的财政体制和税收制度。民国时期，为摆脱财政困境，政府实施了一系列财政税收改革，如划分国地税收、引进西方现代税制、改革传统税制等。正如李权时所言："中国目前已被时势所迫而踏进了近世国家的舞台，于是乎中古时代的租税制度如厘金等乃不得不随革新的巨潮而东逝；而近世时代的租税制度如保护

民国时期营业税制度的变迁

关税、国产税、所得税、遗产税和营业税等等也自然而然地随革命热流而西来。"[①]

营业税是以营利为目的的事业为客体,对营业者所课征的一种税,其缴纳者为从事工商业经营的商人。近代营业税制度起源于西方国家,随后在其他国家和地区发展起来。营业税最原始的形态是"许可税"或"牌照税",即商人每年向政府缴纳一定税额才能获得经营某种营利事业的权利。一般而言,这种税额与各商经营状况并无直接关系。随着近代资本主义经济的发展,工商业的经营范围和规模不断扩大,原有的"许可税"或"牌照税"形态已不能适应社会经济的发展,不能满足政府的财政需求,于是逐渐发展演变出一种根据营利事业自身经营状况(经营规模或盈利大小)而征税的制度,即近代营业税制度。[②] 作为一个引自西方国家的现代税种,营业税在民国财政税收中具有非常重要的地位。民国时期,营业税不仅取代了地方厘金,而且与田赋构建起地方税收体系的主体。马寅初称之为"弥补裁厘损失之惟一方法"。[③] 抗战全面爆发后,营业税成为国民政府增税的一个重要手段,大大扩充了直接税体系,为支持抗战财政做出了积极贡献。关吉玉称:"现行中央及地方各种税收中,其具有优良战税之特征者,营业税一种而已。"[④]

值得注意的是,随着政治经济形势的发展,民国时期的财政税收分权体制几经变动,其间交织着中央与地方围绕税权的激烈争夺,受此影响,营业税经历了从国家税到地方税,再由地方税到国家税,最终由国家税到地方税的变动。税收权力的变动对税收制度产生了怎样的影响?作为一个课税范围广泛的工商税,营业税与中国工商业经济有着密切关

[①] 李权时:《中国目前营业税问题概观》,《经济学季刊》第2卷第2期,1931年,第1页。

[②] 魏华:《现代各国营业税制之发展及其现况》,《工商半月刊》第3卷第7期,1931年,第1页;高秉坊:《营业税之立制与整理》,《直接税月报》第2卷第4~6期综合编,1942年,第1~2页。

[③] 《马寅初全集》第5卷,浙江人民出版社,1999,第229页。

[④] 关吉玉:《营业税三三论》,《四川营业税周报》第1卷第1期,1937年,第7页。

系。在一定社会条件下，工商业所能承受的营业税负担是有限度的。如果政府为增加税收收入而超过这一限度，必定有碍于工商业经济的发展，难免引起纳税人的强烈反对，最终也不利于税收制度的实施。民国时期，营业税纳税人通过商会、同业公会等商人组织在社会经济中具有很大的影响力。为维护自身的经济利益，工商团体对营业税制度及其实践会做出怎样的反应？西方营业税制度在中国发展，不可避免地受到中国国情的制约和影响。在此情况下，中央和地方政府在营业税制度的设计上又是如何改变和调适的？以上这些均是值得深入探讨的问题。对这些问题进行深入研究，有助于深化和拓展民国税收史研究，同时能为该领域的研究提供一些有益的启示。

二 学术史回顾

20世纪80年代以后，随着政治经济环境的变化，中国近代史和民国史研究得到较大发展，极大地带动了民国财政税收史研究。与此前三十年对民国政府（包括北京政府和南京国民政府）财政经济政策予以全面否定不同，这一时期学术界基本上能够比较客观、科学地看待和评价民国政府财政税收制度和政策。这标志着民国财政税收史研究进入了前所未有的大发展阶段。①

（一）民国税收史研究的取向

1. 制度变迁视角

20世纪80年代以后，学术界出版了不少中国财政税收通史性著作，这些著作将民国税收制度置于中国财政税收制度发展的一个历史阶

---

① 参见柯伟明、于广《民国税收史研究中的三种"关系"》，《中国社会经济史研究》2015年第4期；魏文享：《民国工商税收史研究之现状与展望》，《中国社会经济史研究》2019年第1期。

民国时期营业税制度的变迁

段进行考察。项怀诚主编的《中国财政通史·中华民国卷》论述了民国时期从传统财政税收制度向现代财政税收制度的转变。[①] 黄天华主编的《中国税收制度史》阐述了民国时期关税、盐税、统税、货物税、直接税、田赋等征收管理制度的发展演变。[②] 这些通史性著作仅对民国税收制度做了概括性梳理，缺乏深入性，未能展现税收制度发展演变的复杂性及其与社会经济之间的联系。在此期间，一批以民国财政税收为专门研究对象的著作相继问世。董长芝主编的《民国财政经济史》论述了民国财政税收制度的演变。[③]《中华民国工商税收史》编委会编的《中华民国工商税收史》勾勒了盐税、货物税、直接税等工商税收制度在民国时期的变迁。[④] 林美莉的《西洋税制在近代中国的发展》考察了所得税、遗产税、营业税等西方税制在中国的发展。[⑤] 付志宇的《中国近代税制流变初探——民国税收问题研究》探讨了民国不同时期税收体制、税收制度的历史变迁。[⑥] 这些著作从宏观层面探讨民国时期财政税收制度的变迁，代表了民国税收史在整体性研究方面所取得的成绩。

作为民国时期一种非常重要的征收制度，包征制引起了不少学者的关注。有学者考察了民国时期广州娱乐业的包税制。[⑦] 任吉东的《近代华北乡村市场中的包税制——以直隶省获鹿县为例》一文认为，包税制度与乡村市场传统的抽用体系产生矛盾，使得维持村庄组织运行与乡地制度的基本保障和必要成本从根基上遭到破坏，引发了乡村社会的多

[①] 项怀诚主编《中国财政通史·中华民国卷》，中国财政经济出版社，2006。
[②] 黄天华主编《中国税收制度史》，华东师范大学出版社，2007。
[③] 董长芝主编《民国财政经济史》，辽宁师范大学出版社，1997。
[④] 中华民国工商税收史编委会编《中华民国工商税收史》，中国财政经济出版社，1994~2001。
[⑤] 林美莉：《西洋税制在近代中国的发展》，台北，中研院近代史研究所，2005。
[⑥] 付志宇：《中国近代税制流变初探——民国税收问题研究》，中国财政经济出版社，2007。
[⑦] 赵磊：《包税制下的民国广州娱乐捐税》，《传承》2011年第12期。

重危机。① 叶凡的硕士学位论文《北京政府时期的包税制研究——以上海地区为中心》指出，行业认税包缴和投标包税是北京政府时期的两种主要包税方式，行业认税主要是货物税、烟酒税，屠宰税和地方税捐则较早就采用投标包税的方式招商征收。该文认为，政府采取包税制增加财政收入，导致包税人和包税机构的同时增加，是政权内卷化的一个表现。② 有学者以河北省为中心详细阐述 1928~1937 年南京国民政府对县级税收征管中经纪制的改革历程。作者认为，南京国民政府时期，县级税收征管中的经纪制之所以效益不高，主要在于经纪制本身不完善和县政府对规章制度执行不力。③ 目前关于包征制的研究往往囿于制度本身，未能从一个较为宏观的角度看包征制的变迁及其与官征制、代征制等其他征收制度的关系。

2. 中央与地方视角

民国建立以后，由于军阀割据混战，中央政治权力衰弱，地方各自为政，截留国家税的现象屡见不鲜。张殿清的论文认为，地方政府截留盐税是大小军阀斗争的一种形式，掌握中央政权的军阀，以"财政统一"为借口，力图使盐税集中于中央供自己使用。地方当局则以各种名义截留盐税，以求增加自己的实力。④ 有学者指出，唐继尧时代之所以能够维持持久的战争局面，主要原因在于截留国家"正当"税收和征缴邻省的"合法"税款。⑤ 周曦的硕士学位论文认为，财政窘迫和利益分配失衡的混乱局面使得新生的民国政府中央与地方各路诸侯围绕利

---

① 任吉东：《近代华北乡村市场中的包税制——以直隶省获鹿县为例》，《安徽史学》2015 年第 3 期。
② 叶凡：《北京政府时期的包税制研究——以上海地区为中心》，硕士学位论文，安徽师范大学，2013。
③ 冯小红、张清芙：《1928 至 1937 年河北省县级税收征管中的经纪制改革述论——兼与杜赞奇先生商榷》，《中国社会经济史研究》2008 年第 1 期。
④ 张殿清：《北京国民政府时期地方截留中央盐税浅析》，《河北大学学报》（哲学社会科学版）2005 年第 1 期。
⑤ 陈征平：《民国政治结构变动中的云南地方与中央关系研究》，中国社会科学出版社，2012。

民国时期营业税制度的变迁

税分配展开激烈的争夺，其间更进一步演化为中央专款之争等地方割据势力以劫掠式的手段瓜分税收的军阀化现象。[1] 戴丽华的论文指出，1916年袁世凯政权倒台后，中央财权旁落，地方割据自大，经常截留田赋，导致田赋在国家税收预算中的比重日趋下降，由于各省军阀势力强大，不再向中央上解田赋，田赋实际上已沦为地方税。[2] 梁瑞敏、申玉山在《褚玉璞截留长芦盐税风波》一文中认为，1926年后褚玉璞截留长芦盐税的行径，对于朝不保夕的北洋政府财政不啻是雪上加霜，进一步加重了北洋政府的财政危机，直接敲响了北洋军阀统治的丧钟。[3]

南京国民政府时期，中央与地方关系有了很大的变化。张连红的《整合与互动：民国时期中央与地方财政关系研究（1927～1937）》一书是研究南京政府时期中央与地方财政税收关系的代表性成果。该书分析了中央与地方财政收支结构，从制度层面探讨了中央政府对地方政府的财政制约，从实践层面考察了中央财政统一的艰难历程。作者分别以裁厘、废除苛捐杂税和法币统一为中心讨论中央与地方财政的互动。[4] 尹红群的《略论1941年国民政府国家财政系统改制》指出，地方财政体系重省薄县，削弱了县地方财政的扩张能力；省统筹下的财政紧缩政策与县政的实际扩张，造成县地方事权与财权之间的深刻矛盾。[5] 有学者认为，省级财政取消后，省政府失去了收入来源，在施政方面也难有作为，甚至出现"地方官只有中央给多少钱就办多少事，不给钱就不

---

[1] 周曦：《民国时期重庆地区烟草税收制度研究》，硕士学位论文，西南政法大学，2009。

[2] 戴丽华：《近代中国分税制背景下的农业税归属问题及现代启示》，《农业考古》2014年第1期。

[3] 梁瑞敏、申玉山：《褚玉璞截留长芦盐税风波》，《河北大学学报》（哲学社会科学版）2010年第5期。

[4] 张连红：《整合与互动：民国时期中央与地方财政关系研究（1927～1937）》，南京师范大学出版社，1999。

[5] 尹红群：《略论1941年国民政府国家财政系统改制》，《中国经济史研究》2006年第2期。

办事"的现象。① 曾耀辉认为，内战全面爆发以后，国民政府更不惜抛开所得税法理基础，肆意践踏税制原则，采取估缴、摊派、强征等苛征和勒索办法，将抗战时期发展和不断改进充实的所得税，办成民众怨声载道的恶税，抗征拒缴愈演愈烈，最终导致所得税名存实亡。② 有学者指出，在战后的财政体制下，地方为攫取可能的财源，巧立名目，开征苛捐杂税，造成税源枯竭，影响中央财政收入；地方财力不足，影响地方政权的有效运作，地方管理不力，最终也使中央国家机器的效率受损，引发的财政危机直接导致后来的政治危机。③

目前学术界对于民国时期财政划分的研究有"消极论"和"积极论"两种截然不同的观点。消极论者认为，民国时期的财政划分徒具形式，没有起到应有的作用；因受制于国民政府中央集权的政治目的，较少表现出现代财政的功能作用，而更多地表现出为确立南京国民党中央政权正统地位服务的工具特性。④ 积极论者认为，国民政府通过改革财政收支体制使中央获得对财政的绝对控制能力，促进中央与省级行政上的密切联系，达到中央集权的最高形式，在抗战的非常时期，有利于全国财政的统一，有利于集中全国的抗战力量，去争取最后的胜利。⑤ 马金华在《民国财政研究：中国财政现代化的雏形》一书中指出："近代中国财政划分已经具备了西方式的外壳，并且适应着客观环境的变化，从初期粗疏的中央和省地方二级制财政逐步过渡到较为周密的中央、省、县三级制财政。这一制度的建立和实施在中国财政史上是一大

---

① 潘国旗：《第三次全国财政会议与抗战后期国民政府财政经济政策的调整》，《抗日战争研究》2004年第4期。
② 曾耀辉：《民国时期所得税制研究》，博士学位论文，江西财经大学，2012。
③ 林枫：《也谈民国时期中央与地方财政的划分问题》，《中国经济问题》2001年第3期。
④ 杜恂诚：《民国时期的中央与地方财政划分》，《中国社会科学》1998年第3期；刘慧宇：《论南京国民政府时期国地财政划分制度》，《中国经济史研究》2001年第4期。
⑤ 侯坤宏：《抗战时期中央财政与地方财政》，台北，"国史馆"，2000。

进步，也是中国财政体制现代化进程中颇为重要的一步。"① 现有研究侧重于考察财税体制变动对中央财政与地方财政的影响，如何将税收制度置于财税体制的变动中进行分析则是有待加强的问题。

3. 国家与社会视角

随着中国资本主义工商业经济的发展，政府与商人的税收关系越来越重要。有学者通过对民国初年上海商民反征货物税、反包税、反散收斗争的考察，认为这一时期上海商民的抗税斗争，具有了新时代的一些明显特征，体现了近代商人所具有的一定的民主意识。② 有学者通过考察江苏商人的捐税抗争，说明近代以来中国社会经济发展的艰难以及民族资产阶级在中国现代社会发展中的地位与作用。③ 有学者论及北伐战争时期广州、佛山、顺德等地土丝行商抗议地方政府的税收政策和厘税承包商的苛扰，举行声势浩大的罢市，造成大批丝业工人失业。④ 王翔的《试论民初沪、苏商民"裁厘加税"之争》考察了民初上海总商会和苏州商会发起的"裁厘加税"斗争。⑤ 迟慧的硕士学位论文主要探讨了民国前期天津商会对北京政府税收政策的抗争。⑥ 有学者论述了厦门商会捐税抗争的形式、过程、内容和效果。⑦ 有学者阐述了 20 世纪 30 年代广东商会、米商围绕洋米免税问题与政府的互动关系，认为税制的制定事关利益分配与平衡，而利益纠葛会阻碍税制的贯彻实施。⑧ 有学者论及以上海总商会为中心的全国各地商会掀起的反对特种消费税运

---

① 马金华：《民国财政研究：中国财政现代化的雏形》，经济科学出版社，2009。
② 陈可畏：《略论民初上海商民的抗税斗争》，《历史教学问题》2009 年第 4 期。
③ 刘云虹：《北洋时期江苏商人的捐税抗争》，《民国档案》1998 年第 4 期。
④ 温小鸿：《1924 年广东"商团事变"再探》，《浙江社会科学》2001 年第 3 期。
⑤ 王翔：《试论民初沪、苏商民"裁厘加税"之争》，《史林》1987 年第 4 期。
⑥ 迟慧：《民国前期天津商会与北京政府税收政策的抗争》，硕士学位论文，天津师范大学，2011。
⑦ 陈永忠：《民国时期商会的抗税斗争——以厦门商会为中心（1927~1937）》，《社会科学家》2013 年第 3 期。
⑧ 盛波：《税制调适与利益博弈——以抗战前夕的粤省洋米免税之争为视点》，《鲁东大学学报》（哲学社会科学版）2012 年第 6 期。

动。① 刘楠楠的论文论述了1931年宁粤对峙期间广州市商会与政府在厘金、营业税、印花税等税收问题上的纷争。② 高巧的博士学位论文论及20世纪30年代广州市商会在营业税问题上与政府进行的交涉。③ 李勇军的博士学位论文论及战后上海市商会为工商各业争取减免营业税、营利事业所得税等活动。④ 杨茂玲的硕士学位论文指出,战后广州市商会一方面协助政府缴纳正当的商业税捐,另一方面领导商人对不合理税捐进行抵制。⑤

有学者以印花税为观察点研究政府与商民的税收关系。李向东的博士学位论文认为,印花税制的趋乱性发展给商民的生产生活带来了极大不便,各地商民纷纷起来反对,尤其是在各地商会的领导下,有组织的抵制行动对政府的制衡作用使得国家权力在内重外轻及政权不稳的情况下汲取社会资源更加不易,突出反映了民间社会力量日渐强大。⑥ 戴丽华的博士学位论文指出,政府在超越社会经济基础上对《印花税法》进行频繁修订,使商民难以承受,抗征、拒缴频发,且在整个税法制定过程中未能使民众广泛参与。⑦ 有学者考察了1912～1915年天津商会反对印花税的全过程以及围绕这一事件所展开的相关事宜。⑧ 吴志国以1908～1928年天津的印花税征收为中心,探讨清末至民国前期商会与政府的互动关系。⑨ 有学者以1923年财政部私印印花税票案为中心,

---

① 黄建富:《论南京政府初期的"特种消费税"》,《上海经济研究》2000年第4期。
② 刘楠楠:《1931年宁粤对峙期间的广州市商会》,《民国档案》2010年第2期。
③ 高巧:《广州市商会在经济领域的举措研究(1930～1937)》,博士学位论文,南开大学,2013。
④ 李勇军:《南京国民政府后期上海市商会研究(1945～1949)》,博士学位论文,华中师范大学,2007。
⑤ 杨茂玲:《战后广州市商会研究(1946～1949)》,硕士学位论文,暨南大学,2006。
⑥ 李向东:《印花税在中国的移植与初步发展(1903～1927)》,博士学位论文,华中师范大学,2008。
⑦ 戴丽华:《民国时期印花税制研究》,博士学位论文,江西财经大学,2013。
⑧ 马涛、迟慧:《民国初年天津商会反对印花税之研究》,《兰台世界》2014年第7期。
⑨ 吴志国:《清末至民国前期商会与官府的互动关系——以1908～1928年天津的印花税征收为中心》,硕士学位论文,河北大学,2006。

考察政府与社会的关系。① 有学者论及南京国民政府在印花税的统一和推广过程中，受到了各地商人的抵制，如成都商人就组织了声势浩大的全城罢市行动。②

有学者以所得税为切入点考察政府与职业团体的关系。魏文享在《近代职业会计师与所得税法的推进（1936~1937）》中指出，在1936年国民政府颁布《所得税暂行条例》之后，以立信会计师事务所为代表的职业会计师积极联合商界，参与到所得税法的讨论之中。与工商界关注于自身税负不同，会计师主要立于商界立场，为其提供专业咨询。作者认为，职业会计师的税政参与，并非得自政府的授意，但其自主的职业行为对促进税法的合理化及社会对所得税的理解有正面效用，也拓展了国家税政的民意渠道。③ 魏文享在另一篇论文《国家税政的民间参与——近代中国所得税开征进程中的官民交涉》中，详尽地阐述了所得税开征过程中政府与商民的关系。作者指出，国民政府通过党政体制对所得税进行立法，社会各阶层则通过报刊舆论、上书请愿、团体呼吁等方式表达诉愿；商人、自由职业者等纳税人阶层在职业团体统筹下，要求政府暂缓征税或修法减征。作者认为，"纳税人基于纳税义务而生的权利意识有明显增强，民间的税权表达对税法修改和税政实践有所影响，但官方之既定决策未受动摇，依然掌控着税收的开征权。在征税方与纳税人以法定职业团体和舆论空间为基点共构的交涉机制中，民意表达内化的制度渠道仍然缺乏"。④ 国家与社会互动对税收制度的演进产生怎样的影响，仍有进一步研究的空间。

---

① 李向东：《论民国初年国家与社会的互动关系——以1923年财政部私印花税票案为中心》，《山东大学学报》（哲学社会科学版）2011年第3期。
② 张生：《南京国民政府时期的印花税述评（1927~1937年）》，《苏州大学学报》1998年第2期。
③ 魏文享：《近代职业会计师与所得税法的推进（1936~1937）》，《人文杂志》2013年第3期。
④ 魏文享：《国家税政的民间参与——近代中国所得税开征进程中的官民交涉》，《近代史研究》2015年第2期。

绪 论

(二) 民国营业税史研究

民国时期，随着中国营业税制度的建立与实施，一些财政经济学者即对其展开研究。侯厚培的《营业税问题》是较早研究营业税的著作。该书主要从理论上探讨营业税的性质、意义、起源、特点、课税标准、课税方法以及税负转嫁与归宿。① 童蒙正的《中国营业税之研究》对营业税法律法规的演变进行了论述。② 包超时和倪镇合著的《中国营业税》论述了"现行税制概要""征收手续述要""报缴程序图解""税额计算举例""中央之接管与整理"等内容。③ 张淼的《中国营业税制度》对营业税制度的发展演变进行了探讨。④ 这些营业税论著主要集中在制度、实务层面，或者阐述营业税制度设置的意义，或者论述营业税制度的演变，或者对营业税的实务操作进行解析，旨在解决营业税制度运行中的实际问题，并非严格意义上的税收史研究，但为我们今天了解民国营业税制度及做进一步研究提供了非常重要的历史资料。此外，民国时期不少财政税收学论著对营业税问题也有所论及。贾士毅的《民国续财政史》第七编，对牙税、当税和屠宰税的收入状况做了较为详尽的统计分析，论述了营业税制度的沿革与实施情形。⑤ 尹文敬的《财政学》探讨了营业税的优点、课征方法、课税标准等问题。⑥ 朱偰的《中国租税问题》对营业税的征收标准、推行状况、征收方法，以及牙税、典当税、屠宰税及其他特种营业税问题做了概述。⑦ 在以上这些著作当中，营业税作为一个税种所占篇幅非常之小，论述也极为简要，基本上是介绍营业税征收的法律法规，未能反映营业税的具体实践及其在

---

① 侯厚培：《营业税问题》，上海大东书局，1931。
② 童蒙正：《中国营业税之研究》，正中书局，1942。
③ 包超时、倪镇：《中国营业税》，国民政府财政部直接税处经济研究室，1943。
④ 张淼：《中国营业税制度》，正中书局，1943。
⑤ 贾士毅：《民国续财政史》，商务印书馆，1932~1934。
⑥ 尹文敬：《财政学》，商务印书馆，1935。
⑦ 朱偰：《中国租税问题》，商务印书馆，1936。

财政税收体系中的地位和作用。

20世纪80年代以后,民国财政税收史重新得到学术界的重视,但关于营业税的研究不多,代表性的著作主要有两部:一是中华民国工商税收史编委会编的《中华民国工商税收史——地方税卷》。该书在第一篇中分三章对"营业税的建立""战时营业税的调整""抗战胜利后的营业税"做了论述。该书是从财税专家的角度来撰写营业税发展史,侧重于叙述营业税法规的制定过程与法规的内容。[①] 二是台湾学者林美莉的《西洋税制在近代中国的发展》。该书从政府与民间互动的角度探讨了印花税、所得税、遗产税、利得税和营业税在中国的发展过程,贯穿全书的是"裁厘运动"和"直接税运动"。该书并未深入地方营业税制度内部对其做具体的考察。事实上,营业税在很长时期属于地方税种,各地营业税在制度和实践层面都存在较大差异,在对各地营业税还缺乏研究的情况下,要进行全局性把握仍存在很大困难。

在专题性论文方面,潘国旗、汪晓浩的《民国时期的浙江营业税述论》一文论述了南京国民政府时期浙江营业税的创办历程及其特点。该文认为,浙江营业税制度虽有一定的缺陷,但与厘金相比,其优点是显而易见,废除厘金而代之以营业税,这是历史使然,具有时代的进步性。[②] 魏文享的《工商团体与南京政府时期之营业税包征制》考察了南京国民政府时期工商团体包征营业税的现象并分析其原因,认为:"在营业税发展过程之中,工商团体包税的广泛存在,说明了南京国民政府在建立'税收国家'的过程中遭遇顿挫。"[③] 柯伟明的《论民国时期的营业税税率与税负》一文分析了民国时期营业税税率演变的特点,并指出,民国时期营业税在成为政府重要收入来源的同时,也给工商业

---

① 中华民国工商税收史编委会编《中华民国工商税收史——地方税卷》,中国财政经济出版社,1999。
② 潘国旗、汪晓浩:《民国时期的浙江营业税述论》,《浙江社会科学》2010年第12期。
③ 魏文享:《工商团体与南京政府时期之营业税包征制》,《近代史研究》2007年第6期。

经济和普通民众带来沉重的税收负担。① 谢泓嵩的硕士学位论文利用现存档案文献资料，重点对国民政府时期四川营业税的开征背景、征收内容、征收特点以及管理分配、财权流失等问题进行了较为系统深入的探讨。②

有学者以油行为例，通过对民国时期天津牙税向营业税过渡的历史进程的考察说明政府、商人团体、牙行、商人之间的关系。该文最后指出，包征制最终代替包商制和官征制，与其说是天津商界维护商权的胜利，倒不如说是地方政府行政能力缺失，在综合考量之下不得不让渡权力。③ 魏文享、张莉的《自征抑或代征：近代天津营业税征稽方式的路径选择（1931~1937）》一文以天津营业税征稽方式为考察对象，指出"政府在自征与代征之间多次反复，变化不居。商人团体不断抗议税率过高，重复征税，寻求以代征来讨价还价……天津营业税征稽中的路径选择困境，实际上反映出征税者与纳税人在税利及税权问题上的冲突"。④ 由此可见，从传统税制向现代营业税制转变并非易事，其间牵涉各种复杂的社会关系。

在政府与商界的税收关系方面，马军的《1945至1949年上海米商研究》一文探究了抗日战争胜利以后，以上海米商为核心的全国米业，围绕粮食营业税的征免问题，与执政机关展开长达三年的拉锯战和博弈。虽历经曲折，但终以不达目的誓不罢休的精神，取得了实际免税的胜利。作者认为，1945~1949年的这场免税斗争中，米商团体的领导作用及其作为政府与普通商人之间的纽带角色应予以格外的重视。⑤ 柯伟明的硕士学位论文《民国时期四川营业税的实施与社会反应——以

---

① 柯伟明：《论民国时期的营业税税率与税负》，《安徽史学》2015年第3期。
② 谢泓嵩：《四川营业税研究（1936~1949）》，硕士学位论文，四川师范大学，2013。
③ 宋美云、王静：《民国时期天津牙税向营业税的过渡——以油行为例》，《史林》2011年第6期。
④ 魏文享、张莉：《自征抑或代征：近代天津营业税征稽方式的路径选择（1931~1937）》，《华中师范大学学报》（人文社会科学版）2019年第2期。
⑤ 马军：《1945至1949年上海米商研究》，《史林》2007年第6期。

民国时期营业税制度的变迁

1936～1941年税率问题为中心的考察》，重点考察了抗战时期四川省政府与商界围绕营业税税率问题所展开的互动关系，认为在政府最需要增加税收以支持抗战财政的情况下，商界仍能够制约政府的税收行为，并实现征纳双方税收利益的最大化。[1] 潘标的《抗争与妥协：1931年营业税开征中的杭州政商关系》考察了1931年浙江营业税推广过程中，政府与杭州市商会的互动关系。他认为，政府通过征求商人领袖意见，由同业公会认办营业税等方式，显示了对商人的重视与依赖；商人则主要就税率问题与政府展开了曲折而艰苦的抗争。政商双方在抗争与应对的纠缠中，出于现实的考量，彼此走向让步与相互妥协。[2] 夏巨富的《"新瓶装旧酒"：1931年厘金废除与广州市营业税开征》重点考察了1931年南京国民政府废除厘金后广州营业税开征的情况。[3] 朱英和夏巨富的《广州市商会与1937年营业税风潮》指出，商会为减轻商人税负，采取多种渠道向政府表达意见，发挥了重要的代理与整合作用；商会不仅参与税法之制定，还在税法之宣讲与推行中发挥了重要作用。[4] 魏文享的《沦陷时期的天津商会与税收征稽——以所得税、营业税为例》一文讨论的不是商会如何抗税，而是其在沦陷区的税收体系中处于何种角色。他指出，在战时营业税的征稽过程中，商会在反复呈请减税、维护集体协商权、参与营业税代征等方面有突出表现。[5]

相对于中国近现代经济史研究的其他领域（如商人团体史、企业史、金融史及农村经济史等），财政税收史研究稍显"冷清"，而税收

---

[1] 柯伟明：《民国时期四川营业税的实施与社会反应——以1936～1941年税率问题为中心的考察》，硕士学位论文，四川大学，2009；柯伟明：《战时政府与商界的税收关系——以四川营业税税率风波为中心的考察》，《抗日战争研究》2012年第2期。
[2] 潘标：《抗争与妥协：1931年营业税开征中的杭州政商关系》，《江汉论坛》2018年第9期。
[3] 夏巨富：《"新瓶装旧酒"：1931年厘金废除与广州市营业税开征》，《中国社会经济史研究》2017年第3期。
[4] 朱英、夏巨富：《广州市商会与1937年营业税风潮》，《河北学刊》2015年第6期。
[5] 魏文享：《沦陷时期的天津商会与税收征稽——以所得税、营业税为例》，《安徽史学》2016年第4期。

史当中的营业税史研究处于"起步阶段",尤其缺乏整体性的研究。本书关于民国时期营业税制度研究的意义并不完全在于税收本身,亦在于其能够反映和体现当时税收与社会经济关系的诸多面相。本书希望以民国时期营业税制度为切入点,探究近代中国税收制度变迁进程中的各种复杂关系。要进行此项研究,最大的困难在于:如何挖掘地方性史料,如何反映地方营业税实践的情况,如何将营业税与整个税收体系联系起来,如何展示营业税制度的普遍性和特殊性。尽管困难重重,笔者还是希望通过对民国时期营业税制度的历史考察,为中国近代财政税收史研究提供一些有益的启示,同时为以后进行更为宏观的研究打下基础。

三 研究思路、资料运用及主要内容

(一) 研究思路

本书研究的基本思路是:首先,对有关民国时期营业税的大量原始档案资料和报刊资料等进行梳理,在此基础上,对不同时期营业税制度的演变及其特点展开研究;其次,将营业税制度的演进与当时的社会政治经济的变化发展联系起来,揭示中国税收制度发展的特点和动力;最后,注重研究民国时期营业税制度演变和实施过程中各种利益主体之间复杂的互动关系,特别是抓住关键性的制度,如财税体制、征收制度、激励机制、税率和课税标准等,通过对不同层面的制度的考察,揭示民国税收史发展演变的轨迹、发展的动力和制约因素。

(二) 资料运用

史料是财政经济史研究的基础。民国时期营业税史料可谓浩如烟海,本书主要利用了以下资料:(1)档案资料。利用了在四川省档案馆、重庆市档案馆、上海市档案馆、台北"国史馆"等所藏的大量民

民国时期营业税制度的变迁

国时期的营业税资料，主要包括当时国民政府、财政部以及省市政府、财政厅、财政局、税务局、商会、参议会等有关部门的档案资料。这些资料为本研究提供了条件，奠定了基础。(2) 资料选编。利用了一批已经编辑出版的财政、税收、商会档案资料，如财政部财政科学研究所和中国第二历史档案馆编的《国民政府财政金融税收档案史料（1927~1937）》[1]，中国第二历史档案馆编的《中华民国史档案资料汇编》（财政经济类）[2]，江苏省中华民国工商税收史编写组和中国第二历史档案馆编的《中华民国工商税收史料选编》[3]，北京市档案馆编的《民国时期北平市工商税收档案史料汇编》[4]，广东省财政科学研究所、广东省立中山图书馆、广东省档案馆编的《民国时期广东财政史料》[5]，马敏等主编的《苏州商会档案丛编》[6]，天津市档案馆等编的《天津商会档案汇编（1928~1937）》[7] 等。(3) 报刊资料。利用了大量民国报刊资料，如《申报》《大公报》《民国日报》《广州民国日报》《香港工商日报》《新闻报》《时报》《新民报》《京报》《晨钟报》《益世报》《新新新闻》《银行周报》《四川省营业税周报》《四川省营业税局月报》《四川经济月刊》《直接税月报》《经济学季刊》《工商半月刊》《北京营业税特辑》《社会科学杂志》《商会月报》《金融周报》《广东省政府公

---

[1] 财政部财政科学研究所、中国第二历史档案馆编《国民政府财政金融税收档案史料（1927~1937）》，中国财政经济出版社，1998。

[2] 中国第二历史档案馆编《中华民国史档案资料汇编》，江苏人民出版社，1991~1997。

[3] 江苏省中华民国工商税收史编写组、中国第二历史档案馆编《中华民国工商税收史料选编》（共五辑），南京大学出版社，1994~1999。

[4] 北京市档案馆编《民国时期北平市工商税收档案史料汇编》，中国档案出版社，1998。

[5] 广东省财政科学研究所、广东省立中山图书馆、广东省档案馆编《民国时期广东财政史料》（全六册），广东教育出版社，2011。

[6] 马敏、肖芃主编《苏州商会档案丛编》第4辑，华中师范大学出版社，2009；马敏、肖芃主编《苏州商会档案丛编》第6辑，华中师范大学出版社，2011。

[7] 天津市档案馆、天津社会科学院历史研究所、天津市工商业联合会编《天津商会档案汇编（1928~1937）》，天津人民出版社，1996。

报》《江苏省政府公报》《河南省政府公报》《浙江财政月刊》《湖南财政汇刊》等。

(三) 主要内容

本书主要对民国时期营业税制度的核心要素，如财税体制、征收制度、激励机制、税率和课税标准等展开深入的研究，重点关注中央与地方、政府与商界、制度与实践等各方面的关系。其内容主要包括：(1) 民国时期营业税在国家税与地方税之间的变动，论述分析营业税从国家税到地方税，再由地方税到国家税，最终由国家税到地方税的转变；探讨中央政府与地方政府围绕营业税税权和税源的争夺及其对中央财政和地方财政的影响。(2) 民国时期营业税征收制度的演变，论述营业税征收制度从商人团体包征和代征大行其道，到逐渐由政府收回税权，实行直接官征为主，再到简化稽征的转变；分析营业税包征制、代征制、官征制和简化稽征四种征收制度的特点及其征收效果。(3) 民国时期营业税征管激励机制及其实践，重点考察处罚制度的演变及其运用，罚金分配和经费坐扣，考核制度及其变化，探究征管激励机制对纳税人、税务机关和税务人员、协助征税人员、告密人的激励效果。(4) 中央与地方营业税税率的演变及其特点，探讨营业税税率从定额税率向比例税率的转变，分析地方营业税税率存在的差别比例税率和单一比例税率两种模式；论述分析营业税纳税人通过商会、同业公会等工商团体税政活动，与政府和财政当局围绕税率展开互动。(5) 论述分析西方国家营业税课税标准的演进和主要模式，从中央与地方两个层面探究中国营业税课税标准的演进及其特点，探讨营业税课税标准设计所引发的纷争及其对营业税性质的影响。

第一章

营业税在国地财税体制中的变动

传统中国的财政体制是中央集权财政体制，税收被视为国家政治权力的象征，由中央政府掌控，地方没有独立的财权。近代以后，特别是在镇压太平天国起义过程中，清政府为了挽救统治危机不得不放松对地方督抚征税权力的限制，出现了财权下移的态势，中央集权财政体制逐步瓦解。[①] 地方督抚征税权力不断增强，对中央政治权威构成了严重威胁。清末新政期间，为厘清中央与地方财政关系，朝野上下围绕效仿西方财政分权体制、移植西方现代税收制度等问题展开热烈讨论。[②] 最终因为清王朝覆灭而未及实现。中华民国建立以后，逐步建立了财税分权体制，并在国家与地方两级和中央、省（市）、县（市）三级之间几经变动。作为一个引自西方的现代税种，营业税应划为国家税还是地方税？从西方国家的税收实践来看，有的国家将营业税划为地方税，有的国家划为国家税。经济学家李权时认为，有一个大致原则："凡疆域小的国家大都是把营业税划归国家或中央的收入系统之内的；而凡疆域大的国家大都是把营业税划归地方收入系统之内的。"[③] 这主要是出于对

---

① 魏光奇：《清代后期中央集权财政体制的瓦解》，《近代史研究》1986年第1期。
② 刘增合：《制度嫁接：西式税制与清季国地两税划分》，《中山大学学报》（社会科学版）2008年第3期。
③ 李权时：《中国目前营业税问题概观》，《经济学季刊》第2卷第2期，1931年，第3页。

税源分布和征税成本的考虑。对中国这样一个幅员辽阔的国家来说，营业税税源分散，为便于征收管理，理应划为地方税。从具体实践来看，中国营业税经历了从国家税到地方税，再从地方税到国家税，最终又从国家税到地方税的变动。

第一节　筹议国家营业税

中华民国成立以后，北京政府面临严重的财政危机："军事繁兴，庶政停滞，国用固属混滥无章，收入悉承清末之旧，亦无妥善税源。"① 面对此种财政困局，北京政府亟须革新税制，财政总长熊希龄于1912年5月13日在参议院发表财政施政方针时表示："中国旧日税法，几无不近于恶税，农工商民莫不为其所困。今欲兴利除弊，惟以改通过税为营业税，以为加税免厘之准备。"② 北京政府也意识到划分国家与地方税收的重要性："非厘定税目，而举应属于国家者作为国家税，由中央自为管理征收；应属于地方者作为地方税，由地方管理征收，则国家与地方之财政永无划清之日。"③ 根据1913年11月拟定的《划分国家税地方税法（草案）》，田赋、盐税、关税、常关税、统捐、厘金、矿税、契税、牙税、当税等为国家税，田赋附加税、商税、牲畜税、粮米捐、土豪捐、油捐及酱油捐、船捐、杂货捐及店捐、房捐、戏捐、车捐、乐户捐、茶馆捐等为地方税，营业税与印花税、遗产税、所得税等列入"将来应设之国家税"（详见表1-1）。

---

① 《北京政府财政概况》，江苏省中华民国工商税收史编写组、中国第二历史档案馆编《中华民国工商税收史料选编》第1辑上册，南京大学出版社，1996，第1~2页。
② 《财政总长熊希龄在参议院发表的财政施政方针》（1912年5月13日），《中华民国工商税收史料选编》第1辑上册，第111页。
③ 《北京政府财政部财政调查委员会检送〈国家税地方税法（草案）〉付》（1912年10月31日），《中华民国工商税收史料选编》第1辑上册，第736页。

表 1-1　民初划分国家税、地方税方案

国家税	田赋、盐税、关税、常关税、统捐、厘金、矿税、契税、牙税、当税、牙捐、当捐、烟税、酒税、茶税、糖税、渔业税
地方税	田赋附加税、商税、牲畜税、粮米捐、土豪捐、油捐及酱油捐、船捐、杂货捐、店捐、房捐、戏捐、车捐、乐户捐、茶馆捐、饭馆捐、肉捐、鱼捐、屠捐、夫行捐、其他之杂捐杂税
将设的国家税	印花税、登录税、继承税、营业税、所得税、出产税、纸币发行税
将设的地方税	房屋税、国家不课之营业税、国家不课之消费税、入市税、使用物税、使用人税、营业附加税、所得附加税等

资料来源：根据《划分国家税地方税法（草案）》（1913 年 11 月 22 日），《中华民国工商税收史料选编》第 1 辑上册，第 743~745 页编制。

当时有人主张将中国具有营业税性质的杂税杂捐（如屠宰税、牙税、当税等）改为普通营业税，也有人主张将特种营业税作为一种过渡办法："盖我国现时情形施行一般营业税时机尚早，不如先办一种特别营业税。俟数年后，民力稍纾，其中一部分已养成纳税习惯，再行推行一般营业税较有把握为善。"① 经详加研讨后，北京政府最终决定效法美国实行特种营业税制："美国之特许税制……在国家，可少调查之烦，在人民，得免苛征之扰。我国旧税中，如牙税、当税均与此相似，既有先例，更易推行。"② 1914 年 7 月 24 日，北京政府财政部正式颁布《特种营业执照税条例》，列入课税范围的有皮货业、绸缎业、洋布业、洋杂货业、药房业、煤油业、金店银楼业、珠宝古玩业、旅馆业、饭庄酒馆业、海菜业、洋服业及革制品业等 13 个行业。③ 这些行业纳税力较强，甚至可称为奢侈行业："营业之人可将所纳之税，转嫁于买客，

---

① 《北京政府财政部特种营业执照税条例草案说明书》（1914 年 7 月），江苏省中华民国工商税收史编写组、中国第二历史档案馆编《中华民国工商税收史料选编》第 5 辑上册，南京大学出版社，1999，第 378 页；《特种营业执照税之大略》，《中华实业界》第 10 期，1914 年，第 2 页。
② 《财政部拟定特种营业税之内容》，《申报》1914 年 7 月 14 日，第 3 版。
③ 《特种营业执照税条例》（1914 年 7 月），《中华民国工商税收史料选编》第 5 辑上册，第 375~376 页。

第一章 营业税在国地财税体制中的变动

而前项买客均系富庶之家，物价略高，亦所不惜。"① 1914 年 8 月 10 日，北京政府公布《特种营业执照税条例施行细则》，对征税手续和程序做了更加详尽的规定。根据规定，特种营业税每年分上下两期缴纳，上期为每年 6 月份；下期为每年 12 月份。② 根据此前的国家税与地方税划分方案，特种营业税应属于国家税，是增加中央政府财政收入的一个途径。

北京政府对某些行业的商人征收特种营业税，必然加重这些商人的税收负担，自然引起他们的反对和抵制。自《特种营业执照税条例》公布后，各地商界纷纷以商业困难为由请求中央缓办。1914 年 10 月 26 日，天津商务总会召集各行董开会讨论特种营业税问题，认为各种捐税已经很重，加之受欧洲战争影响，商业困苦不堪，决议"函请政府将此项税则暂缓施行"。③ 杭州商务总会于 11 月 17 日致函浙江省财政厅，沥陈商业艰难和税收负担过重的情形，请求财政厅转陈财政部"垂念商艰，暂予缓征"。④ 京师商务总会利用在京的优势向平政院陈述商业经营困境："近年以来，迭遭变故，业经十室九空。其现在营业者，亦不过勉强支持，苟谋衣食。商民之困，已达极点。"该会请平政院代请大总统"将特种营业税暂缓实行，俟商业获有转机，再行酌定章程办理"。⑤

鉴于京师商务总会所陈确是实情，1914 年 11 月 22 日经大总统批准，北平市特种营业税得以暂缓开征。⑥ 消息传出以后，其他各地商会纷纷要求援例缓办。12 月 10 日，杭州商务总会召集绸缎、洋货、金

---

① 《财政部拟定特种营业税之内容》，《申报》1914 年 7 月 14 日，第 3 版。
② 《特种营业执照税条例施行细则》，《税务月刊》第 1 卷第 9 期，1914 年，第 22 ~ 24 页。
③ 《特种营业税问题》，《申报》1914 年 10 月 31 日，第 6 版。
④ 《浙省营业税举办之近情》，《申报》1914 年 11 月 17 日，第 6 版。
⑤ 《平政院请恤商艰》，《申报》1914 年 11 月 30 日，第 6 版。
⑥ 《平政院呈据京师商务总会吁恳将特种营业执照税迅予停办一案除依法批示外拟请暂缓实行文并批令》，《政府公报》第 919 期，1914 年，第 20 ~ 21 页。

珠、海货、皮货等业负责人开会，讨论特种营业税问题。① 会议认为，"浙省商业凋敝，与京师一般状况"，请求政府缓办特种营业税。② 直隶省商务总会也请求财政部"准照京师成案缓予举行"。③ 然各地商会缓办特种营业税的请求未能得到北京政府的准许，财政部复电湖北各商强调："京师特种营业税虽经平政院呈准暂缓，究非停办可比，且各省现在一律开办，该省似未便两歧。"④ 为促使各省尽快开征特种营业税，财政部于12月27日"电饬各省财政厅长迅速劝办，并转各商会及各县知事遵照办理"。⑤ 为免各省以京师缓办为口实，有碍于开征特种营业税，财政部唯有收回京师缓办之成命："各省已经照办，京师未便独异。"⑥

在开征特种营业税问题上，中央与地方有着不同的利益和考虑，因为特种营业税为国家税，所以地方政府更重视商界的诉求。对于各商陈述商业困状，请求援照京师成案缓办特种营业税，地方政府一般会据情转呈中央核示。但在财政部批复以前，不少地方财政当局迫于中央法令的压力，唯有先行派员征收特种营业税，浙江省财政厅方面曾表示："如中央能够体恤商艰，准予停办，浙江自当取消。"⑦ 商会方面显然已经认识到地方政府与中央政府之间的这种微妙关系，所以逐渐将矛头对准中央政府。1915年1月9日，杭州商务总会在致各省总商会的函中就明确指出："各省高级官厅谅均深悉商民疾苦，对于是项特税只为部限所迫，爱莫能助，不得不督促进行。"杭州商务总会呼吁各地商会联合起来，致电中央有关部门，"痛陈商困，请求缓办"。⑧

---

① 《杭商会讨论营业税》，《申报》1914年12月12日，第7版。
② 《杭商会请缓营业税》，《申报》1914年12月13日，第6版。
③ 《请缓营业税被驳》，《申报》1914年12月29日，第6版。
④ 《湖北施行新税》，《申报》1914年12月18日，第6版。
⑤ 《营业税未准缓办》，《申报》1914年12月28日，第7版。
⑥ 《财政部呈酌拟京师特种营业执照税展缓办法请训示由》，《政府公报》第956期，1915年，第42页。
⑦ 《特种营业税之前途》，《申报》1914年12月15日，第7版。
⑧ 《联络各省请缓营业税》，《申报》1915年1月10日，第7版。

第一章 营业税在国地财税体制中的变动

各地商会的反对并未能改变北京政府开征特种营业税的决心。财政部在致各省财政厅的代电中一再强调:"特种营业税,厅长责任所在,何敢稍存观望。"① 如此一来,各省财政厅唯有不断催促各县知事征收特种营业税,但这又离不开各地商会的支持和配合。如江苏财政厅厅长令饬上海县知事催办特种营业税,该县知事致函南北商会总协理从速协助征收。1915 年 1 月 16 日,北市总商会邀集各商董筹议,决议电请财政部从缓办理。② 1 月 20 日,南市商会总协理邀集各董开会提出:"此种税全在北市,若仅向南市征收,为数无多,似先从北市办理为宜。"③ 由于南市和北市在开征时间问题上存在异议,上海特种营业税征收工作一再延宕。加之当时各省正在推行印花税和发行公债,中央政府考虑到如果同时开征特种营业税,"深恐商人观望","两项收入必多阻碍"。④ 为兼顾国计民生,财政部于 1915 年 3 月决定:"印花税、公债收入逐渐增益的地方,所有特种营业税暂行缓办,印花税、公债认购不甚踊跃者,即令举办特种营业税,以资弥补。"⑤ 也就是说,是否开征特种营业税视印花税和公债认购的具体情况而定。当时报纸也指出:"试行营业税条例业经公布,嗣因各省纷纷来电反对,政府议决将试行改为筹办。筹办云者,即尚未实行之谓也,将来此税实行与否,以公债票销售情形为衡,如国内公债票于五月内全数销罄,则营业税可以稍缓实行。否则于六月一日一准开办补助国用,筹办二字实含有两种意义在内也。"⑥

特种营业税只对政府认为"特殊"的行业征税,显然违背了税收

---

① 《特种营业税不复展缓》,《申报》1915 年 1 月 10 日,第 10 版。
② 《开办特种营业税之窒碍》,《申报》1915 年 1 月 17 日,第 10 版。
③ 《南商会会议特种营业税事宜》,《申报》1915 年 1 月 21 日,第 10 版。
④ 《主计局致政事堂呈》(1915 年 3 月),《中华民国工商税收史料选编》第 1 辑上册,第 597 页。
⑤ 《农商财政部批令取消吉林等省特种营业执照税由》,《中华全国商会联合会会报》第 3 卷第 11 期,1916 年,第 4~5 页。
⑥ 《营业税试行改为筹办》,《顺天时报》1915 年 4 月 17 日,第 2 版。

民国时期营业税制度的变迁

公平原则,加之遭到各商的反对和抵制,最终北京政府放弃原定计划,转而筹划征收普通营业税,于1915年9月颁行《普通商业牌照税条例》。条例规定,除贩卖烟酒及牙当各商外,其余商店一律分八等课税。① 该条例后因护国运动的爆发而被搁置。至1917年,国务院为弥补财政赤字,重议开征营业税,经财政部与国务院会商,决定将普通商业牌照税更名为普通营业税。时人评论道:"我国今日之研究新税者,须先研究各地之匪,救济各地之种种恐慌,待至吾民惊魂渐定,生计渐裕,所营之业各得其所,夫然后营业税之实施乃有着手之余地。"② 1925年北京关税特别会议后,财政部有推广印花税、所得税、出产税、营业税之议,并制定了《普通营业税草案》。③ 可见,北京政府时期的营业税立法大致经历了从以少数行业为课税对象的"特种营业税"到以绝大多数行业为课税对象的"普通营业税"的转变,也为南京国民政府时期营业税制度的建立做了一定的政策准备。④

北京政府引进营业税、所得税等西方现代税制,旨在开辟税源以缓解财政困难:"民国成立以来,政治革新,百端待举,国家旧有收入,久已不敷分配,自非筹办新税,次第推行,不足以开税源而济国用。"⑤ 但是,在商人团体的抵制下,绝大多数地方无法如期开征特种营业税,就算少数地方勉强开征,其收入亦极其有限。"湘省特种营业税,自去岁经财政厅陶厅长派员分赴各县筹办后,商民多未承认。"⑥ 1915年,黑龙江省特种营业税收入为8377元,较多者如龙江征收局2055元、呼兰征收局1648元、绥化征收局1915元,较少者如肇东征收局91元、

---

① 《北京政府财政部拟开办普通商业牌照税致大总统呈》(1915年9月26日),《中华民国工商税收史料选编》第5辑上册,第383页。
② 《营业税草案之审核》,《申报》1917年1月14日,第6版。
③ 《财部新拟普通营业税草案》,《银行周报》第9卷第40期,1925年,第29页。
④ 柯伟明:《民国时期特种营业税的征收及其影响》,《中山大学学报》(社会科学版)2017年第3期。
⑤ 《本厅布告各属筹办特种营业执照税文》,《湖南财政汇要月刊》第3期,1915年,第44~45页。
⑥ 《电讯营业税》,《申报》1915年3月31日,第7版。

第一章 营业税在国地财税体制中的变动

西集厂征收局72元、嫩江征收局39元、克山征收局29元。① 1915年，江西特种营业税收入更是寥寥无几：德安县44元、万载县152元、湖口县51元、新淦县79元、星子县190元，共计516元。② 在北京政府的财政收入系统中，营业税属于国家税，但我们在1913~1927年国家税收收入的统计数据中并未看到营业税的收入情况，也就是说，营业税并未起到增加国家财政收入的作用。③

值得注意的是，北京政府时期，地方割据混战，中央政治权力虚弱，地方截留国税是常有之事。袁世凯去世以后，各省截留中央款项的情况更严重。四川、广东、湖南、福建、江西等省纷纷电称："军事紧急，粮饷筹措维艰，请准暂在本省盐税收入项下借用。"④ 1921年的调查显示，部分省份截留盐款数额如下：广东600余万元，四川800余万元，云南200万元，奉天240万元，福建216万元，直隶150万元，甘肃20万元。⑤ 各省肆意截留使得实解中央之款大减。据统计，1915年各省实解1118余万元，1916年减至548余万元，1917年约97万元，此后解款更是有名无实。⑥ 中央财政收不抵支，不得不靠借债度日，地方割据势力借此壮大军力，与中央分庭抗礼。"吾国中央与地方之界线未清，不第财权混淆，即政权亦时生抵牾，以致政潮环起……中央虽名为握有全国财权，而事实上各省仍自为收支，是之谓有地方之财政，而无中央之财政。"⑦ 在这种情况下，北京政府开

---

① 《黑龙江省民国四年特种营业税收入统计表》，《财政月刊》第4卷第46期，1917年，第1~2页。
② 《江西省民国四年分特种营业执照税统计表》，《财政月刊》第4卷第42期，1917年，第99~100页。
③ 《国民政府成立以前国家税收统计表（1913年~1927年）》，《中华民国工商税收史料选编》第1辑下册，第3056~3057页。
④ 《整理盐款明令之反响》，《晨钟报》1918年5月28日，第3版。
⑤ 《盐税实况之最近调查》，《银行周报》第5卷第41期，1921年，第25~26页。
⑥ 左治生主编《中国财政历史资料选编》第11辑，中国财政经济出版社，1987年，第41页。
⑦ 《江西等省议会代表所提划分国家税地方税议案》（1921年5月11日），《中华民国工商税收史料选编》第1辑上册，第750页。

25

征新税以充实中央财政的计划阻力重重，所订营业税法规亦无法真正实施。

第二节 开征地方营业税

南京国民政府成立以后，为统一全国财政税收，巩固国民党政权的统治，决定重新划分国家与地方税收。根据1928年11月颁布的《划分国家收入地方收入标准案》，盐税、海关税及内地税、常关税、印花税、厘金及类似厘金之一切通过税、烟酒税等为国家税，田赋、契税、牙税、当税、屠宰税、船捐、房捐等为地方税；所得税、遗产税、特种消费税及出厂税属于"将来之国家税"，营业税、宅地税、所得税附加属于"将来之地方税"。[①] 营业税之所以划归地方税，主要是为了抵补地方裁厘损失。在1927年6月财政部召开的中央财政会议上，赋税司提出裁撤厘金并由地方开征营业税以抵补厘金附税之亏短，并讨论了由赋税司司长贾士毅起草的《营业税条例草案》。[②] 有的地方对开征营业税积极响应，如会后浙江省为增加财政收入，制定了《浙江省营业税草案》并提交省务委员会讨论，计划于1927年8月1日起施行。[③] 1928年1月，浙江省政府委员会会议决议"取消苛捐杂税，改征营业税"，拟将"原有统捐、牙帖捐、当帖捐、钱业税、屠宰税以及其他属于商人应完之捐税一律废止，只收营业税一道"。[④] 1928年7月，财政部召开第一次全国财政会议，决议将营业税交由各省政府办理。同月召开的全国裁厘委员会会议将各省征收营业税与裁厘事宜合并讨论，

---

① 《划分国家收入地方收入标准案》(1928年11月22日)，《中华民国工商税收史料选编》第1辑上册，第760页。
② 《行将施行之营业税法规汇志》，《银行周报》第13卷第22期，1929年，第25页。
③ 《浙江省营业税条例》，《申报》1927年8月3日，第9版；《浙省将征收商店营业税》，《益世报》1927年8月15日，第8版。
④ 《浙省拟办营业税》，《申报》1928年1月29日，第10版。

第一章 营业税在国地财税体制中的变动

拟定《各省征收营业税大纲》，明确规定营业税为地方收入。①

在第一次全国财政会议期间，浙江省政府代表就表示，希望开征营业税以缓解日益加重的地方财政困难："浙江省自国民政府成立以来，协济中央款项，月计数十万元，于是财政当局，每感捉襟见肘之苦。本年由省政府决定补救财政办法，一方面增加统捐五成，一方面征收军事特捐，以裕税源，无如各县民力凋敝，报解短绌，以致本省军政各费，积欠两月未发。"② 为获得中央的支持，财政厅厅长陈其采在提案中强调："厘金为国家税，营业税为地方税，兹既裁撤厘金，筹办营业税，则国家收入，势必骤形短绌。浙省为拥护中央计，仍当兼筹并顾，所有短收之数，拟就营业税收入项下，按照中央应收得之厘金数，如数拨补，其拨补期间，即以加税实行之日为止。"③ 不过，由于浙江省政府所订营业税征收规则与全国裁厘委员会会议所订《各省征收营业税大纲》相差悬殊，在各商的压力下，1929 年 1 月 5 日召开第 192 次委员会会议，决定另订变通办法："浙省举办营业税，似宜采用中央裁厘会议所定各省征收营业税办法大纲……以中央所定营业税办法大纲为原则，参照本省地方情形，由财政厅妥为规定变通办法。"④ 浙江省营业税征收规则虽几经修正而未能施行，但已为其他省份树立了典范。与此同时，广东、湖北、江西等省也筹议开征营业税。1929 年 1 月，广东省财政厅派人筹备征收营业税，确定大致方针，计划从广州市入手，开展商业调查，以次推及全省各县。⑤ 在湖北省财政厅筹划开征营业税之际，武汉市商会推举代表赴市政府、省政府等部门请愿，请求缓办。⑥

---

① 《裁厘会议纪要》，《银行周报》第 12 卷第 29 期，1928 年，第 27~28 页。
② 《浙省将举办营业税》，《申报》1928 年 7 月 5 日，第 10 版。
③ 《提议浙省首先实行裁厘并开办营业税以资抵补案》，《中央日报》1928 年 7 月 6 日，第 2 张第 1 版。
④ 《浙省裁厘后举办营业税计划》，《申报》1929 年 1 月 6 日，第 9 版。
⑤ 《粤省营业税》，《大公报》1929 年 1 月 29 日，第 1 张第 4 版。
⑥ 《鄂商请愿缓办营业税》，《民国日报》1929 年 1 月 30 日，第 2 张第 2 版。

民国时期营业税制度的变迁

最终,经商会方面反复抗议,蒋介石答应取消。① 1929 年 6 月,江西省决定筹办营业税,商民亦奋起反对。② 根据全国裁厘委员会会议决议,裁厘在先,开征营业税在后。各省市政府在尚未裁厘的情况下先行开征营业税,难免引发各地商界的不满和抵制。

由于当时国内政治和军事局势尚未稳定,新军阀混战此起彼伏,裁厘进程及开征营业税被迫一再搁置。有的地方政府为缓解日益严重的财政困难,亟须增加税收收入,于是采取了一些预备和变通办法。1930 年 8 月 13 日,江苏省政府组织成立营业税筹备委员会,聘任陈其采、马寅初、刘大钧、俞行修、魏颂唐、庄希一等为筹备委员,并于 8 月 14 日召开江苏省营业税筹备委员会第一次会议,议决通过了《江苏省营业税筹备委员会组织大纲》。该筹备委员会的主要职责是:"研究营业税税率及编制营业税条例草案、各种施行细则,筹备开办时一切手续。"③ 鉴于中央裁厘问题迟迟未能解决,该筹备委员会提出:"先行试办一种商业牌照税作为过渡办法,同时仍将营业税种种手续积极筹备。"④ 10 月 1 日,江苏省政府召集各县商会代表开会,讨论开征营业税问题。财政厅厅长陈其采提出一种过渡办法:"中央因军事未能结束,现拟试办营业牌照捐,实行营业统计,为办营业税之过渡。"⑤ 此种过渡之法未能得到各县商会的赞同,财政当局与商会方面协商后,决定将"营业牌照捐"更名为"筹办营业税征收登记费"。⑥

1930 年 10 月 20 日,江苏省政府委员会第 340 次会议决议通过了

---

① 《武汉商民请缓办营业税》,《民国日报》1929 年 2 月 13 日,第 2 张第 4 版;《武汉商民获昭苏》,《民国日报》1929 年 4 月 7 日,第 1 张第 3 版。
② 《江西举办营业税》,《益世报》1929 年 6 月 26 日,第 6 版。
③ 《江苏省营业税筹备委员会组织大纲》(1930 年 8 月 27 日),马敏、肖芃主编《苏州商会档案丛编》第 4 辑下册,第 1378 页。
④ 《定期召集大会讨论营业税办法》,《江苏省政府公报》第 522 期,1930 年,第 22 页。
⑤ 《苏省府讨论营业税》,《申报》1930 年 10 月 2 日,第 6 版。
⑥ 柯伟明:《南京国民政府时期江苏营业税的创办与改革》,《民国研究》第 30 辑,社会科学文献出版社,2016。

《江苏省筹办营业税征收登记费暂行章程》。① 为了便于登记费的征收，江苏省政府委员会根据《江苏省筹办营业税征收登记费暂行章程》第十三条规定，于11月7日拟定《江苏省筹办营业税征收登记费暂行章程施行细则》，对征收手续做了具体而明确的规定。② 暂行章程和施行细则公布以后，江苏省政府即委派征收主任分赴各县局施行，并对各县筹办人员给予相应的经费支持。江苏省政府主要根据税源多少，将各县分为一等县、二等县、三等县三种，配备若干筹办人员，每月拨给相应经费。根据规定：（1）一等县设征收主任1人，经费80元；办事员3人，经费分30元、20元、10元；顾问1人，经费40元。(2) 二等县设征收主任1人，经费70元；办事员2人，经费分30元、20元；顾问1人，经费30元。(3) 三等县设征收主任1人，经费60元；办事员1人，经费30元；顾问1人，经费30元。此外，分别给予各等县40元、30元、20元的调查费（详见表1-2）。

表1-2　江苏省各县筹办营业税征收登记费预算经费

类别	一等县 人数	一等县 月支数	二等县 人数	二等县 月支数	三等县 人数	三等县 月支数
征收主任	1人	80元	1人	70元	1人	60元
办事员	3人	30元 20元 10元	2人	30元 20元	1人	30元
顾问	1人	40元	1人	30元	1人	30元
调查费		40元		30元		20元
合计		220元		180元		140元

资料来源：根据《江苏省各县筹办营业税征收登记费进行程序（附表）》，《江苏省政府公报》第607期，1930年，第4页编制。

---

① 《江苏省筹办营业税征收登记费暂行章程》，《江苏省政府公报》第572期，1930年，第1~2页。

② 《江苏省筹办营业税征收登记费暂行章程施行细则》，《江苏省政府公报》第589期，1930年，第1~2页。

民国时期营业税制度的变迁

筹办营业税征收登记费本是江苏省政府在裁厘进程一再受阻的情况下，为开征营业税所做之准备，但随着蒋介石军队在新军阀混战中逐步奠定胜局，废除地方割据势力赖以生存的厘金迫在眉睫。1930年11月，行政院发布明令："二十年一月一日实行裁撤厘金及类似厘金之交通附加捐等，各省不得以任何理由，请求展期。"① 既然中央裁厘的日期已经确定，那么江苏省筹办营业税征收登记费是否还有继续推行的必要呢？11月21日，无锡县商会召集各业代表开会讨论解决办法，各商一致认为江苏省政府筹办营业税征收登记费与财政部所订《各省征收营业税办法大纲》有两点不合：一是营业税之征收须待厘金实行裁撤后举办；二是营业牌照每年换领不取照费。无锡县商会电请镇江县商会领衔呈请中央核示，明白解释，在中央核复以前，请省政府将所有筹办营业税征收登记费暂缓征收。②

面对各县商会的反对，为适应形势的变化发展，江苏省财政厅决定变更原定计划："所有规定征收营业登记费应通令各县财政局暂行缓收，先由各县局督同各主任遵照前颁表册格式先从调查入手，分别登记，造册呈报。对于调查各商户，一律只收登记费两角。俟调查登记完竣，中央实行裁厘，即着手改办营业税。"③ 江苏各县商会对此项计划仍有不满，纷纷呈请财政部"通令各县转饬财政局停止派员调查登记，以杜纷扰"。财政部部长宋子文在批复中强调："（派员调查登记）核与部订营业税办法大纲当无不合，所请饬停止派员调查，由各业自行着手调查一节，应毋庸议。"④ 江苏省政府筹办营业税固然受到中央裁厘政策的影响，但各县商会的态度也非常关键。正如马寅初所言："商人对

---

① 《行政院裁撤厘金令》（1930年11月），江苏省中华民国工商税收史编写组、中国第二历史档案馆编《中华民国工商税收史料选编》第3辑上册，南京大学出版社，1996，第1718页。
② 《苏省营业税征收登记费问题》，《申报》1930年11月22日，第8版。
③ 《议决筹备营业税变更步骤》，《江苏省政府公报》第607期，1930年，第12页。
④ 《财政部为准呈通令各县停止派员调查登记事批复苏州商会》（1930年12月29日），马敏、肖芃主编《苏州商会档案丛编》第4辑下册，第1381页。

第一章　营业税在国地财税体制中的变动

于此制毫无经验，不知此制于彼等之利益，拘执营业秘密之成见，不愿以账册示人，致周转次数，无从寻找，营业税制，无从实施。"① 尽管如此，此种登记费的筹办确实也为后来江苏省营业税的开征做了必要的政策和思想准备。

1930年12月16日，财政部部长宋子文发布训令，宣布自1931年1月1日起正式裁撤厘金及类似厘金之一切税捐，各省不得以任何理由请求展期："所有全国厘金及由厘金变名之统税、统捐、专税、货物税、铁路货捐、邮包税、落地税及正、杂各税捐中含有厘金性质者，又海关之五十里外常关税及其他内地常关税（陆路边境所征国境进出口税除外）、子口税、复进口税等，均应一律永远废除。"② 根据全国裁厘委员会会议决议，财政部呈请行政院公布《各省征收营业税大纲》九条，考虑到该大纲过于简略，财政部又拟定《各省征收营业税大纲补充办法》十三条，经行政院核准后，由财政部通令各省施行。③《各省征收营业税大纲》及其补充办法的相继颁布，标志着中央层面的营业税制度基本确立。

此后，湖南、湖北、安徽、浙江、江苏、江西等省纷纷制定营业税征收条例，呈请财政部审核施行。1931年上半年，国民政府控制下的地方相继建立起地方性的营业税制度。在地方政府看来，开征营业税是为抵补裁厘损失；在商界看来，抵补裁厘损失并不能依赖营业税，因为中央政府已将关税税率提高至12.5%，所增加的关税收入加上新征的统税、特种消费税等项收入足以抵补裁厘损失："以增加关税抵补裁厘，原为数十年商民一致之期望。今裁厘实行，全国收入短少九千万元，而关税本年新增之处，已有七千万元。益以统税、特种税收入，其

---

① 马寅初：《江浙两省筹备之营业税》，《交大季刊》第4期，1930年，第101页。
② 《财政部关于裁撤厘金及类似厘金之一切税捐的训令》（1930年12月16日），《中华民国工商税收史料选编》第3辑上册，第1719页。
③ 《财部订定各省征收营业税纲要》，《申报》1931年1月18日，第12版。

数当不少于九千万元，两相抵补，绰有余裕。"① 然而，关税、统税、特种消费税均补给国家财政，仅营业税补给地方财政。关键的问题是，地方裁厘究竟有多少损失？根据马寅初的推算，裁厘以前浙江厘金每年收入约 700 万元，浙江省政府每年可得到厘金附加税 140 万元。② 实际上厘金及其附加均为地方收入。那么，裁厘以后地方实际损失究竟是 700 万元还是 140 万元？浙江省政府希望营业税收入能够抵补 700 万元损失，而商界坚持政府实际损失仅 140 万元，且可通过中央划拨的方式予以抵补。就上海而言，市政府财政收入中本无厘金一项，裁厘对其收入丝毫无损，是否应该开征营业税以及如何征收又是一个问题。1931 年 2 月 4 日，上海市各业同业公会税则研究委员会在致当局的呈文中指出："本市向无厘金收入，此次明令裁撤厘金，亦并未受到任何损失，自不应效涉他省，有营业税之举办，财政局所拟办之营业税，纯属一种以外收入。"③ 各地裁厘损失具体数字无据可循，以此作为补税标准自然争议不断。正因如此，上海市各业同业公会税则研究委员会呈请财政部部长宋子文，"明白宣布各省市因裁厘而损失之附加税数目，通电各省市仍根据院颁纲要及补充办法限制，为拟订营业税之标准，为以之抵补附税不足，再请中央拨款补助"。④

由于《各省征收营业税大纲》及《各省征收营业税大纲补充办法》是经财政部呈请行政院审核通过，尚未经过立法手续，缺乏法律性，且各地营业税施行困难重重，税收纷争此起彼伏，立法院财政委员会也认为该大纲及补充办法还有不妥当之处。于是，立法院提议，咨请行政院将大纲及补充办法送交立法院审议，另定比较妥善的税法。⑤ 1931 年 4 月 15 日，中央政治会议第 270 次会议决议："各省征收营业税大纲，及

---

① 《各业一致注意营业税问题》，《申报》1931 年 2 月 1 日，第 13 版。
② 马寅初：《裁厘后营业税问题》，《经济学季刊》第 2 卷第 2 期，1931 年，第 21～22 页。
③ 《各业税则研究会昨开第二次委员会》，《申报》1931 年 2 月 5 日，第 13 版。
④ 《各业税则研究会为营业税要牍》，《申报》1931 年 2 月 4 日，第 13 版。
⑤ 马寅初：《马寅初经济论文集》第 1 集，商务印书馆，1932，第 315 页。

第一章 营业税在国地财税体制中的变动

财政部所订补充办法原则通过，其规定各营业税率及征收程序时，应注意于不扰民及不妨害商业发展两点，交立法院制定营业税法，在营业税法未颁行以前，已办营业税之各省，准暂照财政部已核准者办理。"① 经财政、经济两委员会起草，立法院于1931年6月6日审议通过了《营业税法草案》，共十三条。② 1931年6月13日，国民政府正式颁布《营业税法》。然该税法仅为大致的规定，上海市各业同业公会税则研究委员会于6月14日电请财政部拟定税法施行细则："惟营业税法全文仅十三条，不过为提纲挈领而已，其于中央政治会议议决之各业税率及征收程度时，应注意并不扰民及妨害商业发展两点，如何使之遵循无误，钧部迭次颁布之各项解释与办法，如何使之汇集成章，均有待于营业税法施行细则之慎密拟订。考细则之拟订，实为钧部权责之所在。"③ 实际上，中央将制定施行细则的权力交给地方，即地方政府可根据中央税法的规定制定地方性营业税征收章则。自税法颁布以后，各省市政府纷纷改订营业税征收条例，呈请财政部审核施行。当年就有浙江、福建、陕西、湖南、江苏、江西、安徽、湖北、湖南、福建、广东、河北、河南、察哈尔、山东、山西、绥远、南京、北平等十多个省市开征营业税。④

营业税开征之初，其收入不尽如人意。1931年浙江省各区营业税实收数仅62万元，除去开办费及经常、临时经费，所余税款仅30万元。⑤ 据江苏省财政厅厅长许葆英所言："本省营业税，四月一日开征后，截至现在止，仅不过收到17万元，而各局经费支出及印刷票照等

---

① 《中政会通过补充营业税办法原则》，《京报》1931年4月16日，第2版。
② 《立法院通过营业税法》，《大公报》1931年6月7日，第1张第3版。
③ 《各业税则会电陈营业税施行细则意见》，《申报》1931年6月15日，第13版。
④ 高秉坊：《营业税之立制与整理》，《直接税月报》第2卷第4~6期综合编，1942年，第5~6页。
⑤ 《浙省营业税收入不旺》，《中行月刊》第2卷第11期，1931年，第43页。

33

民国时期营业税制度的变迁

费,约须 18 万元,收不敷支,所谓抵补预算者,几等于零。"① 江西省裁厘以后,每年地方减少收入在 180 万元以上,而营业税收入除去抵补原有牙当税的 10 万元外,实际只有 10 万元收入,地方税直接损失在 170 万元以上。② 1932 年 12 月 30 日,福建省财政厅厅长致电财政部称:"现军政各费不敷甚巨,所有税收,已由前任预征至明年二月,库空如洗,支应乏术,非假以时日不能整理就绪。"③

鉴于营业税收入难以抵补裁厘损失,不少地方政府将部分大宗货物划分出来专门征收特种营业税。浙江省政府取消茧捐并开征茧业特种营业税,其征收税率定为千分之二。④ 根据浙江省财政厅指令,茧业特种营业税"自应按照实在营业额数一次征收;茧行之营业额数即以收茧银数为准"。⑤ 经财政厅厅长刘彭翊提议,安徽省政府决定对茶、麻、竹、木、蛋、茧征收特种营业税,其各属每年税额分配如下:(1)竹木类,皖南各属 10 万元,皖中及皖北等属 7 万元;(2)茶叶类,皖南各属 12 万元,皖中各属 6 万元;(3)麻类,六安 3 万元;(4)茧丝类,皖南各属 3 万元,皖中及皖北等属 1 万元;(5)蛋类,皖省各县 8 万元。以上五类年收入合计 50 万元。⑥ 至于不接受分配税额的行业,经省政府决定,暂行派员设处征收,"委派杨毓瑛为竹木茶麻丝茧蛋营业税征收处处长,于芜湖地方设立总处,拟定征收处暂行规程草案及总分处组织规程"。⑦

---

① 江苏省财政志编辑办公室编《江苏财政史料丛书》第 2 辑第 2 分册,方志出版社,1999,第 117 页。
② 《赣省裁厘后之财政》,《工商半月刊》第 3 卷第 3 期,1931 年,第 13 页。
③ 《福建省财政厅长关于闽省财政收支不敷甚巨营业税征收未遵部章请勿严格解释致财政部长电》(1932 年 12 月 30 日),《中华民国工商税收史料选编》第 5 辑上册,第 1508 页。
④ 《浙省办茧业特种营业税》,《银行周报》第 15 卷第 15 期,1931 年,第 9 页。
⑤ 《浙江省政府财政厅指令(字第四〇六七号)》,《浙江省政府公报》第 1210 期,1931 年,第 34 页。
⑥ 《皖省举办特种营业税》,《中行月刊》第 3 卷第 5 期,1931 年,第 49 页。
⑦ 《主席提议据财政厅呈转竹木茶麻丝茧蛋营业税征收处杨毓瑛拟订征收规程及组织规程分区表等项请交付审核案》,《安徽财政公报》第 13 期,1932 年,第 157 页。

第一章 营业税在国地财税体制中的变动

在南京国民政府时期的财政体制中,营业税属于合法的地方税,特种营业税则是非法之税,故遭到各地商人团体的强烈反对。在安徽,各商纷纷呈请当局予以撤销,省商会联合会于1932年5月18日"电京、沪各地同乡暨各县商会,请一致力争,以救皖人"。① 安徽各商的呼吁得到全国商界的响应。1932年6月3日,全国商会联合会在致财政部的代电中指出:"皖省创设特种营业税,遍设税局,总局全省计有二十七所,分局又有百余所,河流港汊密布无遗,无异厘金复活。"② 工商团体的呼吁引起了财政部的重视,财政部电令安徽省财政厅撤销特种营业税。但安徽省政府开征特种营业税一事又得到了蒋介石的赞同和支持,蒋介石在密电中指出:"皖省财政困难,节关在迩,应付棘手,确属实情。特种营业税一项,请准暂缓撤销,以资弥补。"③ 尽管如此,财政部于7月8日在致安徽省政府的咨文中仍强调特种营业税的非法性:"现在皖省举办特种货品营业税,以竹木等货品为征收之标的,又复遍设局卡于全省,其课税标准与征收方法完全为变相之厘金,核与中央裁厘明令相抵触。"④ 在中央财政当局和工商团体的双重压力下,安徽省政府委员会第274次常务会议议决,"此项特种营业税一律停办"。⑤

在江苏,"自上年开征以来,计一年内仅征起三十余万元,就中除去各县局所职工等项开支,实收只十余万元,核与省府所列预算相差极巨"。⑥ 为缓解地方财政困难,江苏省政府与财政厅商定自1932年7月

---

① 《芜湖快信》,《申报》1932年5月18日,第8版。
② 《全国商联会关于安徽商联会请饬皖省财政厅撤销特种营业税案致财政部代电》(1932年6月3日),《中华民国工商税收史料选编》第5辑上册,第1240页。
③ 《财政部赋税司以蒋介石电令暂缓撤销皖省特种营业税应否呈由行政院令准一事致部次长签呈》(1932年6月10日),《中华民国工商税收史料选编》第5辑上册,第1240页。
④ 《财政部致安徽省府复咨》(1932年7月8日),《中华民国工商税收史料选编》第5辑上册,第1240页。
⑤ 《皖省政府致行政院急电》(1932年7月12日),《中华民国工商税收史料选编》第5辑上册,第1245页。
⑥ 《苏省特种营业税开始筹备》,《银行周报》第16卷第21期,1932年,第1页。

35

民国时期营业税制度的变迁

起开征特种营业税以弥补财政预算缺口。根据所订办法,江苏省特种营业税征收范围包括竹木、茶、纸、棉、牲畜、油豆六大类:竹木分94种,茶分19种,纸分183种,棉分12种,牲畜分14种,油豆分22种;所分各种货品均按规定估计价值征收千分之二十。① 为征收和管理特种营业税,江苏省政府计划设立特种营业税征收局,该征收局根据税源多寡分为甲、乙、丙三等,共有20处,其中甲等局有靖江局、淞沪局、大胜关局、镇江局等4处;乙等局有武进局、高邮局、仙女镇局、吴县局、江阴局等12处;丙等局有宿迁局、盐城局、新浦局、徐州局等4处,每个局都任命主任一名,全面负责该局及其所辖范围的特种营业税征收事宜(见表1-3)。

表1-3 江苏省特种营业税征收局所辖范围及主任姓名

等级	局名	所辖范围	主任
甲等局	靖江局	泰兴等县	翁子颐
	淞沪局	上海、南汇、奉贤、川沙、太仓、宝山等县	郭师文
	镇江局	扬中、句容等县	曾泽生
	大胜关局	江宁、溧水、高淳等县	楼福民
乙等局	武进局	丹阳等县	沈秉德
	下关局	津浦联运	胡德明
	仙女镇局	泰兴、兴化、东台等县	沈 超
	高邮局	宝应、淮安、淮阴等县	郭懋鸿
乙等局	南通局	如皋、启东、海门等县	张柏林
	泗源沟局	仪征、江浦、六合等县	卢逢泰
	震泽局	吴江等县	华振基
	宜兴局	溧阳、金坛等县	詹贵珊
	吴县局	昆山县	钱秉钧
	无锡局		王心如
	江阴局	崇明、常熟等县	吴岐然
	淞江局	金山、青浦等县	吴龙丞

---

① 《苏省特税下月开办》,《申报》1932年6月28日,第8版。

第一章 营业税在国地财税体制中的变动

续表

等级	局名	所辖范围	主任
丙等局	宿迁局	泗阳、邳县、睢宁等县	冷筱山
	徐州局	丰县、沛县、萧县、砀山等县	吕 振
	新浦局	赣榆、东海、灌云、沭阳等县	关子毅
	盐城局	阜宁、涟水等县	汪 璧

资料来源：根据《苏省特税下月开办》，《申报》1932年6月28日，第8版；《苏财厅筹办特种营业税事实》（1932年6月），马敏、肖芃主编《苏州商会档案丛编》第4辑下册，第1871页编制。

江苏特种营业税的一个重要特点是，于水陆要塞之处设立税卡向过往商人征税，具有厘金的性质，故引起各县商会及各业同业公会强烈反对。1932年6月1日，吴县县商会致函中央政治会议、国民政府、行政院、立法院及财政部指出，征收特种营业税不仅违反了《营业税法》，而且"与中央会议决定应注意于不扰民及不妨害商业发展之主旨相悖"，"不啻厘金复活"。[①] 为给财政当局施加更大压力，吴县木业、竹业等同业公会于6月7日联合致函吴县县商会，希望该县商会建议江苏全省商会联合会"秉不屈不挠精神，继续抗议"，并通知全省各县商会转告纸、棉、牲畜等同业公会集中力量一致抗争，"誓不达撤销特种营业税目的不止"。[②] 为平息特种营业税纷争，财政部于6月9日电令江苏省财政厅迅予撤销："江苏省特种营业产销税条例内所规定征收方法，系就水陆运输道路扼要设处，对于产销之丝、竹、茶、棉花等项货物直接收税，与征收厘金无甚分别……免予举办，以重裁厘明令。"[③] 中央政府禁止地方政府征收特种营业税的原因是该税确实有违中央裁厘

---

① 《吴县县商会为请停办特种营业税致中央政治会议等函》（1932年6月1日），马敏、肖芃主编《苏州商会档案丛编》第4辑下册，第1855页。
② 《木业等同业公会为请代为呼吁撤销特种营业税事致吴县县商会函》（1932年6月7日），马敏、肖芃主编《苏州商会档案丛编》第4辑下册，第1856页。
③ 《江苏全省商会联合会为转知财政部撤销特种营业税事致吴县县商会函》（1932年6月9日），马敏、肖芃主编《苏州商会档案丛编》第4辑下册，第1857~1858页。

民国时期营业税制度的变迁

意旨。

中央明令撤销特种营业税后,江苏省财政厅仍继续派员前往各地积极筹备开征特种营业税事宜,吴县县商会为此于6月14日函请财政厅"迅予遵照中央明令撤回筹备员,以维商业而安人心"。① 6月17日,财政厅厅长在复吴县县商会的函中提出,如果商会方面能在6月22日以前代为筹借200万元,可停办特种营业税,否则,唯有自7月1日起实行设处开征特种营业税,以资救济。② 江苏省政府不顾中央明令和商民诉求继续筹办特种营业税遭到各商更为强烈的反对。6月21日,江苏全省商会联合会在镇江召开执监委员联席会议,专门讨论借款与特种营业税问题。会议决议:(1)不承认特种营业税;(2)不接受财政厅以请借200万元作为停办特种营业税的交换条件;(3)呈请蒋委员长制止江苏省举办特种营业税;(4)推举代表与财政厅接洽和晋京请愿。③ 6月22日,上海市豆米业、油饼业、杂粮业等同业公会联合召开有170余人参加的全体大会,一致反对江苏省开征特种营业税:"既背中央裁厘之意旨,复抗院部撤销之明令,并拂民情于不顾,一意孤行,无复忌惮。上置政府威信于扫地,下陷商民生计于绝境。是其政令之所出,根本上已失其依据,则我商民瞻前顾后,仰何承认之可言。"④ 6月24日,无锡县县商会召集会员开临时紧急会议,一致反对开征特种营业税,其理由有两点:一是特种营业税实行后,"物价势必随之增加,社会生活,亦欲提高,势必造成闽、赣、鄂、皖等省之恐怖局面";二是省政府不受院部明令,商人亦可不受省政府之明令。⑤ 江苏全省商会联合会决定:"如苏省特种营业税实行起征,商人为表示决

① 《吴县县商会致财政厅长函》(1932年6月14日),马敏、肖芃主编《苏州商会档案丛编》第4辑下册,第1866页。
② 《财政厅长复吴县县商会函》(1932年6月17日),马敏、肖芃主编《苏州商会档案丛编》第4辑下册,第1866页。
③ 《苏省举办特种营业税之反响》,《国货研究月刊》第1卷第3期,1932年,第94页。
④ 《各业坚决反对苏省特种营业税》,《申报》1932年6月23日,第10版。
⑤ 《苏省举办特种营业税之反响》,《国货研究月刊》第1卷第3期,1932年,第94页。

第一章 营业税在国地财税体制中的变动

心起见,惟有先将应缴统税及营业税一律停止,并通电国内外,请求公判。"①

在商会及各业同业公会的反对声中,江苏省政府并未放弃开征特种营业税的努力,反而试图争取中央的支持。根据1932年6月26日《申报》记载:"(江苏省政府主席)顾祝同对苏省特种营业税希望,仍未打消,二十五日由京赴庐山谒蒋,陈述苏省财政困难情况。"② 在江苏各商看来,筹办具有厘金性质的特种营业税,不仅违背中央法令,有损中央威信,而且加重了普通民众的负担。江苏各县米业同业公会联合会致电行政院、财政部指出:"苏省政府对于特税,不顾一切,仍拟于七月一日设处开征,令政府威信扫地,商民生计垂绝……且豆类与米麦,同为人生日用之要需,设或课以重税,是直接征诸商人,而间接取之小民,劫后余生,何堪再任该项苛税。"③ 后经行政院院长汪精卫与财政部部长宋子文、江苏省政府主席顾祝同商定,"停办(特种营业税),除彻底整理普通营业税外,财政部对苏省财政困难另筹补救"。④ 至此,江苏省政府筹办特种营业税问题才宣告解决。

1931年7月,云南省政府在昆明成立特种营业税局,对转运、保险、旅馆、银钱等12个行业征收特种营业税。⑤ 1932年11月18日,江西省政府训令撤销瓷类产销捐,改办特种营业税,由瓷商代表承办,全年认缴税额40万元。⑥ 1935年6月22日,广西省政府修订了1933

---

① 《江苏全省商会联合会为特种营业税如不裁则一致停缴统税及营业税事致吴县县商会函》(1932年6月27日),马敏、肖芃主编《苏州商会档案丛编》第4辑下册,第1909页。
② 《顾祝同赴庐山谒蒋》,《申报》1932年6月26日,第6版。
③ 《苏省米联会电请撤销营业特税》,《申报》1932年6月29日,第14版。
④ 《苏特种营业税决停办》,《纺织时报》第903期,1932年,第3页。
⑤ 《云南省财政厅征收特种营业税条例》(1931年7月1日),《中华民国工商税收史料选编》第5辑下册,第2669页。
⑥ 《瓷类产销捐准予撤销改办特种营业税》,《江西省政府公报》第33期,1932年,第55页。

年12月1日颁行的《广西省煤油特种营业税稽征章程》，对该省煤油特种营业税的税率和征收手续等做了重新规定。① 1937年，福建省政府公布的《福建省茶叶特种营业税征收章程》规定，在该省境内采办茶叶，或由省外输入茶叶之商贩，均应照章完纳茶叶特种营业税，该税由财政厅所辖各税务局所征收，并负查验缉私之责。② 除茶叶外，福建省财政厅对海味、糖、洋蜡烛、肥田粉、牲畜、竹、木等物品也征收特种营业税。③ 可见，地方政府对大宗商品货物征收特种营业税已经成为一种比较普遍的现象。

营业税与特种营业税并存，其根源在于地方政府"财权"与"事权"不均衡，以致地方政府努力扩张税收权力。在1934年5月召开的第二次全国财政会议上，一些地方政府就提出拓展地方征税权限的诉求。浙江省政府财政厅在提案中提出，"营业税法规定之种种限制，使地方政府绝少伸缩之余地，税务进行尤有莫大之影响"，浙江省要求删除营业税法第一条除外之规定："凡属煤油棉纱火柴等物，均不能因其已向中央完纳其他税款而禁止地方政府向其征收营业税。至于中央原有类似营业税性质之税项，为分清界限起见，亦应依照国地收入划分之标准，归地方统一办理。"④这种提法的目的很明显，即向中央政府争取更多税权，扩充地方营业税税源，以增加地方财政收入。此项提案得到了江苏省政府的响应，该省财政厅在提案中指出，由于统税与营业税范围界定不清晰，"各商人未明税法原理，每多有误会牵制，以致界限不清，纠纷迭起，隐匿朦漏在所难免，于中央毫无裨益，而省方颇受损失"。为杜绝商人从中取巧，财政厅提出具体办法：

---

① 《广西省煤油特种营业税稽征章程》，《广西省政府公报》第78期，1935年，第9~10页。
② 《福建省茶叶特种营业税征收章程》，《福建省政府公报》第695期，1937年，第5~6页。
③ 《闽省特种营业税调查》，《浙江财政月刊》第10卷第1期，1937年，第174页。
④ 《拟请修改营业税法案》，全国财政会议秘书处编辑《第二次全国财政会议汇编》，财政部总务司，1934，第182~183页。

第一章 营业税在国地财税体制中的变动

"凡缴纳统税之工厂其免征营业税范围,只限于本厂而止,厂外推销贩卖之行为仍应由各省征收营业税,中央可将该工厂在厂外所设之分事务所或在厂外收买原料所纳之营业税验凭原收据,由税务署或其所属机关于应征统税项下按数贴还,则既杜商人冒滥之弊端,亦可符营业税法之规定。"①

1928年的国家与地方财政划分并未涉及县(市)级财政的分配,以致地方苛捐杂税层出不穷,地方财政益加混乱。有鉴于此,国民政府于1935年颁布《财政收支系统法》,确立了中央(国家)、省(市)和县(市)三级财政体制,其税收收入分配如下:(1)中央税包括关税、货物出产税、货物出厂税、货物取缔税、印花税、特种营业行为税、特种营业收益税、所得税、遗产税、由直隶于行政院之市分得之30%营业税、由县分得之10%的土地税、由直隶于行政院之市分得之15%~45%土地税;(2)省税包括营业税(分给县市30%)、由县市分得之土地税(15%~45%)、由县市分得之房产税(15%~30%)、由中央分给之所得税(10%~20%)、由中央分给之遗产税(15%);(3)院辖市税包括土地税(分给中央15%~45%)、房产税(《土地法》施行后并入土地改良税)、营业税(分给中央30%)、营业牌照税、使用牌照税、行为取缔税、由中央分给之所得税(20%~30%)、由中央分给之遗产税(25%);(4)县税或省辖市税包括土地税(分给中央10%,以其余纯收入总额分给省15%~45%)、房产税(后并入土地改良税,分给省15%~30%)、营业牌照税、使用牌照税、行为取缔税、由中央分给之所得税(20%~30%)、由中央分给之遗产税(25%)、由省分给之营业税(30%)(见表1-4)。

---

① 《拟请确定营业税与统税范围以杜纠纷敬请公决案》,《第二次全国财政会议汇编》,第184页。

41

民国时期营业税制度的变迁

表1-4 1935年国家税与地方税划分方案

国家税	关税、货物出产税、货物出厂税、货物取缔税、印花税、特种营业行为税、特种营业收益税、所得税、遗产税、由直隶于行政院之市分得之30%营业税、由县分得之10%的土地税、由直隶于行政院之市分得之15%~45%土地税
省税	营业税(分给县市30%)、由县市分得之土地税(15%~45%)、由县市分得之房产税(15%~30%)、由中央分给之所得税(10%~20%)、由中央分给之遗产税(15%)
院辖市税	土地税(分给中央15%~45%)、房产税(《土地法》施行后并入土地改良税)、营业税(分给中央30%)、营业牌照税、使用牌照税、行为取缔税、由中央分给之所得税(20%~30%)、由中央分给之遗产税(25%)
县税或省辖市税	土地税(分给中央10%,以其余纯收入总额分给省15%~45%)、房产税(后并入土地改良税,分给省15%~30%)、营业牌照税、使用牌照税、行为取缔税、由中央分给之所得税(20%~30%)、由中央分给之遗产税(25%)、由省分给之营业税(30%)

资料来源:根据《财政收支系统法》(1935年7月24日),《中华民国工商税收史料选编》第1辑上册,第788~789页编制。

尽管国家与地方税收划分使地方政府有了一定独立的财源和税收权力,但是从国家与地方税收收入结构来看,中央政府仍掌握着绝大多数的税收资源,地方税源相当少。从1933~1936年度中央与地方主要税收预算分布来看,在排名前十的税收中,田赋(第三)、营业税(第五)、契税(第七)和房捐(第九)属于地方税,关税(第一)、盐税(第二)、统税(第四)以及烟酒税(第六)、印花税(第八)、矿税(第十)属中央税(见表1-5)。以上前十项税收预算合计348870万元,其中,中央税为271140万元,所占比重为77.7%,地方税为77730万元,所占比重为22.3%。显然,中央政府掌控了绝大多数的税收,财政集中度可谓非常高。张连红教授在比较中国及美国、日本的国家与地方财政收入预算规模后认为:"南京国民政府时期中央与地方财政收支的划分是属于中央财政集权型,同中央集权的政治体制是相对应的，而且同国外相比这一时期的财权集中中央的程度也是相当高的。"①

表 1-5　1933~1936 年度中央与地方主要税收预算比较

单位：国币百万元

税别	1933 年度	1934 年度	1935 年度	1936 年度	合计	排名	归属
关税	354.7	382.8	341.4	318.0	1396.9	1	中央税
盐税	146.7	190.4	184.2	189.2	710.5	2	中央税
田赋	84.4	87.9	104.1	184.2	460.6	3	地方税
统税	93.0	117.0	113.3	132.8	456.1	4	中央税
营业税	48.7	51.3	56.4	50.8	207.2	5	地方税
烟酒税	23.5	23.1	22.3	17.0	85.9	6	中央税
契税	18.8	19.3	20.2	17.3	75.6	7	地方税
印花税	12.9	12.9	12.0	11.3	49.1	8	中央税
房捐	7.6	9.3	8.8	8.2	33.9	9	地方税
矿税	2.7	2.7	3.9	3.6	12.9	10	中央税

资料来源：根据《1933~1937 年度中央普通预概算数及修正数统计表》《1933~1939 年度各省（市）区普通预概算统计表》，《中华民国工商税收史料选编》第 1 辑下册，第 3082~3083、3091 页编制。

在国民政府的财税体制下，各省市营业税征收效果逐渐显现，收入稳步增加。统计数据显示，1934~1936 年度各省市营业税总收入分别为 39291395 元、46775225 元和 61189456 元，呈现稳步增长的态势。其中，浙江连续三年均在 550 万元以上，河北、江苏紧跟其后，历年收入均在 400 万~550 万元，山东、山西等省也在 300 万元以上，广东营业税收入增幅最大，由 1935 年的 200 多万元增至 1936 年的 900 多万元。②营业税收入的稳定增长进一步巩固了其在地方财政税收中的重要地位。由表 1-6 可见，1931 年度江苏营业税收入约 145 万元，1932 年度增至

---

① 张连红：《整合与互动：民国时期中央与地方财政关系研究（1927~1937）》，第 25 页。
② 《1934~1941 年度各省（市）营业税收数表》，《中华民国工商税收史料选编》第 5 辑上册，第 477~478 页。

43

民国时期营业税制度的变迁

277万元，1933年度增至374万元，1934年度虽然有所回落，但1935~1936年度又大幅增加，均在400万元以上；1931~1936年度，营业税在江苏省财政收入结构中所占比重分别为7.06%、11.89%、13.47%、10.06%、8.51%、10.30%，与这一时期田赋比重总体上呈现递减的趋势不同，营业税在财政收入中的比重始终维持在10%左右。由此可见，营业税已经在江苏地方财政收入结构中占据比较稳固且重要的地位。地方税收主要有田赋、契税、营业税、房捐、船捐等几种。从1936年度各省税收收入结构来看，田赋占58.68%，营业税占30.51%，契税占8.82%；其中，察哈尔、绥远、湖北、广东、甘肃、青海和广西等省营业税甚至超过了田赋（见表1-7）。事实上，除作为地方政府的重要税收收入来源外，营业税还可作为借款之抵押。1935年3月，江苏省财政厅以"各项税收均淡，政费不敷"为由，呈请省政府以1935年度营业税作为抵押，向中央、交通、上海、江苏四银行借款150万元，借款期限为八个月。① 地方政府的正常运转及各项现代事业的发展主要依靠地方财源的支持，作为地方财政收入的大宗，营业税的作用不可替代。

表1-6 1931~1936年度江苏地方财政税收收入结构

单位：万元

年度	财政收入	田赋收入及其比重		营业税收入及其比重	
1931	2053	781	38.04%	145	7.06%
1932	2330	950	40.77%	277	11.89%
1933	2777	1051	37.85%	374	13.47%
1934	2325	553	23.78%	234	10.06%
1935	4866	716	14.71%	414	8.51%
1936	4680	1381	29.51%	482	10.30%

资料来源：根据《1931~1940年度各省地方财政收入分类表》，《中华民国工商税收史料选编》第5辑上册，第806~817页编制。

---

① 《苏营业税抵押借款》，《申报》1935年3月14日，第10版。

第一章 营业税在国地财税体制中的变动

表1-7 1936年度各省税收收入结构统计

单位：%

省份	田赋	契税	营业税
察哈尔	29.37	5.60	60.87
绥远	24.50	6.29	67.67
河北	45.75	5.66	36.91
山东	69.16	11.13	17.48
河南	71.32	14.70	13.99
江苏	66.80	7.33	25.79
浙江	60.01	6.19	22.47
安徽	64.61	10.40	18.05
江西	80.50	2.24	16.82
湖北	31.76	11.30	52.35
湖南	65.79	13.17	25.14
福建	41.37	5.64	47.47
广东	37.32	8.74	50.98
广西	45.86	4.12	50.02
贵州	63.11	11.86	25.02
陕西	85.04	7.20	7.76
甘肃	41.65	2.94	55.40
宁夏	74.61	0.24	22.34
青海	47.14	1.36	51.50
合计	58.68	8.82	30.51

资料来源：根据张一凡《民元来我国之地方财政》，周开庆主编《民国经济史》，台北，华文书局，1967，第181页编制。

第三节 营业税收归中央

1937年7月卢沟桥事变以后，日军长驱直入，国民党军队节节败退，随着华北、华东、华中等大片国土相继沦陷，国民政府不得不西迁重庆。战前国民政府税收收入主要来源于关税、盐税、统税，这三项税

民国时期营业税制度的变迁

占中央税收收入的90%以上。① 这些税源主要分布于东部沿海地区。随着这些富庶地区的沦陷，国民政府税收收入锐减，其中以关税、盐税、统税的收入减少幅度最大，如关税实收数由1937年度的239万元跌至1940年的38万元，1937年度和1938年度统税实收数分别占预算数的17.0%和18.2%（见表1-8）。在税收收入锐减的同时，国民政府各项军费开支却与日俱增，以致财政赤字不断扩大。如何集中全国财力物力坚持抗战是摆在政府面前的一个重要问题。

表1-8 1937~1940年度关税、盐税、统税短收情况

单位：万元

年度	关税			盐税			统税		
	预算数	实收数	占预算	预算数	实收数	占预算	预算数	实收数	占预算
1937	369	239	64.8%	229	141	61.6%	176	30	17.0%
1938	185	128	69.2%	113	48	42.5%	88	16	18.2%
1939	243	349	143.6%	83	61	73.5%	32	22	66.7%
1940	259	38	14.7%	100	80	80.0%	—	—	—
合计	1056	754	71.4%	527	330	62.6%	296	68	23.0%

注：1939年度，国民政府会计年度改为"历年制"；1940年度起，统税改为货物税。
资料来源：杨荫溥《民国财政史》，中国财政经济出版社，1985，第104页。

一般来说，筹集战费的措施不外乎举债、发行货币和增税三种，而增税政策被很多财政经济学家认为"在负担上最为公平，在时间上最为持久，在方法上最为稳健"。② 增税不外乎整理旧税和开征新税。早在抗战之初，为适应战时财政的需要，军事委员会就拟定了《总动员计划大纲》，在财政方面要求"改革旧税，变更稽征方式，维持固有收入""举办新税，另辟战时特别财源"。③ 1939年1月29日，国民党五

---

① 杨荫溥：《民国财政史》，第47页。
② 朱偰：《中国战时税制》，财政评论社，1943，第7页。
③ 《财政部抄发〈总动员计划大纲〉的密令》（1937年9月11日），《中华民国工商税收史料选编》第1辑上册，第210页。

第一章　营业税在国地财税体制中的变动

届五中全会通过了《第二期战时财政金融计划案》，其中计划实施非常时期过分利得税，实行遗产税，筹办战时消费税。① 国民政府战时增税政策有一个特点，即建立和健全直接税体系。抗战形势的急剧发展使国民政府加快了扩大直接税体系的步伐。1941年4月2日，国民党五届八中全会指出："直接税为最优良之税制，不仅足以充裕税收，且可平均财富……我国直接税之征收，虽开始于战前，然其确实推动，实在战后。允宜借此时机，因势利导，扩大范围，加强实施，使成为今后税收主要之源泉。"② 为进一步发展直接税体系，国民政府财政部于1941年成立直接税处，将所得税、遗产税、非常时期过分利得税及印花税统归其征收，并任命原所得税局局长高秉坊为直接税处处长。面对此时的财政困难，如何扩充直接税体系是主政者必须面对的问题。

经过数年的发展，营业税已经逐渐在国民政府分税制体制中占有比较重要的地位，不仅取代了地方厘金及类似厘金的各种通过税，而且与田赋一起构建起一个比较稳定的地方财政税收体系。抗战全面爆发以后，为适应战时财政的需求，各地方政府纷纷调整营业税制度以求迅速增加税收收入。地方营业税征收制度的调整对营业税收入及其在地方财政中的地位产生直接影响。由表1-9可见，1936年度各省市营业税收入为60945548元，占地方岁入总额的13.94%；1937年度为54285055元，占岁入总额的14.68%；1938年度为35095728元，占岁入总额的16.14%；1939年度收入为48105730元，占岁入总额的12.82%；1940年度收入为81089239元，占岁入总额的15.84%；1941年度收入为166492715元，占岁入总额的32.38%。1937～1939年度，受战事影响，各省市营业税收入和地方岁入总额均低于1936年度，但到1940年度和1941年度，两项数据又有所增加，而营业税增加幅度更大，以至于营

---

① 《五届五中全会通过的第二期战时财政金融计划案》（1939年1月29日），《中华民国工商税收史料选编》第1辑上册，第219～220页。
② 《五届八中全会关于动员财力扩大生产实行统制经济以保障抗战胜利案决议案》（1941年4月2日），《中华民国工商税收史料选编》第1辑上册，第247页。

业税在地方岁入总额中的比重也由15%左右攀升至32%以上。地方营业税所带来的稳定收入正是中央财政集权所需要的。①

表1-9 1936~1941年度各省市营业税收入与岁入总额比较

单位：元

年度	各省市营业税收入	各省市岁入总额	营业税收入占比
1936	60945548	437290245	13.94%
1937	54285055	369872700	14.68%
1938	35095728	217424783	16.14%
1939	48105730	375272771	12.82%
1940	81089239	512048349	15.84%
1941	166492715	514214291	32.38%

资料来源：根据《财政部统计处呈报营业税税收分析签呈及附表》（1945年11月17日），《中华民国工商税收史料选编》第5辑上册，第482页编制。

当一个国家进入战时状态以后，财政也随之从平时财政进入战时财政。战时财政的收入具有三大特点：一是要迅速集中；二是要数额巨大；三是要安全可靠。即在较短的时间内筹集到稳定巨大的收入。② 在增税政策当中，一个税种是否能够成为战税，主要看其是否具备战时财政的三大特点。相对于其他税种，营业税在当时被视为一个比较理想的战税，并被寄予厚望。四川省营业税局局长关吉玉就指出："在中国现行各税中，其能具有制度简单，收入丰富，而永久可靠之战税特质者，当无过于营业税。"③ 范士荣也认为："抗战无论至何程度，有土地即有人口，有人口即有交易，有交易则营业税有着，税源永久不致断绝，故其较任何租税永久性均强，且商业集中城市，课征便利，可期迅速征收巨额税款，此

---

① 柯伟明：《抗战时期中央对地方营业税的接收与改革》，《民国档案》2014年第2期。
② 崔国华：《抗日战争时期国民政府财政金融政策》，西南财经大学出版社，1994，第2~3页。
③ 关吉玉：《营业税三三论》，《四川营业税周报》第1卷第1期，1937年，第14页。

第一章 营业税在国地财税体制中的变动

点更非他税可比。"[①] 从西方国家的实践来看,第一次世界大战结束后,德国、法国等欧洲国家在"满目疮痍""财政拮据"的情形下,均利用营业税的伸缩性,改革征收制度,实现了增加税收收入和缓解财政危机的目的。[②] 营业税之所以能够扮演如此重要的角色,与其自身的特点有很大关系。包超时和倪镇在《中国营业税》一书中将营业税的特点归纳为:"税源普遍""富有弹性""征收确实""负担比较公平""征收费用较少"。[③] 正是这些特点使营业税在理论上和实践上都具备了成为战税的可能性。

其实,早在全面抗战爆发之初,就有人提出由中央接管地方营业税的主张和建议。1937年8月,四川省财政特派员关吉玉在致陶昌善的函中就提出战时财政的八大政策。其中,关于改革营业税的办法有:把营业税收归中央统一办理;废除免税规定,一律课5%;税款按月征收;统一管理商家账簿。[④] 当然,中央接办营业税并非易事,因其牵涉到中央与地方财政收支系统的重新调整,加之抗战形势发展太快,当时并未具备调整重大财政方针的条件。1941年3月24日至4月2日,国民党五届八中全会在重庆召开。此次会议的一个重要主题便是改革财政收支系统,以达到财政集权的目的。会议通过了孔祥熙、徐堪等二十人提出的《改进财政系统统筹整理分配以应抗建需要而奠自治基础借使全国事业克臻平均发展案》。根据该案所拟办法,"全国财政应分为国家财政与自治财政两大系统……全国租税应由中央管理,分别性质、类别为各项租税系统(如直接税系统、消费税系统等),每一系统之租税,应确定一个共同标准"。[⑤] 这意味着之前的中央、省(市)、县

[①] 范士荣:《营业税在中国财政上之地位》,《四川省营业税局月报》第1卷第1期,1938年,第57页。
[②] 李权时:《各国营业税近状》,《银行周报》第21卷第42期,1937年,第11页。
[③] 包超时、倪镇:《中国营业税》,第1页。
[④] 《关吉玉拟定战时财政八政策致陶昌善函》(1937年8月5日~10日),中国第二历史档案馆编《中华民国史档案资料汇编》第5辑第2编《财政经济》(1),江苏古籍出版社,1997,第3页。
[⑤] 《五届八中全会关于改进财政系统案》(1941年4月),《中华民国工商税收史料选编》第1辑上册,第241~242页。

民国时期营业税制度的变迁

（市）三级财政体制将会改为国家财政和自治财政两级。为贯彻和落实五届八中全会精神，财政部于1941年6月在重庆召开了第三次全国财政会议。蒋介石在开幕式上强调，此次会议的任务就是"对全国财政要作通盘筹划与合理的支配，不使各省建设事业，尤其是经济建设像过去有贫富肥瘠畸形不均的现象，而能使之普遍的平衡发展"。蒋介石指出，政府完成这项任务就必先确定两个目标：一是国家财政收支能使之平衡；二是国民负担能使之平均。蒋介石进一步指出，这两个目标就是政府抗战建国的基本政策；要确立建国的财政基础，"必将全国田赋收归中央经管，国家财政收支系统与地方自治财政收支系统亦必须划分明确，然后国家可成为现代国家"。① 在此次财政会议上，除整理田赋和改订收支系统外，代表们围绕修改营业税法以及改革征收制度展开了热烈的讨论。其中关于营业税提案的就有七八件之多，可见会议对于改革营业税征收制度的重视。②

在改订财政收支系统方案中，营业税须划归国家税，这必然触及地方的既有利益，因而在会议上来自地方势力的质疑声难以避免。四川省财政厅厅长甘绩镛就站在省财政的立场上提出《为拟请修改营业税法废止免税规定以维征收系统而裕省税收入案》。在甘氏看来，省级财政不仅不应取消，反而需要加以维护，不能因为培植中央税源而阻碍地方营业税的征收和发展。"我国在现阶段之税制系分国省县三级，各级收支系统既已截然划分，其各段固有税源，即应各自保全，各自发展，不可加以妨害，乃能保持收支系统之独立。若完纳国税（如出厂税，收益税等）后即不再完营业税，此公有营业及私有特种营业得免完纳营业税，则将来国税范围陆续扩张，公有营业及明令指定免税营业，陆续推广，则省有营业税必因之而日渐削减，其有碍于财政，更益巨大。"

---

① 《蒋中正在开幕式上的讲词》（1941年6月16日），《中华民国工商税收史料选编》第1辑上册，第1394~1395页。
② 潘国旗：《第三次全国财政会议与抗战后期国民政府财政经济政策的调整》，《抗日战争研究》2004年第4期。

第一章　营业税在国地财税体制中的变动

为巩固省级财政起见，甘氏提出三项办法：(1) 已向中央缴纳出厂税的工厂，或缴纳收益税的股份制银行仍须缴纳营业税；(2) 中央政府所办的公有营业应完纳营业税，属于统制专营的营业应完纳税额，由中央按期算明，照数拨交省库；(3) 以前明令指定免税成案均应予以撤销。① 这种论调显然是向中央索要更多的税收权力，与此次会议强化财政集权的主题格格不入，当然也不能引起大多数与会者的"共鸣"，在其他提案都得以审查通过之时，该提案只能"拟请保留"。

第三次全国财政会议还通过了《关于改订财政收支系统制订实施办法案》，决定将全国财政收支系统分为国家财政和地方自治财政两类。该实施办法规定，国家税包括土地税（田赋、契税）、所得税、遗产税、非常时期过分利得税、营业税、特种营业收益税、特种营业行为税、印花税、关税、盐税、矿税、货物出厂税、货物取缔税、战时消费税，县市税包括土地改良税（房捐）、屠宰税、营业牌照税、使用牌照税、行为取缔税、土地税原属市县收入的部分、遗产税（25%）、营业税（30%~50%）、印花税（30%）（见表1-10）。会后，财政部根据会议决议，制定了《改订财政收支系统实施纲要》，经行政院及国防最高委员会核定后，于1941年11月8日由国民政府明令1942年1月1日起正式施行。② 根据规定，中央自1942年1月起开始接收各省市营业税征收机关和人员。由于营业税与所得税同以工商营业为主要课税对象，且其查征与所得税联系密切，所以财政部决定将营业税划由直接税处接管。③ 直接税处接管营业税除了课征技术因素上的考虑外，以营业税扩充直接税体系也是中央政府的用意所在。

---

① 《为拟请修改营业税法废止免税规定以维征收系统而裕省税收入案》，第三次全国财政会议秘书处编辑《第三次全国财政会议汇编》，财政部总务司，1941，第153~154页。
② 张神根：《抗战后期国民政府对国家与地方财政关系的重大调整》，《历史档案》1997年第1期。
③ 包超时、倪镇：《中国营业税》，第33页。

51

民国时期营业税制度的变迁

表1-10　1941年国家税与县市税划分方案

国家税	土地税（田赋、契税）、所得税、遗产税、非常时期过分利得税、营业税、特种营业收益税、特种营业行为税、印花税、关税、盐税、矿税、货物出厂税、货物取缔税、战时消费税
县市税	土地改良税（房捐）、屠宰税、营业牌照税、使用牌照税、行为取缔税、土地税原属市县收入的部分、遗产税(25%)、营业税(30%~50%)、印花税(30%)

资料来源：根据《关于改订财政收支系统制订实施办法案及决议案》（1941年6月），《中华民国工商税收史料选编》第1辑上册，第1428页编制。

自1942年1月起，财政部直接税处开始接管各省市营业税机构和人员，其中，在四川接管人员2921人，接管机构141个；在浙江接管人员1000人，机构98个；在陕西接管人员640人，机构70个；在湖南接管人员889人，机构104个；在江西接管人员280人，机构65个；在广东接管人员650人，机构88个。此外，在广西、云南、贵州、福建、安徽、河南、湖北、甘肃、宁夏、重庆等省市均接管了数量不等的人员和机构。在各省市总计接管人员达10455人，机构1450个（见表1-11）。如此大规模的税收机关和人员在中央和地方之间进行移交实属少见，其交接工作也相当艰巨。各省市营业税交接时间并不一致，1月交接的有广东、浙江、广西、陕西、湖南、江西、贵州、福建、甘肃、宁夏等十省，2月交接的有安徽、河南两省，3月交接的有四川、云南、青海三省与重庆市，西康至5月1日交接，湖北自3月1日开始交接，至6月才办理完竣。各省市营业税交接时间不一，除"电文往返及各种人事关系"外，地方政府的抵制也是一个重要原因。因为中央接管营业税不可避免地触及地方政府的利益，有的地方以种种借口延迟交接，以致给整个接管进程增添了不少阻碍。不过，在"抗战建国"口号的统领之下，中央强化财政集权，接管营业税具有很强的合理性和合法性，使之最终成为一股不可逆转的趋势。

第一章 营业税在国地财税体制中的变动

表1-11 1942年财政部直接税处接管各省市营业税情况一览

省市	接管日期	接管人数	接管机构
四川	3月1日	2921	141
西康	5月1日	—	25
浙江	1月1日	1000	98
广西	1月1日	380	386
陕西	1月1日	640	70
湖南	1月1日	889	104
江西	1月1日	280	65
广东	1月1日	650	88
云南	3月1日	60	33
贵州	1月1日	173	46
福建	1月1日	805	79
安徽	2月11日	564	63
河南	2月1日	963	91
湖北	3月1日接管,6月1日完成	223	70
甘肃	1月1日	670	61
宁夏	1月2日	80	25
青海	3月1日	—	—
重庆	3月1日	157	5
总计		10455	1450

资料来源：根据包超时《中央接管营业税之经过及一年来整顿之概况》,《直接税月报》第2卷第4~6期综合编,1942年,第37页编制。

较之其他省市,四川营业税机构庞大,人员最多,所以接管四川营业税是全盘接收工作的重中之重。1941年12月初,川康直接税局便接到财政部和直接税处关于接管四川营业税的指示,该局先与四川省政府主席张群接洽,并得到了张群的首肯。张群同时表示,接管四川营业税须采取渐进的方式,以免更张太骤,影响税收。经过多次洽商,12月29日直接税处处长高秉方与四川省财政厅厅长甘绩镛商定交接办法,奠定了川康营业税接管的基本方针。根据规定,原有营业税局人员及省财政厅办理营业税人员依照移交清册一律加委,其办理结束人员须于任务完成后,分别到部局工作;属于1941年度应收未收的税款,全数划归省库，1942年度起应收的税款全数归国库；1942年度营业税各局经费及财政厅办理营业税结束人员薪俸及办公经费由国库开支；1942年度营业税各级机关经费由财政部统筹编订；在新预算颁布实施前，暂照1941年度12月份四川省府原定经费预算数由国库支给。① 为顺利完成接管工作，直接税处规定了接管四川省营业税的办法：总局及其所属各分局所与重庆市稽征处分别接管，重庆市稽征处部分由总处接管，总局部分由川康省局派员接管，所有人员分别调在省局工作；各分局所的接管由川康局先就原任分局长与所主任分别加委。② 至1942年3月，川康营业税接管基本完成。

在抗战的历史条件下，有的地方处于沦陷区或者游击区，这给营业税的接管带来更大的困难。湖北省并未设立营业税征收机关，而由各县税务局代征营业税，于是在交接问题上中央和地方产生了矛盾。依照财政部所定接管计划，湖北省财政厅内原有主管营业税人员及各县办理营业税人员，应自6月1日起由直接税局接管，财政厅却以"经办营业税并未设置专任人员，向系由经办其他税捐人员兼任"，"其他各项税捐仍继续办理"为由，不肯如期移交。后经直接税局与财政厅协商决定，已设分局的恩施、宜昌、光化三县仍自6月1日起接管，其余各县自7月1日起接管。至各县交接事项，由财政厅与直接税局双方于预定接管日期前，分电移交机关（各县税务局）及接征机关（各县直接税分局所）遵照规定交接。③ 在财政厅及税务局协助下，湖北直接税局最终完成了接管营业税工作。

四川是抗战的大后方，其营业税在全国具有举足轻重的地位。四川营业税交接前后收入的变化直接关系全国营业税接管的总体效果。

---

① 崔敬伯：《川康营业税接办及调整经过纪要》，《直接税月报》第2卷第4~6期综合编，1942年，第52页。

② 崔敬伯：《川康营业税接办及调整经过纪要》，《直接税月报》第2卷第4~6期综合编，1942年，第53页。

③ 《湖北直接税局报送接管湖北省营业税概况呈》（1943年1月5日），《中华民国工商税收史料选编》第5辑上册，第1711页。

表1-12对四川省自贡、合川、叙永、隆昌等地营业税接管调整前后几个月的平均收入变化状况做了一个详尽的统计比较。由此我们可以清楚地看到，中央接管以后这些地区营业税收入均有大幅增长，自贡每月平均收入增加了188%，隆昌增加了168%，叙永增加了147%，合川、遂宁增加了100%左右，万县和内江增幅最小，也在20%以上。由此可见，中央接管以后四川各地营业税收入出现增加态势是一个普遍现象。

表1-12 四川省部分地区营业税接管调整前后税收比较

地区	接管前各月税收合计		每月平均数(元)	调整后税收合计		每月平均数(元)	增加百分比(%)
	月份	金额(元)		月份	金额(元)		
自贡	1~4	975000	244000	5~9	3511000	702000	188
合川	1~3	535000	178000	4~9	2150000	358000	101
叙永	1~5	537000	107000	6~9	1061000	265000	147
隆昌	1~6	433000	72000	7~9	580000	193000	168
合江	1~4	613000	153000	5~9	1417000	283000	85
遂宁	1~4	389000	97000	5~9	906000	181000	97
南充	1~4	627000	157000	5~9	1346000	269000	71
宜宾	1~5	2502000	500000	6~8	2677000	892000	78
泸县	1~4	3279000	819000	5~9	6492000	1298000	58
乐山	1~4	1169000	292000	5~9	2102000	420000	44
内江	1~4	2546000	636000	5~9	3912000	782000	23
万县	1~4	2133000	533000	5~8	2681000	670000	26
重庆	1~9	4361600	4846000	10.26	7733155	7733155	60

资料来源：根据崔敬伯《川康营业税接办及整理经过纪要》，《直接税月报》第2卷第4~6期综合编，1942年，第59页编制。

四川营业税收入在中央接管以后即出现了普遍增长的态势，那么全国及其他地方情形如何？由表1-13可以看到，较之1941年度，1942年度全国营业税总收入由166497266.00元增至543544634.01元，增加了2.26倍，其中，四川增收137259117.15元，增加了1.46倍；广东

55

民国时期营业税制度的变迁

增收 6326598.00 元，增加了 0.75 倍；陕西增收 35123124.37 元，增加了 4.45 倍；河南增收 30778591.36 元，增加了 2.89 倍；福建增收 20945930.00 元，增加了 6.75 倍；贵州增收 20875462.44 元，增加了 7.46 倍。由此不难得出接管后营业税征收效果显著改善的结论。

表 1-13 1941 年度与 1942 年度各省营业税收入比较

省份	1941 年度收入额(元)	1942 年度收入额(元)	1942 年度增收额(元)	增收倍数
四川	93893236.00	231152353.15	137259117.15	1.46
广东	8432606.00	14759204.00	6326598.00	0.75
陕西	7889557.00	43012681.37	35123124.37	4.45
浙江	9700000.00	20339913.33	10639913.33	1.10
河南	10645707.00	41424298.36	30778591.36	2.89
福建	3104295.00	24059225.00	20954930.00	6.75
贵州	2800000.00	23675462.44	20875462.44	7.46
江西	3083549.00	19547304.65	16463755.65	5.34
西康	792688.00	1564010.35	771322.35	0.97
湖北	—	5236608.73	—	—
广西	16403559.00	28344483.96	11940924.96	0.72
云南	1500000.00	12344290.00	10844290.00	7.23
甘肃	1509840.00	10775111.25	9265271.25	6.14
青海	67748.00	685612.13	617864.13	9.12
宁夏	346411.00	3107039.36	2760628.36	7.97
湖南	5226663.00	23968324.83	18741661.83	3.59
安徽	1101407.00	12306236.74	11204829.74	10.17
江苏	—	251474.36	—	—
总计	166497266.00	543544634.01	377047368.01	2.26

注：1942 年度收入额，湖北、江苏系截至 11 月下旬，福建、江西截至 12 月中旬，其余各省均截至 12 月下旬。四川收入包括重庆在内。

资料来源：根据包超时《中央接管营业税之经过及一年来整顿之概况》，《直接税月报》第 2 卷第 4~6 期综合编，1942 年，第 44~45 页编制。

直接税处接管以后，1942 年度营业税不仅实征数较 1941 年度有大幅度增加，而且预算数有大幅增加。在川康、广东、陕西等十七个直接

第一章 营业税在国地财税体制中的变动

税局当中,没有完成预算数的仅浙江、江西和重庆三局,其余各局征收数较预算数均有不同程度的增加,其中,川康局增加 36545370.54 元,陕西局增加 23012681.37 元,河南局增加 23424298.36 元,各局总计增加了 142944634.01 元,增加幅度高达 35.68%(见表 1-14)。1942 年度营业税实征数高于预算数,说明中央接管营业税是卓有成效的。

表 1-14 各省直接税局 1942 年度营业税收入数与预算数比较

单位:元

局名	截止日期	预算数	征收数	比较增减
川康	12月下旬	122600000.00	159145370.54	+36545370.54
广东	12月下旬	30000000.00	41759204.00	+11759204.00
陕西	12月下旬	20000000.00	43012681.37	+23012681.37
浙江	12月下旬	27000000.00	20339913.33	-6660086.67
河南	12月下旬	18000000.00	41424298.36	+23424298.36
福建	12月中旬	15000000.00	24050225.00	+9050225.00
贵州	12月下旬	10000000.00	23675462.44	+13675462.44
江西	12月中旬	20000000.00	19547304.65	-452695.35
重庆	12月下旬	78000000.00	73570992.96	-4429007.04
湖北	11月下旬	3000000.00	5236608.73	+2236608.73
广西	12月下旬	16000000.00	28344483.96	+12344483.96
云南	12月下旬	6000000.00	12344290.00	+6344290.00
甘新	12月下旬	10000000.00	14567762.74	+4567762.74
湖南	12月下旬	20000000.00	23968324.83	+3968324.83
皖南	12月下旬	3000000.00	4543015.91	+1543015.91
皖北	12月中旬	2000000.00	7763220.83	+5763220.83
江苏	11月下旬	0	251474.36	+251474.36
总计	—	400600000.00	543544634.01	+142944634.01

资料来源:根据包超时《中央接管营业税之经过及一年来整顿之概况》,《直接税月报》第 2 卷第 4~6 期综合编,1942 年,第 43 页编制。

除收入增加外,中央接管营业税以后,从各地直接税局营业税收支预算的情况来看,营业税征收效率显著提高。以广东省为例,较之 1941 年,1942 年中央接管营业税后,征收机构由 150 个缩减为 90 个,

57

民国时期营业税制度的变迁

工作人员由 1500 人缩减为 1200 人，预算收入由 3000000 元增至 30000000 元，预算支出虽也由 600000 元增至 1350000 元，不过岁出占岁入比例却由 20% 减至 4.5%（见表 1-15）。

表 1-15 广东省营业税中央接管前后两年各项比较

比较项目	1941 年	1942 年
岁入预算	3000000 元	30000000 元
岁出预算	600000 元	1350000 元
岁出占岁入百分比	20%	4.5%
征收机构	150 个	90 个
工作人员	1500 人	1200 人
平均税率	10‰	25‰
同期税收（1～8 月）	5808027 元	18610157 元

注：征收机构总数系指上年财政厅所属税务局所及广东直接税局所属分局所总数，工作人员即根据上列机构编制推算，直接税局系以 7 月工作人数计。

资料来源：根据张兆符《广东省营业税之回顾与前瞻》，《直接税月报》第 2 卷第 4～6 期综合编，1942 年，第 101～102 页编制。

相对广东来说，广西直接税局在征收效率方面的变化更大。征收机构由 405 个减为 59 个，税务人员由 4226 人减为 274 人，而预算收入由 5779000 元增至 16000000 元，预算支出由 3007106 元减为 1200000 元，支出占收入比例则由 52.03% 大幅度减至 7.5%（见表 1-16）。[①] 其他省市的征税成本基本能够控制在 5.0% 左右，这与当时直接税的征收成本相当。据统计，1936～1942 年，直接税的征收成本分别为 7.13%、5.23%、6.74%、4.09%、3.38%、2.96% 和 4.13%。[②] 中央接管以后，营业税征税成本普遍下降，征税效率显著提高，并与原有直接税实现接轨，这是营业税改革成效的重要体现之一。

[①] 韦庆唐：《广西营业税概况》，《直接税月报》第 2 卷第 4～6 期综合编，1942 年，第 112 页。

[②] 财政部直接税处编《八年来之直接税》，中央信托局印制处，1943，第 19 页。

58

第一章　营业税在国地财税体制中的变动

表1-16　财政部广西直接税局接管营业税前后机构人事预算数

	名称	1941年度省办时期	1942年度该局接管	增减比较
机构	区局	13个	8个	减5个
	分局	86个	0	减86个
	办事处或查征所	办事处306个	查征所51个	减255个
	合计	405个	59个	减346个
人事	职雇员额	2050人	224人	减1826人
	巡丁及工役名额	2176人	50人	减2126人
	合计	4226人	274人	减3952人
预算	岁入预算	5779000元	16000000元	增10221000元
	岁出预算	3007106元	1200000元	减1807106元

注：(1) 省办时期系划全省为十三区，各设区局一所。该局划全省为八区，各设区分局一所。(2) 省办时期之分局系以县为单位。

资料来源：根据韦赓唐《广西营业税概况》，《直接税月报》第2卷第4~6期综合编，1942年，第112页编制。

第四节　营业税划归地方

抗战胜利以后，中央及地方各项事业的恢复和发展需要财政支持。战时国家与地方两级财政体制具有明显中央财政集权的色彩，中央与地方财政资源分配严重不均衡，严重制约地方事业的发展。其实，早在1945年7月就有人提出将中央营业税划归地方的建议："营业税原系地方财政收入之一，自财政收支系统改订后，营业税即划归中央，但地方法定税捐仅有六种，多属消费税，非为固定收入。因税收有限，财源枯竭，不独地方自治各项设施至为繁多，难以推进，抑且生产公营等事业无由发展。如能充裕地方财政，使与经济互相配合，则地方各项建设事业均可发达，而社会富力与政府税收均可增加。为推行地方自治事业，奠定宪政基础计，拟请中央仍将营业税划归地方，以裕财源而利进行。"① 在

---

① 《关于中央营业税归地方的提案》(1945年7月17日)，重庆市档案馆藏，全宗号：0053，目录号：2，案卷号：1044，第133~135页。

59

民国时期营业税制度的变迁

1946年3月召开的国民党六届二中全会上，宋子文等人提议修订财政收支系统："我国幅员辽阔，县（市）单位数以千计，承上启下，现行省制实居重要地位，省级财政似宜恢复，以收提纲挈领、臂指相使之效。"① 会议决议将财政收支系统恢复为中央、省（市）、县（市）三级，营业税重新划归地方政府征收。②

表1-17　1946年各级政府税收收入分配方案

中央税	所得税（分类所得和综合所得）、遗产税、印花税、特种营业行为税、关税、货物税、盐税、矿税、营业税（院辖市的30%上交中央）、土地税（院辖市的40%、省县市的30%上交中央）
省税	营业税（收入的50%）、土地税（收入的20%）、契税附加
院辖市税	营业税（收入的70%）、土地税（收入的60%）、契税、土地改良物税（房捐）、遗产税（中央划给的15%）、屠宰税、营业牌照税、使用牌照税、筵席及娱乐税
县市税	土地改良物税（房捐）、屠宰税、营业牌照税、使用牌照税、筵席及娱乐税、遗产税（中央划给的20%）、营业税（省划给的50%）、土地税（总收入的50%）、契税、特别课税

资料来源：根据《国民政府公布修正〈财政收支系统法〉及〈财政收支系统法施行条例〉》（1946年7月1日），《中华民国工商税收史料选编》第1辑上册，第806～808页编制。

为贯彻落实六届二中全会精神，财政部和粮食部于1946年6月召开"实施改订财政收支系统会议"，决议通过了《修订财政收支系统法原则》，对中央、省及院辖市、县及省辖市的财政收支做了明确规定。③ 1946年7月1日，国民政府正式公布《财政收支系统法》及《财政收支系统法施行条例》。根据规定，各省营业税收入50%归省库，50%划拨县市；院辖市营业税收入70%留作市税，30%上交中央（见表1-

---

① 《宋子文等在国民党六届二中全会上提出的修正财政系统案》（1946年3月），《中华民国工商税收史料选编》第1辑上册，第294页。
② 《六届二中全会关于地方行政报告决议案》（1946年3月），《中华民国工商税收史料选编》第1辑上册，第290～291页。
③ 《修订财政收支系统法原则》（1946年3月），《中华民国工商税收史料选编》第1辑上册，第1523页。

60

第一章　营业税在国地财税体制中的变动

17）。实际上，对于交出营业税征收之权，直接税机关极不愿意。冀察热区直接税局在一份工作报告中指出："营业税与直接税其他各税间互有关联……假使营业税仍由直接税机构办理，而将全部税收剔除应由之开支，交与地方政府，似亦不失为两有裨益之举。"① 当时确实有的地方筹备不及，所以在财政改制后的一段时期，这些地方的营业税仍由直接税机关代征。对直接税局来说，代征地方营业税能够带来一定收入；对地方政府来说，营业税由直接税局代征可减少一定征税成本。问题是，如果直接税局未能及时划拨税款，反而会给地方财政带来诸多困难。如 1946 年 12 月重庆市财政局因市库收入总存款不敷应支，不得不暂在修路工款户内挪借 1.5 亿元拨作各机关经费及生活费。造成重庆市财政如此拮据的一个重要原因是财政部重庆直接税局经征 7~11 月的营业税尚未完全划拨市库。1946 年底的统计数据显示，7~12 月重庆营业税已拨市库数额为 1.26 亿元，存国库数尚有 0.71 亿元。② 在此情况之下，重庆市财政局唯有函请直接税局加紧催征税款，并将已征未拨税款划拨市库。

为便于营业税的移交，财政部公布了《营业税移交地方接管办法》。该办法规定，原属中央、省级、县级（包括省辖市）直接税机关经办之营业税业务，应即移交各省财政厅及各县市（省辖市）税捐征收机关接管，其交接从 1946 年 7 月 1 日起至 9 月底止，俟双方商定确期后即行办理交接，但省级直接税机关所属全部业务之移交，应于限期内俟所属各县业务交清后，再行办竣；各县市直接税机关，应将营业税地业领户册、总登记册及有关文卷簿册等项，分别造具清册，交县市税捐征收机关；各县市直接税机关应将历年度营业税岁入预算数、已征起数、欠税户、呈准免税户分别造具清册，移交县市税捐征收机关；各县

---

① 《冀察热区直接税局报告》（1946 年 5 月 27 日），《中华民国工商税收史料选编》第 4 辑下册，第 1446 页。
② 《关于报送查明营业税及金库数目表的呈》（1946 年 12 月 23 日），重庆市档案馆藏，全宗号：0053，目录号：2，案卷号：890，第 242~245 页。

市直接税机关，应将经办营业税人员姓名、年龄、籍贯、学历、现任职务及薪给等项，造册移交县市税捐征收机关，继续任用。① 为避免地方税捐征收机关以种种理由拒绝接收直接税机关原经办营业税人员，行政院院长宋子文、财政部部长俞鸿钧联合发布命令："营业税在抗战期间为国家税大宗，承办营业税税务人员，亦多能效其绵薄有所献。现此项新旧人员仅有七千人，其于业务多系熟手……各省政府，对于直接税机构移交业务人员，务应遵照营业税交接之规定，照案接收，继续任用，不得借词拒绝。俾各该员得以安心工作，免滋纷扰，以维国家保障用人之旨。"②

实际上，1942~1946 年财政部直接税处（署）接管营业税期间，由于实行严格的考训制度，经办营业税人员整体素质和业务水平大幅提高，形成一支征税效率较高的队伍。一份关于川康直接税局经办营业税的高级税务人员的资料显示，在所统计的 72 名高级税务人员当中，30 岁以下 3 人，30~39 岁 57 人，40~49 岁 7 人，50~59 岁 5 人，绝大多数人员年富力强。再从他们的教育背景来看，正规大学毕业 49 人，其中包括北平大学、西南联合大学及柏林大学等国内外名牌大学；其余 23 人毕业于中学、专业学校和财政训练所。这些高级税务人员不仅有"高学历"，而且有丰富的税收实践"经历"，多数曾任分局长、股长、稽征所所长、税务员等职。③ 根据直接税署颁布的《办理营业税移交注意事项》，以上这些高级税务人员，应荐请省级接收机关，以县市税捐征收处处长、副处长任用。④

---

① 《直接税署印发〈营业税移交地方接管办法〉的训令》（1946 年 8 月 28 日），《中华民国工商税收史料选编》第 5 辑上册，第 450~452 页；《营业税契税移交地方接管办法》，《民国日报》1946 年 9 月 16 日，第 1 张第 4 版。
② 《直接税机构移交营业税人员应继续任用案》（1946 年 9 月 17 日），四川省档案馆藏，全宗号：59，案卷号：1134，第 12~13 页。
③ 《财政部川康直接税局荐请以税捐征收处处长、副处长及科长派用人员名册》（1946 年），四川省档案馆藏，全宗号：59，案卷号：1134，第 39~43 页。
④ 《办理营业税移交注意事项》（1946 年 9 月 27 日），四川省档案馆藏，全宗号：59，案卷号：1134，第 36~37 页。

第一章 营业税在国地财税体制中的变动

由此看来，接收直接税机关原经办营业税人员应当有助于提高各县市税收征收和管理水平，但很多县市税捐征收处拒绝全部接收。据财政部川康区直接税局所属自贡、鄞都、长寿、云阳、万县、内江、眉山、灌县等分局反映："各县税捐征收处只能接收极少人数，与应行移交员额相差甚巨。"① 四川省政府财政厅在一份致川康直接税局的公函中阐述了全部接收的困难："本省各县市税捐征收处之组织，系以该处第三科主办营业税，参额设人员，一等处八人，二等处七人，三等处五人，四五等处则由第二科兼办，共仅额六至七人，可以分派承办营业税员额不过二人。统计全省一百二十一处，接收五百人，与贵局册列一千五百三十五人，相较差数正巨，自难悉行接收。"② 成都市税捐征收处处长周膺九向报界发表谈话时也指出："对于本局以后移交原经办营业税及土地税、契税工作人员，以限于员额预算，将裁减百分之六十。"这番言论立即引起了财政部川康区直接税局的高度关注，该局在致四川省财政厅的公函中强调："部令规定上项各税移交办法，原为防止各县市税捐征收机关借词拒收人员起见，今若于接收之后大量裁撤，殊失曾峰保存工作人员之至意。"③

在移交和接收原经办营业税人员问题上，中央和地方有着不同的立场。对中央来说，既然营业税已经划归地方，就应该将原经办营业税人员全部移交地方；对地方来说，接收营业税人员相当于扩充人员，必然增加地方负担，甚至危及地方税务人员的利益，故地方政府希望只接收一部分人员。由于地方政府更加迫切需要尽快完成营业税接收工作以充实日益拮据的地方财政，加之中央行政机关一再命令，最终地方政府做出让步，基本全部接收直接税机关经办营业税人员。据统计，四川省接

---

① 《财政部川康区直接税局为营业税移交事致四川省财政厅的代电》（1946年10月23日），四川省档案馆藏，全宗号：59，案卷号：1944，第12~13页。
② 《四川省财政厅为营业税移交事致川康直接税局的公函》（1946年10月3日），四川省档案馆藏，全宗号：59，案卷号：1134，第44页。
③ 《财政部川康直接税局为移交经办营业税工作人员事致四川省财政厅的公函》（1946年10月8日），四川省档案馆藏，全宗号：59，案卷号：1944，第14~15页。

民国时期营业税制度的变迁

收财政部川康直接税局各分局经办营业税人员总计1629人,其中,较多者为:成都分局100人,内江分局72人,灌县分局69人,宜宾分局62人;较少者为:涪陵分局16人,绵阳分局25人,资中分局26人,江津分局25人,隆昌分局28人;其他各局人数则在30~60人之间(详见表1-18)。这些被地方政府接收的原直接税局经办营业税人员,成为地方财政当局组织征收营业税的主要力量。

表1-18 财政部川康直接税局所属四川省各分局1946年度经办营业税人员人数

局别	人数	备注
成都分局	100	所属成都、华阳两查征所人数在内
泸县分局	52	所属小市、蓝田坝、纳溪三查征所人数在内
宜宾分局	62	所属横江、庆符、高县、筠连、屏山、雷波六查征所人数在内
内江分局	72	所属茂市、樟木镇两查征所人数在内
万县分局	46	所属开江、梁山、开县三查征所人数在内
自贡分局	39	所属威远、荣县两查征所人数在内
乐山分局	55	所属峨眉、井研、夹江、洪雅四查征所人数在内
河川分局	37	所属武胜、铜梁、安居三查征所人数在内
江津分局	25	所属白沙查征所人数在内
涪陵分局	16	所属武隆查征所人数在内
南充分局	33	所属营山、西充、蓬安三查征所人数在内
犍为分局	36	所属城区、牛华溪两查征所人数在内
北碚分局	32	所属江北、巴县两查征所人数在内
资中分局	26	所属球溪查征所人数在内
达县分局	35	所属宣汉、万源、城口三查征所人数在内
叙永分局	38	所属古宋、古蔺、兴文三查征所人数在内
遂宁分局	35	所属安岳、乐至、潼南、蓬溪四查征所人数在内
广安分局	36	所属岳池、邻水两查征所人数在内
酆都分局	46	所属忠县、石柱两查征所人数在内
江油分局	53	所属县城、青川、武平、北川、彰明、绵竹六查征所人数在内
广元分局	33	所属昭化、旺苍、剑阁三查征所人数在内
灌县分局	69	所属彭县、松潘、郫县、理番、新繁、茂县、温江、汶川、崇宁九查征所人数在内

续表

局别	人数	备注
简阳分局	38	所属资阳查征所人数在内
合江分局	30	
富顺分局	40	所属牛佛渡查征所人数在内
彭水分局	34	所属酉阳、秀山、黔江三查征所人数在内
广汉分局	44	所属赵家渡、新都、德阳、金堂、什邡五查征所人数在内
永川分局	42	所属璧山、松溉、大足三查征所人数在内
长寿分局	30	所属垫江查征所人数在内
绵阳分局	25	所属安县、罗江、梓潼三查征所人数在内
云阳分局	32	所属奉节、巫山、巫溪三查征所人数在内
三台分局	48	所属射洪、盐亭、中江三查征所人数在内
江安分局	44	所属南溪、长宁、珙县三查征所人数在内
新津分局	52	所属邛崃、双流、崇庆、名山、大邑五查征所人数在内
渠县分局	40	所属大竹、三夹两查征所人数在内
阆中分局	50	所属巴中、通江、南江、南部、苍溪、仪陇六查征所人数在内
綦江分局	34	所属南川查征所人数在内
眉山分局	42	所属丹棱、蒲江、仁寿、青神、彭山五查征所人数在内
隆昌分局	28	所属荣昌查征所人数在内
总计	1629	

资料来源：根据《四川省接收财政部川康直接税局所属各分局经办营业税人员人数表》(1946年)，四川省档案馆藏，全宗号：59，案卷号：1134，第4~6页编制。

值得注意的是，在将营业税划归地方以后，为增加财政收入以挽救财政危机，国民政府拟开征特种营业税，并将其纳入国家收入。早在1946年12月就传出消息："政府在明年将开征特种营业税，将过去营业税之有关全国性质者拨还中央，特种营业税之对象为国营企业、国家银行、全国性之交通组织等。"① 1947年上半年，国民政府加快了特种营业税的立法进程，财政部部长俞鸿钧于4月8日在上海招待新闻界时称："特种营业税条例，刻已拟妥，正待完成立法程序后，再付施行。"② 4月24日立法院开会，修正通过《特种营业税法草案》。③ 5月

---

① 《特种营业税及特种过分利所得税政府于明年开始征收》，《征信新闻》(重庆)第536期，1946年，第4页。
② 《俞财长招待新闻界，阐述财政金融问题》，《申报》1947年4月9日，第6版。
③ 《立院昨日会议银行法三读通过》，《申报》1947年4月25日，第1版。

民国时期营业税制度的变迁

1日,国民政府正式公布的《特种营业税法》规定,特种营业税的课税范围包括:银行业、信托业、保险业、交易所及交易所内所发生之营利事业、进口商营利事业、国际性省际性之交通事业、其他有竞争性之国营事业及中央政府与人民合办之营利事业。特种营业税按营业性质分别以营业收入额或收益额为课征标准;以营业收入额为课征标准者征收1.5%,以营业收益额为课征标准者征收4%。① 在征税方式上,特种营业税采用申报—调查的方式,由纳税义务人依照规定时间,按其营业性质,将收入额或收益额申报主管征收机关调查核税;特种营业税征收机关接到纳税义务人申报后,应即派员调查,将每月应纳税额查定,并按月通知纳税义务人径行缴纳国库。② 为便于对特种营业税进行征收和管理,行政院于1947年6月11日公布了《特种营业税法施行细则》,对特种营业税的征税范围、征税标准、征收手续、征收程序以及征税机关和纳税人的权利义务等做了更为详细的规定和补充说明。③

自《特种营业税法》及其施行细则公布以后,有关行业的商人团体纷起反对。上海市内河轮船商业同业公会在致全国轮船商业同业公会联合会的电文中指出:"(特种营业税)税法一旦实行,则凡我行驶江海与内河之民营轮船,其增重课税负担不言而喻……民营航商于抗战期内,奉行国策,担任水上运输,厥功至伟;迨及胜利之后,协助复员工作,尤多尽力……航商元气丧尽,政府似宜培植扶持之,何能再行增加新税(特种营业税)。"④ 上海市内河轮船商业同业公会的呼吁,得到各地轮船业的积极响应,天津、福州等地的轮船业同业公会纷纷致电表示支持,全国轮船商业同业公会联合会也以战时损失严重及战后经营困难

---

① 《国民政府公布〈特种营业税法〉令》(1947年5月1日),《中华民国工商税收史料选编》第5辑上册,第499~500页。
② 《特种营业税法》,《金融周报》第16卷第19期,1947年,第13页。
③ 《特种营业税法施行细则》,《金融周报》第16卷第26期,1947年,第18~19页。
④ 《上海市内河轮船商业同业公会致全国轮船商业同业公会函》(1947年8月4日),上海市档案馆藏,档案号:S150-1-56,第5页。

第一章　营业税在国地财税体制中的变动

为由,分别向行政院、财政部、交通部、直接税署呈请免征营业税及特种营业税。① 为避免中央特种营业税与省内的地方营业税出现重复课税的现象,轮船商业同业公会甚至提出简化稽征方案,即"轮船业营业税一律缴纳特种营业税,再由中央估计,就特种营业税项下拨补地方"。② 但财政部认为,此种办法不仅与税法抵触,且以现行之特种营业税与普通营业税税率不一,"为使中央与地方税源划分公允起见,仍应按照各轮船公司登记航行国际省际或省内之路线及其船只吨位与营运收入分别报缴特种或普通营业税"。③

金融业(包括银行业、保险业、信托业、交易所)是特种营业税的主要课征对象,故该业要求减免税额的呼声更为激烈。上海、重庆、汉口等地银行业、钱庄业、信托业同业公会纷纷向中央有关部门呼吁免征特种营业税。全国银行公会联合会在综合各地会员公会意见的基础上,向财政部呈文请求免征特种营业税,其理由主要有两点:(1)特种营业税与普通营业税、营利事业所得税存在重复课税的嫌疑;(2)特种营业税只注意名义上的收益,而不顾及实际上的损耗,直接增加金融业的负担。④ 7月4日,《金融日报》的社评指出,特种营业税与营业税重复课税,而且计税标准不合理,"特种营业税,以毛利为标的,完全不把开支及一切损失扣销,假如银行营业亏本,但在未扣损失部分的毛利,还得课征百分之四的特种营业税"。社评希望政府"以经济命脉为重,对于各种捐税,能予酌量减轻,而金融业特种营业税的重复课征,更望加以特殊的考虑"。⑤ 以上呈文和社评代表了当时金融

---

① 《全国船联会请政府扶植航业,呈请继续免征营业税及特种营业税》,《征信新闻》(重庆)第750期,1947年,第1页。
② 《轮船业营业税简化稽征办法》(1948年2月16日),上海市档案馆藏,档案号:S150-1-56,第49页。
③ 《财政部上海直接税局通知》(1948年3月1日),上海市档案馆藏,档案号:S150-1-56,第52页。
④ 《全国银行公会联合会呈财政部文》,《银行周报》第31卷第30期,1947年,第1~2页。
⑤ 《金融业课征特种营业税问题》,《银行周报》第31卷第30期,1947年,第4~5页。

67

界对于特种营业税的主要意见和诉求。但中央财政当局迟迟未有回应,银行业、钱庄业同业公会唯有采取进一步行动。7月14日,上海市钱庄业同业公会召开第18次理监事例会,认为特种营业税税率按收益额征收4%,负担过重,且金融业开支浩大,包括管理、营业、耗换、折旧、捐款等费用,未将这些费用剔除,有失公允。[1] 8月26日,上海市银行业同业公会召开常务理事会,认为特种营业税与上半年度所缴的营业税有重复课税的嫌疑,决定联合钱庄、信托两业同业公会向中央当局请求免征特种营业税。[2] 为给政府施加更大压力,全国银行业同业公会致函各地会员银行,在未经财政部核准前,"对于税局课征之特种营业税,办理登记,应暂缓申报"。[3]

面对上海金融界请求免征特种营业税的呼声日益高涨,财政部于1947年9月9日做出批示:"此次改征特种营业税,纯系中央与地方税收划分关系,与纳税之主体无关。至改按营业收益额课税,乃求税负之公平合理,且依照现行税法,按营业收益额计税,较按营业收入额计税者,其实际负担仍轻。所请免征一节,于法无据,碍难照准。"[4] 财政部虽然没有准许银行业免征特种营业税,但也考虑到银行业自身的特点,即存款利息为银行业务上的一种直接负担,准予将存款利息从纯收益额内扣除。直接税署署长王抚洲指出:"此项办法(扣除存款利息)可使全国金融业较原定办法减少百分之五十之负担。"[5] 上海市钱庄业同业公会却不以为然,仍认为税率过高、税负过重:"存息虽暂蒙扣除,而税率为百分之四,远较现征之所利得税为巨,仍难负担。"该会

---

[1] 《钱庄业公会对营业税问题表示意见》,《申报》1947年7月15日,第6版。
[2] 《银行业请免征特种营业税》,《申报》1947年8月30日,第7版。
[3] 《全国银行公会函各地会员银行在未奉财部复示前暂缓申报特种营业税》,《银行周报》第31卷第36期,1947年,第40页。
[4] 《财部对于请求免征特种营业税之批示》,《银行周报》第31卷第40期,1947年,第41页。
[5] 《财部决定减低特种营业税税率之变通办法》,《银行周报》第31卷第39期,1947年,第40页。

第一章　营业税在国地财税体制中的变动

与银行业、信托业同业公会分别电呈财政部，请其暂改为 2% 征收。①全国银行业同业公会也召开会议，决议再呈财政部"将原订税率酌量减低及重新规定收益计算额"，②并"通函各地公会，暂缓申报"。③金融界的抵制已经严重影响到特种营业税的推行和征收工作，为此财政部于 10 月 21 日再次批示，一方面，否决了金融界提出的特种营业税减半征收的请求；另一方面，为减轻该业税负，准许从纯收益额内扣除汇费（对其他行庄转汇支付之汇水）及手续费（对其他行庄代理支付之手续费）二项。④上海市银行业同业公会认为，"扣除汇费及手续费之极小支出部分……若照此计税，较之营利事业所得税税额之重，何止倍蓰。且二税并行，绝非同业所能负担"。经该会理监事会议决议，再联合钱庄业、信托业同业公会向政府呼吁，以期减轻负担。⑤

经过政府与商人团体多回合较量，争论的焦点逐渐由免征特种营业税转到降低税率上来。11 月 27 日，上海市银行业、钱庄业、信托业同业公会的负责人李馥荪、徐寄庼、沈日新等晋京向财政部、立法院等部门请愿，希望将特种营业税税率减为 2%。⑥为体恤商艰及化解纷争，以利于特种营业税的征收，财政部于 12 月 23 日对银行业、钱庄业、信托业同业公会的呈文做出批示："普通营业税率，现已修正提高，而特种营业税不仅未作同一提高，且特准于总收益内扣除存款、利息、汇费手续费三项支出计税，税负已大为减轻。在此国用孔亟之际，所请减半

---

① 《电南京市等十五处钱业公会为特种营业税奉部批将存息扣除现请将税率减折半数》，《钱业月报》第 18 卷第 4 期，1947 年，第 99 页。
② 《金融业特种营业税，银行公会呈请酌减》，《申报》1947 年 9 月 11 日，第 7 版。
③ 《银行公会通函同业缓缴特种营业税》，《银行周报》第 31 卷第 39 期，1947 年，第 38 页。
④ 《通告各庄为特种营业税奉部扣除存款利息计税之外再准扣除汇费手续费》，《钱业月报》第 18 卷第 5 期，1947 年，第 179 页。
⑤ 《银行公会转知财政部对特种营业税批文》，《银行周报》第 31 卷第 46 期，1947 年，第 37 页。
⑥ 《银钱信托业代表晋京向财部请愿》，《申报》1947 年 11 月 30 日，第 7 版。

征收，事关变更税法条文，应毋庸议。"① 上海金融界认为基本达到了减轻税负的目的，而且政府当局再做让步的可能性已经很小。12月26日，上海市银行业同业公会召开理监事联席会议，决议通告各会员依法缴纳特种营业税。② 至此，长达半年的特种营业税征收纷争终告一段落。

国民政府开征特种营业税，除增加中央财政收入外，主要有两大理由：一是为平衡国内工商业的发展，需要对国营、民营及官商合办的营利事业一律课税；二是有全国性的特种民营事业，"其分支机构遍于各地，由地方征税，控制难周，易滋纠纷，应由中央统一征收为宜"。③ 中央开征特种营业税的决定得到了一些经济学家的赞同和支持。王瑞指出，特种营业税的优点在于"易于测定人民负担力之强弱，使人民乐于完税，其征课手续简单及征收费轻微，且有一般营业税制之长处"。④ 陈作权列举了特种营业税的种种优点，如特种营业税税源充裕，税负普遍而公平；税法简明，手续便当，稽征费用不大，符合经济原则；必要时可迅速自如地将其税率提高或降低，以应付环境的需要。⑤ 时人对特种营业税寄予厚望："大战之后，我国建国事业，百端待举，其首要者，当推国家财政之如何得以收支平衡，工商事业之如何得以合理发展。特种营业税开征于此时，实有其重大之使命焉。"⑥

然而，特种营业税的实际征收效果与预期值相去甚远。从1947年度特种营业税预算来看，各区预算收入总额为820亿元，其中上海多达578亿元，次为天津、汉口、江苏、广东等区，均在26亿元及以上。

---

① 《财部对特种营业税征收问题之批示》，《银行周报》第32卷第2期，1948年，第25页。
② 《银行业同业公会理监事联席会议》，《申报》1947年12月27日，第7版。
③ 《特种营业税概说》（1947年），《中华民国工商税收史料选编》第5辑上册，第498页。
④ 王瑞：《特种营业税概论》，《广东直接税导报》第2卷第3期，1947年，第7页。
⑤ 陈作权：《论特种营业税》，《广东直接税导报》第2卷第7期，1947年，第6~7页。
⑥ 胡受之：《特种营业税概述》，《直接税杂志》第2卷第1期，1946年，第3~4页。

第一章 营业税在国地财税体制中的变动

再从查征数来看,各区查征总额为371.6亿元,其中上海为150亿元,天津为70亿元,青岛为45亿元,汉口为22亿元。事实上,仅天津、青岛、广州及广西、川康、湖南等区超过预算数,其余各区查征数均远低于预算数,如豫鲁完成预算比例为2.5%,云贵为12.9%,湖北、辽安为22%;各区查征数总额占预算数总额比例为45.3%(具体见表1-19)。造成特种营业税查征数严重不敷的一个重要因素是上海查征数约占该市预算数的25.9%。上海是当时中国工商业经济和金融中心,是重要的特种营业税税源地。上海特种营业税预算数之高,说明中央对上海寄予厚望,但上海查征数之低,说明特种营业税推行困难重重,其他地区的情况亦可想而知。①

表1-19 1947年度各区特种营业税预算数与查征数比较

单位:亿元

地区	预算数	查征数	完成比例	地区	预算数	查征数	完成比例
上海	578	150	25.9%	川康	7	7.7	110%
天津	28	70	250%	冀察热	21	8.3	39.5%
汉口	26	22	84.6%	豫鲁	4	0.1	2.5%
青岛	15	45	300%	安徽	5	3.2	64%
重庆	18	12	66.7%	云贵	7	0.9	12.9%
广州	8	9.8	122.5%	陕西	4	2	50%
江苏	26	12.7	48.8%	湖南	5	6.7	134%
广东	26	5.2	20%	湖北	5	1.1	22%
浙江	8	1.9	23.8%	江西	5	2.7	54%
辽安	10	2.2	22%	福建	5	1.6	32%
广西	4	4.2	105%	甘青宁新	2	0.6	30%
晋绥	3	1.7	56.7%	总计	820	371.6	45.3%

资料来源:根据《1947年度各区特种营业税预算数与查征数比较表》(1948年),《中华民国工商税收史料选编》第5辑上册,第512~513页编制。

---

① 柯伟明:《民国时期特种营业税的征收及其影响》,《中山大学学报》(社会科学版)2017年第3期。

民国时期营业税制度的变迁

根据1948年上半年度国家总预算，特种营业税6000亿元法币，在税收总预算收入中约占2.42%，在直接税体系当中约占9.38%。[①] 1948年下半年度特种营业税7486640元金圆券，在税收总预算收入中约占1.41%，在直接税体系当中约占5.31%。[②] 由此可见，特种营业税在中央税收收入结构和直接税体系当中所占比重均不大，对中央财政的影响比较有限。但开征特种营业税分割了营业税税源，对地方财政收入和民众产生较大影响。关于这一点，在特种营业税开征之初就已经引起了经济学界的关注。汪承玠在《特种营业税法施行后之检讨》一文中表达了对地方因财政收入锐减而横征暴敛的担心："倘地方财政当局，因税收短绌，不敷支出，情出不已，亦效法中央，巧立名目，开辟税源，课征杂税，五花八门，置人民负担能力于不顾，徒增加地方财政收入，则将何法以制止哉？"[③] 当时很有影响力的经济学杂志《财政评论》的社评指出："营业税既有普通与特种之分，则当指定之营利事业界说难以确定或事业性质与业务难得划分时，即不免引起两税征收机关（中央和地方）之争执，驯至开启商民乘隙规避逃税之门路。"[④]《财政评论》代表了很多财政经济学家的观点。这表明中央开征特种营业税未能得到经济学界的一致认可。

经济学家的担心在地方财政实践中得到了印证。特种营业税开征初期，上海市财政当局就因地方财政困难而呈请行政院将该税延缓至7月1日起征收，并将税款七成拨补市库。[⑤] 然此项请求并未得到行政院的准许。行政院在致财政部的训令中指出："特种营业税应自本年五月一

[①]《民国三十七年上半年度中央政府总预算收入表》（1948年），《中华民国工商税收史料选编》第1辑下册，第2934页。
[②]《改编三十七年下半年度中央政府总预算收入表》（1948年），《中华民国工商税收史料选编》第1辑下册，第2946页。
[③] 汪承玠：《特种营业税法施行后之检讨》，《公信会计月刊》第11卷第1期，1947年，第4~5页。
[④]《特种营业税的开办》，《财政评论》第16卷第6期，1947年，第1页。
[⑤]《田永谦公毕返沪，特种营业税七月起施行》，《申报》1947年7月24日，第4版。

日起开征,事属全国通案,上海市政府所请展期办理未便照准。至所请以该税实收七成拨补市库一节,核与修正财政收支系统法规定原旨不符,未便照办。"① 1948年2月,上海市财政局局长田永谦在年度报告中指出,中央开办特种营业税相当于将当年营业税收入抽去23.39%。② 1947年9月,重庆市财政局局长沈质清在致行政院的代电中也指出:"特种营业税开征以后,依据本局本年一至三月份查征银钱、保险、煤油等业营业税额及调查运输业一至三月份营业总额计算,每季约减少二十三亿四千余万元。本市本年度营业税预算,经中央核增为一百〇四亿元,列数过高,加紧稽征尚恐不易收齐,如再损失一部分税源,势难达成预算。"③ 中央开征特种营业税,严重分割了地方营业税税源,使本来就已经相当拮据的地方财政更加困难。

小　结

西方现代营业税制度在中国的建立和发展必然受制于民国时期的财政税收体制,并随之几经变动,其间交织着中央与地方的复杂关系。自清末民初开始,中国逐步建立了国家与地方财政分权体制,但这种财政体制在实质上仍属于中央财政集权型,只是受中央政治权力强弱的影响,财政集权存在名实之别而已。一般而言,中央政治权力虚弱,国家税比重小,地方税比重大;中央政治权力增强,国家税比重大,地方税比重小。正如杜恂诚教授所言:"税源本来就不足,更加上中央与地方政治能力的不平衡,国地税收的状况犹如'跷跷板',一头下沉,另一

---

① 《特种营业税不能缓征,拨补市库亦难照办》,《申报》1947年9月9日,第4版。
② 《财政局长报告,本年度税收可逾四万亿》,《申报》1948年2月25日,第4版。
③ 《关于征收特种营业税及减少普通营业税致行政院的代电》(1947年9月22日),重庆市档案馆藏,全宗号:0053,目录号:2,案卷号:1387,第4~5页。

民国时期营业税制度的变迁

头则上跷,反反复复,难以平衡。"① 民国时期的财税分权体制在国家与地方两级制和中央、省市、县市三级制之间几经变动。受此影响,营业税由国家税到地方税,再由地方税到国家税,最终由国家税到地方税。北京政府时期,出于缓解中央财政危机、改良税收制度的需要,财政部等部门开始了营业税立法的进程,经历了由特种营业税到普通营业税的转变,但因受中央与地方关系的影响,所订法律法规未能顺利付诸实施。南京国民政府成立以后,重新划分国地税收,将营业税划归地方税。营业税开征之初,收入相当有限,根本无法抵补地方裁厘损失,中央又没有充足和稳定的补助。各省市政府为增加地方财政收入,不断突破中央营业税法的限制,以致具有厘金性质的特种营业税一度大行其道,营业税逐步发展为地方的一个重要税种。随着抗战形势的发展,为集中全国财力物力进行抗战,国民政府再次改革财税体制,将营业税收归国家。中央接管营业税以后,采取一系列改革措施,优化营业税制度,改变了之前各省市营业税征收制度混乱不堪的局面,为营业税的发展创造了条件,使之成为支持抗战财政的一个重要收入来源。② 抗战胜利后,为平衡中央与地方事业的发展,国民政府决定恢复三级财政收支系统,将营业税重新划归地方,但中央仍然掌握着大宗税源,而且开了特种营业税,分割了地方营业税税源,使其整体效用未能发挥,挤压了地方营业税的发展空间。

---

① 杜恂诚:《民国时期的中央与地方财政划分》,《中国社会科学》1998 年第 3 期。
② 柯伟明:《抗战时期中央对地方营业税的接收与改革》,《民国档案》2014 年第 2 期。

第二章

营业税征收制度的类型及其演进

营业税征收制度主要有官征制、包征制、代征制、简化稽征四种类型。民国时期营业税征收制度大致经历了从商人团体包征和代征大行其道，到逐渐由政府收回税权实行直接官征为主，再到简化稽征的演进。营业税包征制分为私商包税和团体包税两种，南京国民政府时期包征制的一个明显变化是，商人团体取代私商成为包税的主要力量。营业税代征制，除了委托商会和同业公会代征外，还有牙行代征。随着国民党政权的巩固，全国财政逐步统一，政府税收控制力得到加强，废除包税制和代征制的呼声愈加强烈，官征制成为营业税征收制度发展的趋势。官征制的发展主要分为两个阶段：一是地方税时期的官征制，即1942年财政收支系统改革以前；二是国家税时期的官征制，即直接税接办期间。为增加税收收入，中央和地方政府对营业税官征制进行了诸多改革和调整，使其不断完善。但随着内战的爆发和扩大，政府税收的控制力下降，不得不依赖商人团体的协助，采用简化稽征的方式征收营业税。

第一节 营业税包征制

包征（又称包税、认包）是一种古老的征税制度。1989年出版的《税务辞典》将包征制定义为："官府不直接向纳税人按规定税率征税，

民国时期营业税制度的变迁

而是采取招标承包方式，把要征的税款数额包给当地的富商豪绅，由承包人自行确定办法，运用官府授给的征税权，向纳税人收税。"[①] 笔者同时翻阅了《新编财政大辞典》《中国古代政治制度史辞典》等工具书，[②] 根据这些工具书所做定义，将包征制的特征归结为三点：一是政府通过招投标的方式确定包税人或单位，一般以价高者中标；二是包税人或单位以营利为目的，通过超额征税获取承包利益（包征税额和实征税额之差）；三是包税人或单位可以凭借政府所授之权，自行确定征税办法。

在近代中国的剧变中，包税制度依然存在并发挥重要作用。作为晚清新开征的一个通过税，厘金最初只对米商征收，后来课税范围不断扩大，在征收过程中就采用了包税制。在19世纪七八十年代，包征厘金十分普遍。汉口"牙行经纪专于包揽厘金"。[③] 厦门商人洪熙琛"承揽包纳洋药厘金，资本甚巨，富甲一方"。[④] 台湾洋药税厘以及茶叶厘金、樟脑厘金由商人包办，每年缴纳十数万两。[⑤] 广东洋药厘金"向归商董包抽，每年交官约银一百万两上下"。[⑥] 至19世纪末，广东全省厘金"归七十二行商人包收包缴，通年厘金四百万两，预缴一百万两"。[⑦] 实际上，不仅厘金，其他税捐亦多采用包税制。如台湾盐务招商包办，所有盐课按季解交，商人每年认缴30余万。[⑧] 蒙古所产食盐营销甚旺，其盐税由商人包税。[⑨] 包税商为了减轻负担，往往将税负含于价内转嫁

[①] 章炜编《税务辞典》，中国财政经济出版社，1989，第120页。
[②] 周发增等编《中国古代政治制度史辞典》，首都师范大学出版社，1998，第278页；黄运武编《新编财政大辞典》，辽宁人民出版社，1992，第272页。
[③] 《总理汉镇牙厘专局府正堂周知府衔署理汉阳督捕清单府陈告示》，《申报》1878年5月22日，第3版。
[④] 《台厦军情》，《申报》1884年12月16日，第2版。
[⑤] 《鹭江纪要》，《申报》1886年2月18日，第2版。
[⑥] 《稽查洋药捐数》，《申报》1887年9月27日，第2版。
[⑦] 《论粤省包厘之善》，《申报》1900年5月29日，第1版。
[⑧] 《论盐捐不宜招商包办》，《申报》1887年4月21日，第1版。
[⑨] 《整顿蒙古盐务税课背景》，《申报》1906年3月9日，第3版。

第二章 营业税征收制度的类型及其演进

给消费者。时人对此批评道:"任少数之豪商包认盐税,把持其利,已失之公允矣。而况,官吏倍征其税,盐商频增其价,以致平民出巨价而购贱物。"①

进入民国以后,军阀各自为政,战事频仍,各种税捐层出不穷,为包征制的泛滥提供了更大的空间。1912年广东烟丝捐正税和附加税经政府批准招商承办。②松江屠宰税正税和附加税本由征收所征收,后因附加税征收无起色,于是政府改归商人包办。③1917年9月,广东省筹饷局将省河、佛山、潮汕三处麻雀捐交由包商承办,年包征额4万元。④1921年9月,江苏省财政厅公布各县税收招商投标章程,对投标底额、保证金额以及投标、开标程序做了明确规定。⑤1924年4月,阎锡山招商承包太原屠宰税、毛皮税、煤厘、牲畜税、火柴税、包裹税、销场税、落地税等税捐。⑥1925年,江苏烟酒税局重订包税章程,将烟酒税完全承包给商人征收。⑦事实上,各地的厘金、牙税、当税、屠宰税、烟酒税以及其他杂税杂捐多采用包税制。对政府来说,实行包税制可减少征税成本和种种烦琐手续,但商人包税是以营利为目的,为获得超过包税额的收益,承包商往往不择手段,浮征、重征之事难以避免。正如时人所言:"中国之征税,往往官吏不自征,而委诸承包之人。承包之人不啻税商,税商奚能不求利于税,求利于税,是税之外有税,而苛之中更苛矣!"⑧

---

① 《论监政处坚持盐斤改售洋码之非计》,《申报》1910年7月5日,第2版。
② 《粤议会议决烟丝盐之征库附加税》,《申报》1912年12月17日,第6版。
③ 《松江屠税经商包办》,《申报》1917年3月14日,第7版。
④ 《广东省筹饷局关于佛山等地麻雀捐由包商承收的布告》(1917年9月11日),《中华民国工商税收史料选编》第5辑上册,第2099页。
⑤ 《江苏财政厅税收招商投标章程摘录》(1921年9月),马敏、祖苏主编《苏州商会档案丛编》第3辑上册,华中师范大学出版社,2009,第911~912页。
⑥ 《山西省太原府包税包办》(1924年4月20日),《中华民国工商税收史料选编》第5辑下册,第3041~3042页。
⑦ 《烟酒局新定之包税章程》,《申报》1925年12月29日,第9版。
⑧ 《苛税》,《申报》1926年12月3日,第2版。

77

民国时期营业税制度的变迁

民国建立以后,北京政府制定的多部营业税法规均因种种条件限制而未能付诸实施。南京国民政府成立以后,重启营业税立法进程,于 1931 年 6 月 13 日颁布《营业税法》。税法明确规定:"营业税应由纳税者向征收机关直接缴纳,不得包揽征收。"① 但实际上,很多省份在征收过程中采用包税制。1931 年 1 月 27 日,浙江省政府第 463 次会议议决施行《浙江省商人同业公会认办营业税办法》。该办法规定,"浙江省征收营业税由各该业同业公会呈请认办","同业公会呈请认办本业营业税时,应由全体同行具名、盖戳,先将各户全年营业估计数及应纳税额详细开报,并须当地商会之证明"。"认办以后,应推定本业领袖为代表人,对于税款之收解须完全公开。""认办时须预缴两个月税额作为押款,并觅定殷实商号负责保证;认办期间以一年为限,限内不得中途退办及减少认额。"② 1931 年 2 月 3 日,绍兴县箔庄同业公会呈文浙江省财政厅,请求批准认办江浙两省箔类营业税:"恳钧厅准将江浙两省箔类特种营业税认办一年,其税率遵照厅令,按营业额课税百分之十五,认定全年税额银二百二十二万元。甲月征起税款,限乙月五日以前尽征尽解,所有办公经费,按收入额提百分之八,于征解款内扣除,以开征日起扣足。一年为认办征额结算之期,在征收期内征不足额,当由属会照额赔补。"该同业公会承诺:"一俟奉到钧批,当即缴入绍兴中国银行支金库押款现银十七万元,驰电报告至三月十五日续缴现银十七万元,两共合计银三十四万元,按月一分计息,亦于按月报解征款时扣除。"③ 该项认办营业税办法后经浙江省政府委员会会议议决通过。在政府看来,同业公会认办营业税与私商认办税捐有明显差别:"该箔庄同业公会加额认办,并非专为公家增益收数,实为一般箔商纳税便

---

① 《营业税法》,《法令月刊》第 20 期,1931 年,第 13 页。
② 《浙江省商人同业公会认办营业税办法》(1931 年 6 月),《中华民国工商税收史料选编》第 5 辑上册,第 1108~1109 页;《浙江省商人同业公会认办营业税办法》,《浙江财政月刊》第 4 卷第 6 期,1931 年,第 15~16 页。
③ 《呈报江浙箔类特种营业税由绍兴箔庄同业公会认办情形由》,《浙江省政府公报》第 1144 期,1931 年,第 7~12 页。

第二章　营业税征收制度的类型及其演进

利,并预筹箔工将来生计起见,一切手续均系绝对公开,与从前之商人认办税捐,包征包解者,办法截然不同。"为加强监督和减少税收纷争,浙江省财政厅决定成立箔类营业税评议委员会:"除责成该管征收局随时监督考核外,并设立评议委员会,由厅函聘当地著有声望之人充任委员。凡关于税务上发生争议事件,由该委员会公同评判,所有经征税款,并须按月造具报告,每年编制征信录,送由该委员会复核,仍由局公布,决不使承办商人有丝毫之弊混。"① 然而,浙江各业同业公会认办营业税遭到会计师同业公会的质疑,认为该办法有违《营业税法》的规定。浙江省财政厅复函予以解释:"营业税创行伊始,一般商民尚未养成纳税习惯,调查征收颇感困难,不得不借重商会及各业同业公会随时协助,以策进行。本厅为商民纳税便利,并免除入手时种种窒碍起见,订有商人同业公会认办营业税办法九条,提奉钧府委员会决议通过。此项办法规定,至为周密,凡同业公会呈请认办,应由全体同行具名盖戳,并经当地商会负责证明,确系出于全体公意,其各户营业估计数及应纳税额,均须详细开报,关于税款之收解,完全公开,以杜少数商人承揽包办之弊。与从前包商制度含有私人营业性质者,绝不相同,核与征收营业税补充办法第五条及营业税法第九条之规定,并无抵触。"② 浙江省财政厅在上述解释中首先说明在营业税开征之初依赖商人团体协助征税是无奈之举,进而强调此项办法便利商民纳税,减少政府征收手续,经过了地方立法程序,而且与此前的私商包税截然不同,并未违反税法规定。

早在 1923 年,江苏开征卷烟营业税时就采用了招商投标方式。根据投标公告,投标地点为江苏财政厅署,投标日期为 9 月 27 日,投标分区及投标底额规定如下:上宝区 62000 元,扬州区 30000 元,南京区

---

① 《呈报江浙箔类特种营业税由绍兴箔庄同业公会认办情形并录送该公会原呈暨绍兴商会证明书祈鉴核备案文》,《浙江财政月刊》第 4 卷第 6 期,1931 年,第 67~68 页。
② 《浙江省财政厅呈浙江省政府文》,《浙江省政府公报》第 1314 期,1931 年,第 2~3 页。

民国时期营业税制度的变迁

24000元，徐州区14000元，无锡区、常州区、苏州区、清江区各12000元，松青区9000元，嘉太昆区8000元，通崇海区7000元，吴江区、常熟区、镇江区各6000元（见表2-1）。暂行章程及投标规则规定："投标商人须有中华民国国籍，并得所在地商会证明"；"投数最多者为得标人"；"得标承办之商人须照本章程之每年销额解款，如解款超过定额时，由官厅予以特别奖金"；"按月将各区销额考核，一次销额短至二成以外者，除撤换另予投标接充外，并将保证金没收十分之二，其销额短一成以上，暨不及一成者，归下月接续并计考核"。①

表2-1 江苏省卷烟营业税招商投标情况

地区	属县	投标底额(元)
上宝区	上海、南汇、宝山、奉贤、金山、川沙	62000
扬州区	江都、仪征、盐城、宝应、高邮、泰县、东台、兴化	30000
南京区	江宁、六合、高淳、江浦、句容、溧水	24000
徐州区	铜山、砀山、沛县、丰县、萧县、邳县	14000
无锡区	无锡、江阴、靖江	12000
常州区	武进、宜兴、金坛、溧阳	12000
苏州区	吴县	12000
清江区	淮阴、东海、淮安、阜宁、泗阳、宿迁、睢宁、灌云、赣榆、沭阳、涟水	12000
松青区	松江、青浦	9000
嘉太昆区	嘉定、太仓、昆山	8000
通崇海区	南通、崇明、海门、如皋	7000
吴江区	吴江	6000
常熟区	常熟	6000
镇江区	丹徒、泰兴、扬中、丹阳	6000

资料来源：根据《江苏省卷烟营业税招商投标广告》，《申报》1923年9月20日，第1版编制。

自1931年宣布裁厘后，江苏省政府积极筹办开征营业税，为减少设局征收的费用，财政厅拟效法浙江认税办法，以400万元包给各县商

---

① 《江苏省卷烟营业税招商投标广告》，《申报》1923年9月20日，第1版。

第二章 营业税征收制度的类型及其演进

会承办:"财厅以各县设局征收,每年所耗开支为数不赀,拟与各县代表磋商,仿照浙省认税办法,由各县认缴四百万元。如得各县代表同意,不但省库每年可节省一宗支出,而各商又可免去征收手续之烦难也。"① 江苏省政府草拟认包办法,非正式征求各县商会的意见,该办法的主要内容有:"江苏全省营业税由商会负责认办,将总税额照各县营业多寡分摊各县商会,再按各业公会及不入会同业照营业额、资本额两标准分摊汇总认缴于各该县商会,但不得以私人名义包办";"各县商会认办营业税成立后,各县征收营业税机关一律撤销免致纷扰";"全省营业税总额照预算案规定为四百万元,提出一成作为各商会征收经费,每年实缴三百六十万";"认捐订约成立后,预缴三个月税款九十万作为保证金,以后按月分缴三十万,上月之款不得逾下月五日之期限";"各商会向各业收款有拖欠不缴时,得由县政府协助催收";"起认月份应双方讨论,或即以预缴保证金九十万作为一二三月应缴之税款,以后不再发还"。② 由该项办法可以看到,其认包程序大致是由各县商会认定税额,再分配给各业同业公会,政府撤销营业税征收机关,同时给予商会一定比例的征收费用。

1931 年 4 月 1 日,镇江县商会就江苏省营业税由各县商会分认问题,召集各县商会代表来省开联席会议,镇江县商会主席于小川在报告中指出,"苏省自裁厘后,省库奇绌,亟待抵补,故于营业税之开征,有刻不容缓之势"。于小川强调:"省方拟由各县商会认办,在省方固可省去设局征收之一切开支,而商会方面亦可免去一切纷扰,并由省方草拟认办条件数条。"经各县商会代表讨论决定,"在税率根本解决以前,开征尚非其时,此项办法应暂行保留,待税率确定后再行研究"。③ 4 月 15 日,江苏省各县商会代表在镇江再开联席会议,议决"在省政

---

① 《苏省商人讨论营业税》,《中央日报》1931 年 2 月 25 日,第 2 张第 3 版。
② 《省府草拟包办办法非正式征求同意》,《时报》1931 年 4 月 3 日,第 1 张第 2 版。
③ 《苏各县商会第二次讨论营业税》,《申报》1931 年 4 月 3 日,第 8 版。

81

民国时期营业税制度的变迁

府决议开征日期之后认办"。① 其后江苏省政府委员会第 407 次会议决议通过了财政厅拟定的各县营业税征收额，其中，无锡县 20 万元、吴县 20 万元、镇江县 16 万元、武进县 14 万元、常熟县 10 万元、吴江县 10 万元、松江县 12 万元、南通县 12 万元，各县合计 353.7 万元（见表 2-2）。

表 2-2 江苏省各县营业税征收额

单位：万元

县别	认额	县别	认额	县别	认额
江宁县	6	淮阴县	7	盐城县	5
奉贤县	5	江浦县	3	仪征县	3
泰兴县	8	太仓县	8	启东县	4
句容县	4	泗阳县	2	铜山县	8
金山县	5	六合县	3	东台县	6
淮安县	6	嘉定县	5	武进县	14
溧水县	2	涟水县	2	丰县	1.5
川沙县	3	高淳县	2	兴化县	5
宝山县	6	阜宁县	5	无锡县	20
崇明县	3	江都县	14	沛县	1.5
泰县	10	宜兴县	8	萧县	1.5
宝应县	5	江阴县	6	砀山县	2
高邮县	3	靖江县	5	邳县	1.5
吴县	20	镇江县	16	宿迁县	2
常熟县	10	丹阳县	8	睢宁县	1.5
昆山县	7	金坛县	6	东海县	2

---

① 《苏各县商会第三次联会》，《申报》1931 年 4 月 17 日，第 8 版。

第二章 营业税征收制度的类型及其演进

续表

县别	认额	县别	认额	县别	认额
吴江县	10	溧阳县	8	赣榆县	1.5
松江县	12	扬中县	2	沭阳县	1.5
上海县	6	南通县	12	灌云县	1.5
南汇县	7	海门县	4	青浦县	0.7
如皋县	8	合计	353.7	—	—

资料来源：根据《江苏各县营业税比额》，《申报》1931年6月14日，第12版编制。

既然江苏省营业税已经决定由各县商会包征，那么如何满足包额则是一个非常重要的问题。在无锡，各业同业公会赞成包认，但所报税额远未能达到既定标准，"已报会者，认额只二万元，其余未报各业，及会外各户，再连四乡在内不过四万元左右"。无锡县商会为此召集各业开会，决定"组织审查会，审查承包数额"，"除常务委员钱孙卿等五人为当然委员外，再推定审查员十人……审查各业报认税率"。[①] 至5月18日，吴县各业"已调查明白者只三十余业，约可纳税额二万二千余元，尚有四十余业未据查报"，后经该县营业税研究委员会开会议决，"限于二十五日以前开报，推张寿鹏、陆季皋、吴祥麟向各业接洽催报"。[②] 各业所报税额与该县总认税额相距甚远，营业税局方面唯有向县商会施加压力，由县商会劝导各业增加营业税认额。[③] 在此情况下，商会将营业税认办事宜推给各业同业公会，即由各业同业公会直接向营业税局认包。[④] 后经各业同业公会召开联席会议讨论决定："各业营业税以各公会认办为原则，但公会有不愿认办者亦可。惟认办之各公会，须先将本业全年营业额及认额，自行向营业税局报认，如须由商会

---

① 《无锡各业决定包认营业税》，《申报》1931年5月18日，第8版。
② 《苏州各业认办营业税》，《申报》1931年5月19日，第8版。
③ 《各业商报认营业税》，《申报》1931年5月25日，第6版；《无锡商会请增加营业税认额》，《申报》1931年5月29日，第8版。
④ 《苏州营业税将由各业认包》，《申报》1931年6月2日，第10版。

接洽者，得代为接洽，至所认之税额，由各公会按季直接缴纳"；"各业所有未加入公会之商店，以并入公会汇总转报为原则，如有实难并入者，即由营业税局自行直接办理"；"无公会之商店（指未加入商会者而言）统由营业税局自行征收"。① 如何分配各业的税额也是十分重要且非常困难的问题。6月12日，钱业代表宋友裴、金银业代表王鸿宾、茶食糖果业代表金宜安均到营业税局，与该局局长面商办法，其他各业亦纷纷前往接洽。② 在各业的反对声中，营业税征收一再延迟。

在常州，关于各业认缴营业税问题，经县商会召集各业领袖开会商讨，由30余业认定总额20000元，但仍与既定税额相距甚远。江苏省政府派员催促常州营业税局尽快解决认缴问题，"认额至少须达到七万元以上，否则只能依照征收手续办理"。6月18日，营业税局局长何开芳致函县商会"再邀集各业为最后磋商，倘各业能勉力增加，凑成五万元之数，再加以不入业之商店及乡镇约两万余元，合成七万元以上……而商家可省许多周折"。③ 县商会于6月21日下午再次召集各业领袖开会，由商会主席郭次汾报告与营业税局接洽经过，并劝各业"照认额增加二成"，但"各业代表颇多不满"，后经县长劝说，"各代表不得已，一致起立通过认额，各业认数加二成，共二万四千元，未认各业由营业税局直接办理"。④ 至填送营业税申报书时，各业同业公会又纷纷借故请求暂缓填送："各业申报书，仅有木业、钱业、土布业、粮食业等，尚未填送。各该业或因分呈请愿减免，或因免税关系，均经声请暂缓填送，并非故延。"⑤ 6月30日，常州县县长为催促协助开征营业税，召集各业领袖到县政府开会，经长时间讨论，决定实行变通办法："由县商会整个承包全县城乡各镇商店，不论已入未入商会各业，

---

① 《各业会议营业税办法》，《申报》1931年6月11日，第10版。
② 《苏州营业税不日开征》，《申报》1931年6月13日，第11版。
③ 《常州认缴营业税不易解决》，《申报》1931年6月20日，第11版。
④ 《常州商会主席为营业税辞职》，《申报》1931年6月23日，第9版。
⑤ 《常州商会电呈认缴营业税》，《申报》1931年6月28日，第12版。

第二章　营业税征收制度的类型及其演进

假定承包营业税五万元,由商会于七月一日再行召集各业开会,推派赴厅代表,偕同张县长、何局长赴省,请求财政厅批准。"① 根据变通办法,全县营业税五万元包额,"由各业认缴三万,其余两万归不入业商号及乡区直接征收"。② 经财政厅批准之后,该县营业税局被撤销,营业税征收归财政局兼办。③

在安徽,经省政府委员会会议决议,蛋、茶等业营业税采用包税制。④ 1931年6月,安徽省财政厅训令各区征收营业税专员:"蛋类营业一项,已据该同业推定李瑞云、骆荣卿等代表认办全省蛋业营业税,并照章填具志愿书及保证书到厅。业经核明照准,并委任李瑞云、骆荣卿为认办本省蛋业营业税征收处正副主任……所有各区营业税征收处,对于蛋类营业税概归认办机关征收,以一事权。"⑤ 1933年1月初,安徽省财政厅通告招商认办茶类营业税:"凡愿认办此税者,单包皖南或兼包皖北,可于二十二年一月二十日以前来厅呈请预缴现金,最低为税额半数,余数限来年二月底缴清,方能令委设局。如有二人以上呈请认办,以认额较高者为优先。如认额相同,以年比一次缴清者为优先。"⑥ 根据通告,1933年安徽省茶类短期营业税各局税额数如下:休黟局13000元,婺源局6500元,祁门局6500元,歙县局18000元,泾太局9000元,铜石局4000元,至德局3000元,宣郎广局6000元,皖南八局合计66000元为一起总包;麻埠局25000元,霍山局8000元,管家渡兼黄栗杪局8600元,毛坦厂局9000元,两河口局4000元,八里滩局4000元,七里河局3000元,皖北七局合计61600元为一起总包。⑦

---

① 《常州营业税商定办法》,《申报》1931年7月2日,第12版。
② 《常州商会代表赴省接洽营业税》,《申报》1931年7月4日,第11版。
③ 《营业税局撤销》,《申报》1931年7月17日,第12版。
④ 《主席提议据财政厅呈为拟订商人同业认办茶麻等项营业税志愿书及保证书式请鉴核案》,《安徽财政公报》第8期,1931年,第5页。
⑤ 《训令各区征收营业税专员蛋业营业税已由认办机关承办各专员毋庸征收由》,《安徽财政公报》第8期,1931年,第4页。
⑥ 《安徽省财政厅招商认办茶类营业税通告》,《申报》1933年1月1日,第7版。
⑦ 《安徽省财政厅招商认办茶类营业税通告》,《申报》1933年1月8日,第2版。

民国时期营业税制度的变迁

1933年8月底，安徽全省蛋类营业税认办期限届满，亟须重新招商承办，财政厅为此发布通告："凡有志愿承办者，赶紧筹足现款，应于公开认办日时前三日，备具呈文，并先缴百分之五保证金来厅申请，届时方准认办，公开决定后三日内，即须照额缴款，违则将保证金没收，毋得迟延自误……计开全省蛋类营业税比额，全年比额六万元。"①1934年2月，安徽省茶叶短期营业税继续招商认办，财政厅发布布告称："凡愿认办某局，应先期备具某局全比百分之五保证金，赴厅缴纳，领取申请书，届时亲自投递，当众决定，以认额最多数为合格。一经决定，限三日内照全比预缴半数现款（保证金归入此款内扣算），其余半数，须备具殷实商保期条（注明设局前加数缴清）呈厅核委。"②

1931年，福建省财政厅奉令派员在厦门设局开征营业税，但"开办伊始，部定税率或与地方情形有所未合……难保无匿报情事，以是诸多阻梗"。于是税局直接与各业同业公会磋商，将部分行业营业税交由该业公会认办，如肥粉业每月认税8600元，糖油业每月认税2300元，猪牙业每月认税1720元，洋蜡烛业每月认税1600元，竹炮业每月认税400元，砖瓦业每月认税1200元，水果业每月认税2500元，乌油业每月认税700元，茶业每月认税700元，酒菜茶馆业每月认税900元，旅馆业每月认税500元，杉木业每月认税320元，谷产业每月认税50元，鱼业每月认税4200元，洋木业每月认税165元，鞋业每月认税160元。③调查显示，至1936年初，福建省采用招商承办营业税的地区有福鼎、松溪、同安、南安、仙游、惠安、金门、漳浦、云霄、龙岩、宁洋、大田、连城、明溪以及厦门，部分采用招商承办的县份

---

① 《安徽省政府财政厅通告》，《申报》1933年9月1日，第6版。
② 《安徽财政厅茶业短期营业税招商认办通告一○○七号》，《申报》1934年2月6日，第7版。
③ 《厦门营业税开征现况》，《财政公报》第47期，1931年，第174~175页；《厦门营业税开征现况》，《工商半月刊》第3卷第15期，1931年，第12页。

第二章 营业税征收制度的类型及其演进

有闽侯、连江、南平、古田、沙县、永安、浦城、建瓯、邵武、寿宁、晋江、莆田、永春、永化、德安、诏安、海澄、东山、漳平、长汀。①

根据主体的不同,包税有私商包税和商人团体包税之别,后者是以商会、同业公会的名义向政府承包税收,再将税额分配至各成员。南京国民政府时期营业税包税制的一个明显变化是,商人团体取代私商成为包税的主要力量。与私商包税旨在营利不同,商会和同业公会包税重在维护各成员的利益,减少税务人员的苛扰,所以更受商人青睐。此外,商人团体包征不需通过招投标的方式,而是直接与政府当局商定包税额度。② 商人团体包征制的出现和广泛运用,反映出传统包征制能够顺应社会经济的发展,具有很强的调适能力。当然,商人团体包税也存在种种问题,如将税额分配至各行业时,很容易造成行业间税负不公平,"商会认缴时,不以资本与营业额之多寡为课税标准,亦不按各类分级税率为等则,纯系按家分摊,以致有大商少出、小商多出等不公平之摊派"。③

商人包征的最大优势在于熟悉该行业的经营情况,了解各商的信息,其不足之处是承包商为牟取最大利益而超额征税,以致纳税人苦不堪言。南京市镇江茶叶公会认为,安徽省当局"设立变相厘金之茶叶短期营业税,其税率原订按资本额千分之十征收,今年加增为千分之十五,且招商投标,比额之巨,较诸上年超过两倍以上,超过军阀时代之茶厘捐额"。该公会推举代表陈石生、陈雨耕等九人,于 1934 年 4 月 21 日赴财政部请求制止安徽省征收茶叶短期营业税。④ 9 月 12 日,上海市商会致电行政院、财政部指出:"安徽省举办之全省蛋业营业税,

---

① 陈运和:《福建省普通营业税之回顾与前瞻》,《闽政月刊》第 1 卷第 3 期,1937 年,第 7 页。
② 《苏营业税认包情形》,《新闻报》1931 年 7 月 1 日,第 10 版。
③ 《山西财政厅关于本省营业税改划区设局直接征收致财政部呈》(1936 年 8 月 20 日),《中华民国工商税收史料选编》第 5 辑上册,第 3048~3049 页。
④ 《茶商请愿财部制止皖省苛征》,《申报》1934 年 4 月 22 日,第 8 版。

87

依旧招商认包，与营业税法第九条抵触……为尊重法令整理各省税务不得各自为政计，亟宜予以纠正……俯赐令行安徽省当局，依法将全省蛋业营业税局撤消。"① 江北猪只营业税承包商陈果为牟取暴利而沿路设卡，将税率从千分之十提高至千分之十六，甚至千分之十八。上海市商会为此致电财政部等部门请求取消。②

　　商人团体包征营业税可减少政府直接查征的种种烦琐手续及征税成本。不过，在认捐过程中往往会出现两种情况：一是商界认额不足。如江苏吴县40余业所认营业税额为3.8万余元，远远未能达到约10万元的总认额。③ 常熟县营业税由商会以5万元向财政厅认办，但调查乡镇各商仅得3.2万余元，商会向同业公会加成征收，相差仍在1万元以上。④ 二是政府追加认额。地方政府在财政困难时常追加认额，以致引发税收纷争。1933年福建省财政厅要求厦门市各行商承包营业税"一律按原包价，月增额四成"，这遭到商会及各业同业公会的强烈反对，并酿成罢市风潮。⑤ 与商人包征不同，团体包征是商会、同业公会等具有法人资格的商人组织兴起以后才出现的一种征收方式。虽然两者都属包征制，但团体包征的主要目的不在于营利，而在于维护商人利益。

　　随着国民党政权的巩固，全国财政逐步统一，政府税收控制力得以加强，废除包税制度并由政府收回税权直接征收逐渐成为税收制度发展的主旋律。在1928年7月召开的第一次全国财政会议上，戴蔼庐、李权时、刘秉麟、姚咏白等财政经济专家提出《废除税收包办制案》。⑥ 会议代表胡庆培在提案中抨击包税制："此种包商，非昔日之贪官污吏，即当地之土豪劣绅，集少数之资本，购取公众税收之权，为彼私人营业之具。到差以后，横征暴敛，无所不用其极。在公家每月收入有一

---

① 《市商会电请纠正皖省蛋业营业税》，《申报》1934年9月13日，第11版。
② 《商会电财政部等请取消猪只营业税》，《申报》1935年7月11日，第10版。
③ 《各业商报营业税》，《申报》1931年5月25日，第6版。
④ 《营业税不足包额请再减低》，《申报》1931年8月21日，第12版。
⑤ 《厦门罢市一瞥》，《申报》1933年2月20日，第7版。
⑥ 《七八日提案付审查》，《申报》1928年7月9日，第20版。

第二章　营业税征收制度的类型及其演进

定之常规,而彼辈取之于商民者,何止倍蓰。"① 包税制也遭到商界的反对。1928年11月13日,中华全国商会联合会呈请行政院、立法院及财政部废除包商制:"包商乃为恶制,彼既以本求利,何所不用其极。于是而商民种种纠纷,种种痛苦,随以俱来矣。应通令全国,永远革除。"② 在各方一再呼吁下,中央政府决定废除包税制,并得到一些地方政府的响应。1929年江苏省财政厅奉令积极整理财政,令各税局所取缔包税制,"无论何项捐税,概不取包商制度,以符议案而杜流弊"。③ 1931年2月召开的北方财政会议决议废止包税制:"从前所有包纳捐税,无论属之国家,属之地方,应一律取消,改归官家直接征收。"④ 1931年5月,上海市政府计划取消屠宰税包税制:"招商承包税收,系旧时恶制之一……将屠宰税包商制,加以撤销,自属极正当之办法。"⑤ 1934年前后,地方政府相继收回商人团体包征营业税之权,设立机关直接征收。⑥ 受此影响,牙当及屠宰等税的包征制亦纷纷被废除。河北省财政厅于1934年12月训令各县调查牙税,废除包商及改征营业税。⑦ 官征制取代包税制为大势所趋,但这并不意味着包税制彻底退出历史舞台。1938年5月,广西省政府委员会会议决议,"县地方捐项,由县府斟酌地方情形,划定区域,分区招商承包"。⑧ 很多史料显示,在抗战胜利后包税制仍屡禁不绝。⑨ 这说明包税制具有顽强

---

① 《遴选征收人才取消包商制度案》(1928年7月),《中华民国工商税收史料选编》第1辑上册,第1040页。
② 《全国商会请修改印花税法》,《申报》1928年11月14日,第14版。
③ 《苏财厅废除包商征税制》,《申报》1929年8月25日,第12版。
④ 《北方财政会议延期》,《申报》1931年2月11日,第9版。
⑤ 《官商对于屠宰税问题意见不同》,《申报》1931年5月15日,第14版。
⑥ 柯伟明:《在传统与现代之间:再论南京国民政府时期的营业税征收制度》,《中国经济史研究》2013年第4期。
⑦ 《冀财厅调查各县牙税》,《申报》1934年12月24日,第7版。
⑧ 《广西省各县地方捐项招商承包投筒办法》(1938年5月25日),《中华民国工商税收史料选编》第5辑下册,第2194页。
⑨ 《印花税收禁止包征勒派》,《江苏直接税通讯》第12期,1947年,第3页;《浙省决整顿税务,废除各地包税制》,《申报》1947年8月21日,第5版。

89

的生命力,彻底废除包税制不能一蹴而就,是一个漫长而曲折的过程。

第二节 营业税代征制

委托代征是指由税务机关委托某些单位或个人征收税款的一种征收方式。① 委托代征有三个特点:一是政府经过严格审查确定代征人或单位;二是代征人或单位不以营利为目的,只由税收机关向其支付一定的代征费用;三是代征人或单位没有自行确定征税规则的权力,而是按照既定税收法规进行征税。委托代征能够在一定程度上减少专门设立征税机关的成本,又可避免包征的种种弊病,是一种比较有效的辅助征税方式。根据委托单位的不同,营业税委托代征可分为商人团体代征和牙行代征两种形式。

一 商人团体代征

与团体包征事前确定税额不同,委托代征单位只根据政府所订税则代征税款,再行汇缴税收机关。1931年在北平市营业税筹划之际,商会主席冷家骥与市政府接洽代征营业税,以减少政府的苛扰,商定代征税额为每月8万元。北平市商会召集各商开会研讨代征营业税问题时称:"因查帐与商家种种不便,故请求不查帐。现既由商会代征,希望各商店将自己营业情形开诚报告。商会绝不随便发表,致碍营业。且税额已确定八万元,仅凑足此数即可,绝不重征。如各商仍虚报数目,将来征收情形不好,势非仍由官厅再办不可,届时仍须查帐。"② 各商议决,成立北平市商会代征营业税筹备委员会,以商会各分会主席为当然

---

① 陈继勇、廖洪编《会计师实用全书》,中央民族大学出版社,1993,第420页;王美涵编《税收大辞典》,辽宁人民出版社,1991,第635页。
② 《平市营业税决由商会代征》,《京报》1931年6月30日,第7版。

第二章 营业税征收制度的类型及其演进

委员。"将来征收时,先调查不在商会之商家,次再调查在会商号。"①

根据财政局和商会订立经收营业税款合同,北平市营业税自1931年7月1日起开征,每月由商会所设的营业税经理处缴给财政局所设的营业税征收处现大洋8万元,每月的税款须于次月10日以前缴齐;经理处征收营业税一切手续办法统以北平市征收营业税各项条例章则为标准;各商店所缴税款,每月应由经理处开列清单,函送征收处遵章公告;税款8万元内提一成(8000元)作为经理处办公费用。② 1933年5月13日,北平市商会与财政局再订代征会员营业税款合同。合同规定,商会自1933年5月起,按月将代收营业税款缴营业税征收处;1931年12月至1933年3月,商会应缴的滞纳税款分三期缴清,倘逾期未缴清,征收处即将在会各该商号税款收回自征;商会所缴税款不足全额二分之一时,应将代征各商号全部交回征收处自征。③

1931年上海市财政局成立营业税筹备处,一面制定各项征收章程,一面函请市商会协助汇缴,"为便利商民起见,本市营业税拟由贵会汇缴,以资简捷"。对于筹备处的请求及委托汇缴办法草案,上海市商会立即开会讨论,"征收营业税,应以官厅为主体,但为便利商民起见,商会自可处于协助地位,应将原则提交委员大会通过后,其详细办法,交执行委员会妥为拟定,商同财政局办理"。④ 1931年8月21日,上海市商会召开执行委员会会议,讨论商会协收代缴营业税办法草案及委托各业同业公会收缴营业税办法草案,并先后修正通过。《上海市商会协收代缴营业税办法》规定:"专门设立上海市商会协收代缴营业税办事处,办理协收代缴营业税事务";"办事处设置委员会,秉承市商会常

---

① 《〈大公报〉有关北平市营业税由市商会包办的报导》(1931年6月30日),《中华民国工商税收史料选编》第5辑上册,第3686页。
② 《北平市财政局、北平市商会订立经收营业税款合同》(1931年7月),《天津商会档案汇编(1928~1937)》下册,第1885~1886页。
③ 《北平市商会与财政局再订代征会员营业税款合同》(1933年5月13日),《天津商会档案汇编(1928~1937)》下册,第1896~1898页。
④ 《市营业税由市商会协收》,《民国日报》1931年7月1日,第3张第1版。

务委员会之意旨，主持事务"；"凡同业依法已有同业公会之组织者，该业之营业税应由办事处委托该同业公会代为收缴"；"同业公会代为收缴之营业税，应包含该业全部商号，不以入会会员为限"；"本市尚无同业公会组织之各业商店，其营业税均由办事处直接收缴"。① 根据《委托各业同业公会收缴营业税办法》，"各业公会收缴之营业税，各以其同业商店为范围，由公会之主席及常务委员担负完全责任"；"市商会营业税发报表交由各业公会转发同业商店，依式填就汇送市商会，以便转送上海市营业税征收处编造征税清册"；"同业公会收缴同业商店营业税，于税款之征收报解完全公开，按月造具报告书送交市商会查核"；"同业公会收到税款，应于每日午后三时以前连同联票解缴市商会协收代缴营业税办事处转送市银行"；"市商会为便利查核起见，得酌派稽核员向同业公会随时稽核"。②

在北平、上海筹划代征之时，天津市商会也向市政府提出代征营业税的要求："本市营业税行将调查完竣，指日开征，事关通案，自应遵照办理。但查上海、北平等处曾以官府经征势必设立机关，既须多耗经费，复虞员役苛扰，均已呈准当局由各该地商会承办代征，良以此种办法非特可免种种纠纷，且于税收毫无妨碍。本市众商有鉴于此，前曾屡次开会议决援照平沪成例认定税额，由敝会代征汇缴，一致通过，纪录在卷。兹以开征期近，连日复据各商纷以前情呼吁前来，敝会职责所关，未便缄默，除呈省、市政府外，相应据情函达，即希贵局查照，俯赐准予援照平沪成案办理，以顺商情而维税政，至纫公谊等因。"但是，代征要求遭到市政府的拒绝："本局以业经通知商民纳税，且自调查之日迄于通知纳税，一切手续并无不便商民之处，来函拟请代征一节，碍难照办。"③ 代征营业税主要是天津市各业的要求，商会方面并

---

① 《协收代缴营业税办法》，《民国日报》1931年8月22日，第3张第2版。
② 《市商会通过协收代缴营业税办法》，《申报》1931年8月22日，第16版。
③ 《天津市政府拒绝援照平沪由商会代征营业税成案令》（1931年9月7日），《天津商会档案汇编（1928～1937）》下册，第1892～1893页。

第二章 营业税征收制度的类型及其演进

不强求，只是代为表达而已，市政府拒绝后便不了了之。

至1933年，天津"商业凋敝，市面萧条，已达极点"，市商会向财政当局提出，"援照北平成案，改归商办，由各业代征商会汇缴"，如此"即可减少税方开销，且能避免意外烦扰"。① 经天津市商会与当局多次洽商，双方最终制定了《天津市商会代征营业税规则》。根据规定，由天津市商会代征在会各商1933年度营业税，"凡有同业公会组织者，应由公会负责催收汇解本会，其无同业公会组织者，于奉到通知书后，将税款径送本会"；"在会各商应缴税款分四季缴纳，每季交款不得逾下季首月一日，如商号逾限不缴，故意拖延，照章处以滞纳罚金"；"各同业公会负责催收各商税款，由该业实缴税款内提出2%作为办公费用"。② 根据《天津市商会代征在会商号营业税办法草案》，天津市在商会注册各商号应纳1933年度营业税总额约20万元，由市商会代征汇缴；商会代征经费按实缴税款3.5%坐扣；代征不足总额八成及有违背营业税章则即该办法规定时，财政局即撤代征，收回征收处自办。③《天津市各业同业公会代收本业各商营业税规则》规定：各业同业公会于每季奉到纳税通知后即行分发，各商收到后加盖回戳，于5日内将回戳执据汇齐函送市商会，转报营业税征收处；各商奉到通知书后，于一星期内将应纳税款如数送交同业公会；同业公会于10日内汇齐函送市商会，取得正式税照转发各商；各商接到通知书后，如有违延或屡催不缴者，同业公会即请市商会直接限期缴纳，倘仍违延，则由市商会转报营业税征收处照章处罚。④ 以上规则对代征的手续和各方的责

---

① 《本市营业税决改归商办》，《天津棉鉴》第3卷第11～12期合刊，1933年，第99页。
② 《天津市商会代征营业税规则》（1933年），《天津商会档案汇编（1928～1937）》下册，第1898～1899页。
③ 《天津市商会代征在会商号营业税办法草案》（1933年），《天津商会档案汇编（1928～1937）》下册，第1898～1899页。
④ 《天津市各业同业公会代收本业各商营业税规则》（1933年11月），《天津商会档案汇编（1928～1937）》下册，第1903～1904页。

任做了明确规定，但1933年度天津市营业税代征效果非常有限，各商借故欠税的情况非常严重，以致影响地方财政收入甚巨。至1934年7月代征期满后，天津市营业税征收处决定收回税权，实行官征制："所有二十三年度营业税，应即举行总调查，重定税额，并统归本处征收……现值年度告终，自应限期结束，务于本年七月十五日以前，将征起未解之款及收款登记在册，已填执照缴查，未用空白印照，悉数送交本处接收，以便催征欠税。"①

二 牙行代征

牙行是古代及近代市场中为买卖双方说合交易以获取佣金的中间商。牙行除要缴纳牙税外，还有代政府征税之责，有的地方就是将营业税委托牙行代征。1931年5月16日，湖南省政府主席何键致电财政部指出，该省商场贸易以投行销售为大宗，商民并不自设店铺买卖交易而是在牙行成交，"省财政厅所定由牙行按照卖主营业收入代征营业税办法，实系因地制宜"。何键强调："该项营业为流动性质，其营运不限次数，自不能以资本限制。湘省牙行八千余家，代征税款约占全省营业税总额十分之三。"② 为规范牙行代征营业税制度，湖南省政府制定《湖南省牙行代征营业税办法》呈请财政部核准备案。该办法规定，"凡商人贩运货物，由本省牙行经售者，除本办法第六条规定者外，概照本办法缴纳营业税"；"前项税款由经售牙行于货物成交后，依所得价额按照湖南省营业税征收章程第四条规定税率，向卖主征收"；"营业税征收机关应制发收据交由牙行，于经征前项税款时，随时填发纳税商人收执"；"经征牙行应于下月五日以前将上月经征税款解交该管营业税机关核收，并将前项收据第二联汇缴该机关换取财

---

① 《营业税征收处请津商会速结束代征营业税事宜由财政局直接征收函》（1934年7月4日），《天津商会档案汇编（1928～1937）》下册，第1909页。
② 《电财政部请令饬财政厅仍照原定牙行代征鱼业营业税办法办理由》，《湖南财政汇刊》第17期，1931年，第9页。

第二章 营业税征收制度的类型及其演进

政厅颁发收据；经征营业税款之牙行准照实缴税额扣支手续费百分之一"。①

在浙江，商人向牙行购买物品是一种营业行为，与只买不卖的庄号情形相同，自应征收普通营业税。考虑到"商人向牙行交易并无一定期间，稽查征税均感困难"，浙江省财政厅为求手续便利起见，特援照湖南等省办法，"将是项营业税由代客买卖之牙行于发货时向买主按率代收汇缴，所有各牙行应行代收税额，即就其上年分卖出额数核定，由征收机关按季照数收取"。② 江苏省牙行代征营业税也效仿湖南办法："苏省临时客商贩运物品，由牙行代征营业税一案，已遵照大咨转饬改照湘省成案，由牙行代向卖主征收，并规定填给收据及免税标准。"③ 河南省省财政厅制定的《牙行代征商贩营业税实施办法》规定："商贩营业税由本省运外之货物征诸买方，由外省运来之货物征诸卖方，由牙行按次代征，随即填给四联税票，不得留难"；"牙行应随时向当地营业税征收机关请领税票，所征税款及填用税票，每半月与征收机关清结一次"；"外省商贩运货来本省销售者，应俟其运抵目的地成交时，方由当地征收机关征收其营业税"。④ 无锡米豆、杂粮、山货等业客商营业税也由牙行代征。⑤ 牙行了解买卖双方的经营情况，有利于营业税的征收，但牙行代征营业税的范围不易确定，"稽征既感困难，隐匿或所不免"，以致常常引起各种税收纠纷。⑥

1934 年 5 月，第二次全国财政会议决议整理营业税及废除牙行代征营业税，这成为各商要求废除牙行营业税的重要依据。1934 年 10

---

① 《呈财政部为遵令拟定牙行代征营业税办法祈鉴核由》，《湖南财政汇刊》第 25 期，1932 年，第 5~6 页。
② 《核定牙行代收营业税办法》，《浙江财政月刊》第 6 卷第 1~2 期合刊，1933 年，第 60 页。
③ 《苏省临时客商贩运物品由牙行代征营业税一案已改照湘省成案办理再行复请查照》，《财政日刊》第 1716 期，1933 年，第 4 页。
④ 《牙行代征商贩营业税实施办法》，《河南省政府公报》第 1024 期，1934 年，第 2 页。
⑤ 《代征客商营业税问题》，《申报》1934 年 10 月 29 日，第 10 版。
⑥ 《牙行代征营业税之废除》，《政治成绩统计》第 7 期，1935 年，第 206 页。

民国时期营业税制度的变迁

月,无锡县营业税局责令各牙行代理客商营业税,无锡县米豆、杂粮、山货各同业公会致函无锡县商会指出,"(牙行)如再办代征客商营业税,是不啻以米行为变相整卡,仍系按物征税,势必客商裹足不前。且牙行代征营业税办法早经财部认为与营业税办法确有抵触,由部迳咨苏省政府,依照全国财政会议议决,整理营业税办法,迅予改革有案。何以忽又下县令办,非特与营业税法抵触,实亦与民国二十年中央明令裁厘减除苛扰之旨,大有刺谬"。① 各同业公会的意见得到了无锡县商会的支持,并分函武进、吴县、昆山等县商会,"征询意见,再行一体陈办"。常州县商会积极响应,"电呈中央,请令知江苏省财政厅依据部令,迅予撤销"。② 无锡县商会也强调:"牙行纳帖开张,原系代客买卖,既纳牙税,又缴营业税,已觉叠床架屋,负担非轻。如再代征客商营业税,是不啻以米行为变相厘卡,仍系按物征税,势必客商裹足不前。"该县商会于12月9日电呈财政部及江苏省政府、财政厅,请求"特予宽免,借利通商,而惠地方"。③ 至1935年8月、9月间,无锡牙行代征客商小麦临时营业税风波再起。米豆、杂粮业同业公会推定代表130余人分别向县政府和营业税局请愿,并电请省政府、财政部、行政院等部门收回成命。④ 9月7日,财政部在批复中指出:"牙行代征营业税,应向卖方征收。各厂采购小麦,如系委托粮行代办,所有应纳营业税,应责令粮行代为收缴。粮行如系自备资本,设肆买卖粮食,则其自身之营业行为,本应完纳营业税。若厂商委托代购,仍应由粮行代完。"但无锡米豆业同业公会表示将继续呼吁请免,甚至"将以停业对付"。⑤

营业税开征之初,地方政府税收控制力仍相当弱小,加之营业税章

---

① 《无锡代征客商营业税问题》,《申报》1934年10月29日,第10版。
② 《常州商会请撤销牙行代征营业税》,《申报》1934年10月31日,第9版。
③ 《无锡吁请免征客商营业税》,《申报》1934年12月10日,第8版。
④ 《无锡米豆二度请愿》,《申报》1935年9月6日,第12版。
⑤ 《无锡小麦营业税继续呼吁》,《申报》1935年9月8日,第11版;《无锡米豆业风潮》,《申报》1935年9月9日,第16版。

则尚未完善，机构尚未稳定，人员尚未齐备，各项开办经费及开销日需甚急，征税成本相当高昂，征收效果极为有限，如江苏省营业税全年预算为 360 万元，实收仅 17 万元，而各局经费支出及印刷票照等费约需 18 万元，"所谓抵补预算者，几等于零"。① 朱炳南和严仁赓对湖南、山东部分县市营业税征收的调查显示：经费占收入比重多数在 40% ~ 100%。面对此种情形，难怪调查者会发出如此感叹："营业税之征收经费占收入数目中甚大部分，税入已微，再加如此繁重之经征费，实缴省库者仅寥寥无几。营业税之兴办，几似专为若干人寻哝饭地而设！"② 相对而言，在代征和包征制度下，政府不必与纳税人直接接触，只需将征税事宜交予商会、各业同业公会办理，再向其支付一定征收费用，既可避免商人的抵制，又可减少设置征税机关和人员带来的种种成本。不过，此种制度选择增加了政府的征税风险，一方面无法掌握纳税人的经营实况，完全处于信息不对称的地位；另一方面代征和包征单位能否带来预期的收入也是未知数。从营业税征收的实践来看，地方政府对委托代征和包征的风险估计显然不足，当其开始意识到这一点，并掌握足够的控制力时，营业税征收制度便有了改变的可能。③

第三节　营业税官征制

官征（又称直征或查征），是指由政府设立征税机关，委派税务人员，调查商家经营实况，按照既定的课税标准和手续直接征收税款。官征的最大好处在于根据商家经营状况确定税额，较为公平，其不足之处

---

① 《江苏财政史料丛书》第 2 辑第 2 分册，第 117 页。
② 朱炳南、严仁赓：《中国之营业税》，《社会科学杂志》第 6 卷第 2 期，1935 年，第 405~408 页。
③ 参见柯伟明《在传统与现代之间：再论南京国民政府时期的营业税征收制度》，《中国经济史研究》2013 年第 4 期。

民国时期营业税制度的变迁

在于征税手续较为繁杂，征税成本较高。营业税官征制主要分为地方税时期的官征制和国家税时期的官征制两个阶段。

一　地方税时期的官征制

大概在1933年以后，营业税征收制度出现了一个明显变化：很多地方政府纷纷取消委托代征和包征，实行官征制。1933年江苏省政府出台的《江苏省整顿营业税办法》明确废除包征制："凡由商会、公会认缴者，一律撤销，仍由官厅收回，直接向商店自行征收。"财政厅为整顿营业税，"就各县未设局地方增设营业税局若干处，局内除局长外，设会计、文牍、书记各一人，税警若干人"。[①] 而这一改变遭到了各地商界的强烈反对。江苏省各业同业公会对于取缔包办营业税，由营业税局直接按户征收"不甚满意"，"纷请商会设法，务达到包认目的"。[②] 尽管如此，江苏省政府仍坚持改为官征，这显示出地方政府改革和完善税制的决心。地方政府整顿营业税得到了中央财政当局的大力支持。1934年5月召开的第二次全国财政会议决议废除包征和代征："于各县设立一地方税局，所有营业税、牙税、当税、屠宰税等均由该局统一征收报解"，"所有以前之投标承包、委托代征等办法一律取消"。[③] 正是在中央和地方政府的共同努力下，官征逐渐成为营业税最主要的征收制度。1934年天津市政府将营业税由代征改为官征："举行总调查，重定税额，并统归营业税征收处征收，以期核实，而昭划一。"[④] 鉴于各县商会间有中饱及摊派不公等弊端，山西省财政厅于1936年8月决定"将营业税直接征收，期符法令，借杜流弊"，为因地

---

① 《江苏省整顿营业税办法》（1933年），《中华民国工商税收史料选编》第5辑上册，第978~979页。
② 《各业反对按户征营业税》，《申报》1933年9月8日，第11版。
③ 《关于整理地方财政案及决议案》（1934年5月），《中华民国工商税收史料选编》第1辑上册，第1221页。
④ 《营业税征收处请津商会速结束代征营业税事宜由财政局直接征收函》（1934年7月4日），《天津商会档案汇编（1928~1937）》下册，第1909页。

第二章 营业税征收制度的类型及其演进

制宜起见,"先将阳曲等二十五个商业繁盛、税额较大的县划为十三区,分设稽征局责成专员办理,太原等八十县则暂并归税务联合征收局经收"。①

表 2-3 各省市征收营业税机关之设置及征收方式一览

省市	机构设置
浙江省	浙江省75县1市,除杭州1市及杭县等33县划为9区,每区设一营业税征收局外,其余42县均委由县政府经征
江苏省	江苏省61县营业税,均另行设置征收局或征收处征收,并无委由县政府经征者,每一局管辖一县或数县不等
安徽省	安徽省营业税机关,以税收之多寡为设立之标准,税收较多之县,另行设立营业税征收局征收,名曰安徽省营业税某某县征收局,否则并由县政府之经征处经征
江西省	江西省83县营业税亦均为另行设置征收局征收,并无委由县政府经征者。全省分9区,每区设一征收分局,其下设分征所,各管辖若干县
湖北省	湖北省70县1市营业税,除汉口市及武昌等50县划为10区,每区设一营业税局征收外,其余20县均委由县政府经征
湖南省	湖南省营业税征收机关,系连同各项税每县设立一局,名为税务局,全省75县中已设税务局者,计有31县。此外,汉寿一县设立税务办事处,其他43县均委由县政府经征
河南省	河南省征收营业税机关,自1936年6月1日起,将全年税额在3万元以上之开封等22县设置专处经征,其余武陟等89县,全年税额均在3万元以下,归并县政府,与田赋合并改组为赋税经征处
山东省	山东省营业税,专设立营业税征收局征收者,全省108县中有36县,其余72县均委由县政府经征
河北省	河北省征收营业税,全省129县,除唐山、石门两处设有税务征收局外,其他127县统由县政府经征处经征
察哈尔省	察哈尔省征收营业税,除省会专设营业税征收局征收外,15县均委由地方税捐局经征
绥远省	绥远省征收营业税,除省会设省会营业税稽征处及丰镇、包头两县各设一营业税局外,其余13县统委托各县商会代征
山西省	山西省征收营业税,全省105县统由各县税务联合征收局经征

---

① 《山西财政厅关于本省营业税改划区设局直接征收致财政部呈》(1936年8月20日),《中华民国工商税收史料选编》第5辑下册,第3048页。

99

民国时期营业税制度的变迁

续表

省市	机构设置
陕西省	陕西省征收营业税，全省93县中，开办者仅有14县，有设局征收者，有委其他机关兼办者
四川省	四川省营业税正在开办中，由何机关征收，未据报告
福建省	福建省征收营业税，全省62县中，委由税务局或稽征所经征者8县，其余54县均由各该县政府经征
广东省	广东省营业税，全省97县1市中开办者有12县1市，系设局或处征收，其余各县正在推办中
广西省	广西省营业税系委由各区税捐稽征局经征
南京市	南京市营业税，系设立营业税征收处征收
上海市	上海市尚未开办
北平市	北平市营业税亦系设立营业税征收处征收
天津市	天津市营业税亦系设立营业税征收处征收
青岛市	青岛市营业税系由市商会代征

资料来源：根据童蒙正《中国营业税之研究》，第191～204页编制。该书出版于1942年，但其调查及写作时间应为1936年。

根据1936年童蒙正所做调查（见表2－3），浙江、江苏、安徽、江西、湖北、湖南、河南、山东、河北、察哈尔、绥远、广东、山西、陕西、福建、广西、南京、天津、北平等20多个省市的营业税征收有三种方式：一是设局征收；二是委托县政府及其他机关代征；三是由商会代征。前两种征收方式最为普遍。其中，设局征收者有15省市，县政府或其机关代征者有12省市，委托商会代征者仅剩下绥远和青岛两地。由此可见，至1936年，各地的营业税征收基本上形成了一种以直接查征为主的征收模式。在各省市当中，四川省开征营业税较晚，但始终采用官征制。下面将以四川省营业税官征制度为例来说明官征制的改革和完善。

根据1936年3月公布的《四川省营业税局组织大纲》，四川省营业税总局设于重庆，直隶于四川省政府。营业税总局设局长一员，副局

第二章 营业税征收制度的类型及其演进

长两员,由省政府任命;局长承省政府主席之命综理全省营业税事宜,副局长襄助局长综理营业税一切事宜。营业税总局下设秘书室、第一科、第二科;各科视事务繁简分设若干股,每股设股长一员,承局长、副局长之命令及主管科长之指导,分掌各股事务"。①考虑到四川营业税属于初创,一切事宜均需财政厅方面协助,四川省政府委派财政厅厅长刘航琛兼任营业税总局局长。为办理各市县营业税,四川省政府制定了《四川省营业税各市县分局组织大纲》。根据规定,"四川省营业税总局于各该市设置分局,名为四川省营业税某市县分局,由省局监督指挥";"各分局得由省局视各市县税务之繁简酌分等级";"分局设局长一员,由四川省政府任命之,或由省局荐任,分局长承省局之命令综理各该市县营业税事宜";"分局设秘书室、会计室、第一组、第二组,各室组除会计室会计主任(或会计员)保存独立性质,应受省局之命令办理职掌局内事务外,秘书室设秘书一员,一二组各设主任一员,承分局长之命,分掌各室事务"。②

抗战全面爆发以后,为适应战时财政的需求,四川省政府于1937年10月委任四川财政特派员关吉玉兼任四川省营业税总局局长,全面负责营业税制度改革事宜。10月19日,关吉玉在向营业税局全体职员讲话时明确指出:"现在川军出川,需款万急,甫公主席,异常焦急,特派余暂理此事,希望收入增加,以期补助军费。"③ 为表示对关吉玉改革营业税制度的支持,四川省政府主席刘湘特意给关吉玉和刘航琛下达手谕:"查营业税,将为支持战费之骨干,关系重大,希全权积极推动改进。倘有任何困难,由本府负责排除。"④ 关吉玉曾留学

---

① 《四川省营业税局组织大纲》,《四川营业税周报》第1卷第4期,1937年,第122~123页。
② 四川省政府财政厅秘书室编《四川省现行财政章令汇刊》,成都公记新新印刷社,1938,第19~21页。
③ 《关局长训话——十月十九日向本局全体职员讲》,《四川营业税周报》第1卷第1期,1937年,第1页。
④ 《刘主席致关刘二局长手谕》,《四川营业税周报》第1卷第3期,1937年,第76页。

101

民国时期营业税制度的变迁

德国柏林大学,对西方国家的财政税收制度有一定了解,自接任营业税总局局长以后,他即采取一系列措施,全面改革四川营业税征收制度。

第一,重视外勤工作。关吉玉认为,要想征得税款,必须对纳税人进行调查、收款和催征,这些都属于外勤工作。1937年11月5日,关吉玉在向营业税局外勤人员讲话时,对外勤工作提出四点要求:(1)态度要和蔼。认清自己的地位,是在做事,而非做官;要发扬仁爱的精神,处处以赤诚感人;一言一动都表示出和蔼可亲的样子,使人心悦诚服。(2)意志要坚定。无论遇着什么困难,都要心凝神定,有一种坚强的定力完成所负的任务。(3)工作要精到。查算账簿时要做到"心到""口到""眼到""手到""脚到"。(4)手续要敏捷。要将办事的手续极力"单纯化""有效化",即要以最小的劳力求最大的效果。① 在营业税征收工作中,关吉玉将外勤置于中心地位,"良以营业税之征课,不外将散布工商各业之财富,分取一部,以供抗战费用,故最要工作,系向工商各业,调查税源,依率计征,内部工作,仅为外勤工作之推动工作及附属工作而已"。在关吉玉看来,外勤可谓营业税征收的生命线。为加强外勤工作,他决定将营业税局每日办公时间延长两小时,斟酌各科股人数多寡核计其增加办公时数,抽调一部分人员办理外勤工作;各科股抽派外勤人员统归调查股指挥,会同原有调查员专门办理调查催征事务。②

第二,加强调查和宣传。为严密管理商家的账簿,营业税局派员对账簿过简的商家进行劝导,使其能够逐步完善,对从未设置账簿的商家限期取缔或加以限制。同时,营业税局加大调查力度,规定各局所调查人员必须占全机关人数一半以上,在调查工作紧张时可以调拨内部人员

---

① 关吉玉:《怎样完成外勤的任务——十一月五日向本局外勤人员讲》,《四川营业税周报》第1卷第3期,1937年,第76~79页。
② 《关刘涂三局长致各分局长函》,《四川营业税周报》第1卷第2期,1937年,第47~48页。

出外协助。营业税局严格要求调查人员在查算商店账目之后,立即填具循环单,填发纳税通知单,对辖境商店实行分区专人调查,对繁盛区段派能力较强的人员办理。① 在调查过程中,不仅就商人填报的数字进行计税,有时还需要对商户的账目逐笔查算。如果发现商家所填数字与营业情形及内部收支状况差别过大,必须重点进行严密考查以找出其中的破绽。②

四川营业税开征时间较短,商民对规章制度并不了解,这是税务机关征税工作顺利进行的一大障碍。为使商民了解政府税收政策和征收营业税的意义,熟悉各项征收规则,四川省营业税局非常重视营业税的宣传工作,制定《四川省营业税局宣传大纲》,对宣传的目的、方式和内容做了明确规定。从宣传大纲我们可以看到,宣传的目的在于使商民明了营业税在战时的重要性,明了现行营业税的优越性,激发商民的爱国心,使其乐于纳税。为达到以上目的,四川省营业税局主要采取两种宣传方式。一是文字宣传。"用醒目文字书成标语,贴于街衢及公共处所,或与电影院接洽,使其义务映放标语,以唤起商民注意;以浅显文字编印传单或小册,散发商民;与报馆接洽,将应宣传各种资料,披诸报端"。二是口头宣传。"定期召集商会及各公会负责人,并邀请各报新闻记者,发表谈话;组织宣传队,分成若干组,到街衢及公共场所,或利用商会及各公会集会时间,分头讲演"。宣传内容主要包括"营业税在非常时期的重要性""废止一切免税办法是适应非常时期财政的紧急措施""商民拥护政府抗战应该踊跃纳税"等。③ 作为四川省营业税局的机关刊物,《四川营业税周报》(后更名为《四川省营业税局月报》)成为宣传营业税的一个阵地。在该刊物上经常可以看到这样的宣

---

① 关吉玉:《怎样完成外勤的任务——十一月五日向本局外勤人员讲》,《四川营业税周报》第 1 卷第 3 期,1937 年,第 77~78 页。
② 《省府令整理营业税收》,《四川经济月刊》第 10 卷第 3 期,1938 年,第 12~13 页。
③ 《四川省营业税局宣传大纲》,《四川营业税周报》第 1 卷第 5 期,1937 年,第 144~145 页。

民国时期营业税制度的变迁

传口号:"非常时期的营业税,是筹集抗敌战费的良好税源""非常时期的营业税,是战时财政的重要收入""拥护非常时期的营业税,就是拥护政府抗战的表现,才是真正的爱国商人""缴纳营业税的商民,与抗战杀敌的将士是同等的光荣""多纳一文营业税,便可多置一些军用品,就是多增一分抗战力量""要能持久抗战,就是前方拼命,后方出钱"。① 四川省营业税局将营业税与抗战联系起来宣传,希望借此激发纳税人的爱国之心,以配合政府的税收活动,其最终目的是使纳税人明了政府的营业税政策,便于政府税政的推行实施,以增加税收收入,支持抗战财政。

第三,严抓税风税纪。四川省营业税总局内共有职员180余人,如何使这样一个税收机关有条不紊地运作是关系营业税行政的重要问题。制定严明的纪律是解决这一问题的关键所在。关吉玉就任局长以后,着力整顿税风税纪,对局内纪律做了如下规定:(1)不准迟到早退。"如有要事,必需请假;如果怠忽职务及代人签到签退,或请人代签者,查出定予严厉处分。"(2)保持肃静。"在办公时间,不要高声谈话,以保绝对的肃静。"(3)穿着短服。"穿着短服,举止方便,动作精神。"(4)节省公物。"在这非常时期,经费缩减到极低限度,开支方面要极力节省,对于公物,比对于私人之物,还要当心节用。"② 关吉玉也注意对税务人员道德上的要求。1938年11月16日,关吉玉在向营业税局税务人员训练班讲话时提出"八要""八不要",即要爱国、进取、负责、适法、忠诚、谨和、节俭、廉洁,不要自私、苟安、敷衍、放荡、虚伪、急傲、奢侈、贪污。③ 为增加营业税局的凝聚力,增强税务人员的使命感,关吉玉还亲自制

---

① 《四川营业税周报》第1卷第1期,1937年,第40页。
② 《关局长训话——十月十九日向本局全体职员讲》,《四川营业税周报》第1卷第1期,1937年,第3~4页。
③ 关吉玉:《税务人员八德——十一月十六日向本局税务人员训练班讲》,《四川营业税周报》第1卷第5期,1937年,第127页。

定了《四川省营业税局局训》。在他看来,"局训是对本分局所全体同志精神训练的最高原则,是本分局所全体同志固定不变的努力标准"。四川省营业税局局训有三条:一是尽职,"责任重大于生命,要完满及时的达到任务,尽职以报国家";二是合作,"协调足以兴邦,要善意的了解同志,诚恳的帮助同志,合作以促事业成功";三是求知,"学能为治事根本,要研究体验,日有新得,求知以增工作效率"。①

第四,加强税员训练。四川省营业税局很多职员是昔日办理地方税的人员,他们对营业税规章制度和实际操作不甚了解,严重影响了征税效率。为提高征税人员理论和技术水平,关吉玉决定对税务人员进行训练,制定了《四川省营业税局训练税务人员办法》。根据规定,由四川省营业税局正副局长、秘书、科长、股长组织训练委员会,正副局长分任正副主任委员,下设教务、事务两处,各设主任一人,由局长指定秘书、科长或股长一人充任,分别办理训练事宜。训练时间为两个星期,每日上午八时至十二时,下午二时至六时。第一星期在局内,轮流在各科股实习各主管事项;第二星期在局外,随同各区调查员实习调查事项。每日下午七时至九时,及星期日下午一时至五时,为上课时间。课程内容主要包括精神讲话、会计须知、查账学、营业税要义、稽征须知、调查须知(见表2-4)。所学内容既有理论性的,也有技术性的,如此安排的目的在于尽快提高税务人员的理论和技术水平。讲授人员"由局长指定各该主管人员充任";讲授内容,"先由讲授人编成大纲,发交各学员"。为使参加训练者能够真正投入,严肃认真对待,收到实效,在训练期满之后,还要进行考试,成绩不及格者,将面临除名的危险。②

---

① 《关局长手颁本局局训》,《四川营业税周报》第2卷第6期,1938年,第150~151页。
② 《四川省营业税局训练税务人员办法》,《四川营业税周报》第1卷第3期,1937年,第96页。

民国时期营业税制度的变迁

表2-4 四川省营业税局训练税务人员课程内容及课时安排

课程内容	课时/每周	课程内容	课时/每周
精神讲话	2小时	营业税要义	2小时
会计须知	5小时	调查须知	3小时
查账学	3小时	稽征须知	3小时

资料来源：根据《四川省营业税局训练税务人员办法》，《四川营业税周报》第1卷第3期，1937年，第96页编制。

第五，行政、管账和收款三足分立。征收人员中饱和苛扰是营业税实行之初商人团体要求实行包征制的一个重要原因，也是中国税收长期以来难以根治的弊病。究其原因，主要是征税机关缺乏内部牵制作用，致使征税人员上下其手，贪污腐败屡禁不绝。为清理以往种种积弊，关吉玉接管四川省营业税局后，自1937年11月起进行革新，将局内的行政分为相互独立和牵制的三大系统：（1）税局行政。营业税总分局及稽征所唯一的职责就是执行法令、监督征税及确定税额，不过其职能只限于行政方面，至于经收税款、管理会计则由另外两个独立的机构办理。（2）省府管账。依照省政府实行的超然主计制度，营业税局内会计主任直接接受省政府指挥，与局内行政完全立于两个系统之下，局长只能对其进行监督，而不能支配。（3）银行收款。将征收税款与税务行政截然分开，税款由四川省银行代收，商人直接向银行或其分支行缴纳税款，再由银行或其分支行转解省库。① 此项改革的核心是实行行政、管账和收款三足分立，从制度上最大限度地减少征收人员浮收、苛扰商民以及贪污腐败等现象。

关吉玉所订各项规章制度使四川营业税官征制度更趋合理和完善。从组织形式到各项规章制度都相当严密，从日常工作习惯到各种技术技能的培训，再到税务人员道德思想教育等，无不体现关吉玉改革四川营

---

① 关吉玉：《营业税三三论》，《四川营业税周报》第1卷第1期，1937年，第11页；《税局会计金库均行独立》，《四川月报》第11卷第5期，1937年，第64页。

业税制度的努力。这些改革取得了立竿见影的效果：1937年11月营业税收入就接近60万元，是前一个月的3倍；12月份营业税收入增加至100万元以上。① 1938年1月刘湘去世，王缵绪于同年4月接任四川省政府主席。本受刘湘委托改革四川营业税制度的关吉玉随后辞去营业税局局长一职，由张镜明接任。张镜明接任以后，提出整理营业税应遵循"裕税"和"恤商"两大原则。②

首先，重组征收机构。张镜明接任局长后，拟定"归并办法"十项呈奉省政府审核通过后实施。该办法要点有："各稽征所之收入短少，不合单独成立者，查酌核定归并该管分局或邻近稽征所"；"归并于分局署，改称四川省营业税局某某县稽征所某某分所"；"办事处与分局均各设主任一员，由省局委任，受各该管分局长或所长之监督指挥"；"办事处分所驻在县之各县镇征收处，由各该办事处或分所秉呈该管分局或稽征所管辖指挥"。③ 此次调整共涉及54个稽征所。调整后，四川建立起一套由上而下的比较完整的营业税征收体系。四川省营业税总局（重庆总局）下设14个分局，其中，特等分局有成都和万县2处，一等分局有泸县、宜宾和内江3处，二等分局有乐山、涪陵、资中、遂宁和南充5处，三等分局有绵阳、合川、江津和自贡4处。分局下设160个稽征所，稽征所下设460个稽征处。④ 正如时人所言："本为情势所迫而出于不得已，然以事实考之，实较以往更趋于合理：因为其组织形式，虽见缩小，而于征税事务，并无若何影响。故此次之变更

---

① 《四川省营业税局呈办理税收经过》（1938年1月13日），四川省档案馆藏，全宗号：59，案卷号：1822，第33~34页。
② 张镜明：《今后整理四川营业税的我见》，《四川省营业税局月报》第1卷第1期，1938年，第1~3页。
③ 《营业税局归并五十四县稽征所》，《四川经济月刊》第10卷第1期，1938年，第6~7页。
④ 崔敬伯：《川康营业税接办及调整经过纪要》，《直接税月报》第2卷第4~6期综合编，1942年，第50页。

组织，无宁谓为川省营业税之又一改善。"①

其次，改革人事制度。四川营业税开征之初，为便于税务推进实施，在人事制度上实行兼任制，即由各区税务督察处处长兼任营业税分局局长，由各县县长兼任稽征所所长，营业税局另派主任人员协助。这样安排的好处在于，各县县长对地方情形较熟悉，且掌握一县政权，号令易于施行，便于营业税的征收。客观而论，这种制度安排在营业税开征初期确实起到了一定作用。然而，随着营业税的推进实施，兼任制的弊端逐渐显现，并成为制约营业税发展的重要因素之一。这些兼任营业税分局局长、所长与乡镇征收员的政府行政人员有其本职工作，在精力上难以兼顾，而且缺乏相应的专业技能。在兼任制下，四川省营业税局无法对兼任人员进行有效考核，以致兼任人员处于"得过且过"的状态，严重影响征税效率。当时营业税局副局长涂重光在视察四川各县营业税征收情形后指出："各县开办营业税以来，历时数月，各兼所长之中，其能努力奉公，推进有方，绩效彰著者固多，而只图敷衍，不负责任者，亦不乏人。究其症结所在，实因兼办所长政务繁剧，不能出全力以赴。又因本局派往之主任人员，与所长素昧平生，其操守性行，及办事能力，均不深知，以致所长主任间，骤难融合，且立场各有不同，所见因之互异，税政推进，窒碍良多。"有鉴于此，涂重光曾建议，"各县稽征所所长一职，除有特殊情形及办理著有成绩者仍责由县长兼充外，其余各县则由总局遴选优秀职员委派，或就各稽征所主任人员中选择成绩优异者量予晋升"，"尚未开征营业税各县，一律由总局委派所长前往办理，不再采取兼任办法"。② 张镜明接任局长后也认识到："税收之盈绌与经征机关之是否完整，经征人员之是否负有专责，其间确有绝大关系。"他经考察后发现，宜宾、泸县、内江、遂宁、南充、乐

---

① 杨继先：《四川省营业税之过去与现在》，《四川省营业税局月报》第1卷第1期，1938年，第10页。
② 《四川省营业税局关于改革人事制度的呈》（1937年11月10日），四川省档案馆藏，全宗号：59，案卷号：1822，第24页。

山、涪陵、广安、绵阳各分局均系委任各区税务督察处处长兼任,"为日既久,不免流弊丛生"。其流弊主要有两点:一是各区督察处长事务相当繁重,实难兼顾;二是各分局职员多为兼职,办事精神松懈,演成敷衍之习。在张镜明看来,"各分局势非改设专任,则税务推进,每月收入难期激增"。① 正是基于以上认识,张镜明决定将营业税的人事制度由兼任制改为专任制。专任制有利于选择"熟悉章则""操守可信""才识优长"的人员充任各分局局长、稽征所主任及所长,便于营业税总局对税员严密考核和奖惩,可使营业税征收机关更加完整,有助于税务的推进。正如杨继先所言:"自改行专任以来,若干县市对于乡镇之征收地区即已有所策划扩充,税收亦复趋于增加。此种成绩,虽尚未普遍表现,但已显示若干进步,今后假以时日,成效必能灿然可睹矣。"②

四川营业税开征之初,各级职员多为地方税局裁缺人员或分发的财训学生,后因税务推广,人员不敷,"营业税局所员司不得不自行援用,其中虽不乏努力奉公、克称职守之员,但因循泄沓、苟且敷衍、营私舞弊、贪贿弄权等事也屡见不鲜"。张镜明认为,造成这种情况的症结在于:人员自行引用,才能品格漫无标准;人员毫无保障,随政治环境或主官进退为转变,自难忠于职守;人员受教育程度过低,思想颓废,不了解公务员的责任。有鉴于此,张镜明认为,要彻底根除以上病症,唯有实行考试制度:"现任人员遇有缺额,胥应由次级者依次循级升擢或同级人员相互调派,其低级人员之登进,则举行练习员考试,招收中学以上各学校学生公开考选,实习若干时,量材补用。"③ 应该说,考试制是一种比较合理和科学的人事制度,能够吸收高素质优秀人才进入征税队伍。

---

① 《四川省营业税局关于调整营业税组织机构的办法》(1938年6月16日),四川省档案馆藏,全宗号:59,案卷号:1822,第45~47页。
② 杨继先:《营业税征收人员专任兼任之得失》,《四川省营业税局月报》第1卷第3期,1938年,第2页。
③ 《四川省营业税局关于改革人事制度的办法》(1940年1月20日),四川省档案馆藏,全宗号:59,案卷号:1688,第247~252页。

民国时期营业税制度的变迁

表 2-5 1936~1941 年度四川省营业税收入比较

年度	实收数(元)	变化指数	扣除物价因素之后 税收购买力(元)	变化指数
1936	853797	-30.0	853797	-32.7
1937	2842195	100.0	2607518	100.0
1938	8388303	295.1	5329053	204.4
1939	13337782	469.3	3877262	148.7
1940	31014609	1091.2	2737388	105.0
1941	92537608	3255.9	3224307	123.7

资料来源：根据《四川省营业税征收情况的分析》（1948 年），《中华民国工商税收史料选编》第 5 辑下册，第 2505 页编制。

经过整理后，四川营业税制度更加完善，征收效果逐渐显著。由表 2-5 可见，1937~1941 年度四川营业税收入呈现逐年大幅度增长的态势，1937 年度实际收入为 284.2 万元，1938 年度为 838.8 万元，1939 年度为 1333.8 万元，1940 年度增至 3101.5 万元，1941 年度达到 9253.8 万元。较之 1937 年度，1938~1941 年度营业税收入分别增长了 195.1%、369.3%、991.2% 和 3155.9%。在抗战的特殊历史条件下，通货膨胀日益加剧，扣除物价因素，绝大多数税收的购买力水平均较战前严重下降。1938~1941 年度四川营业税购买力较 1937 年度分别增长了 104.4%、48.7%、5.0% 和 23.7%。营业税实际购买力能够超过 1937 年的水平实属不易。四川营业税收入的快速增长奠定了其在全国营业税收入总量中的重要地位。1941 年度，全国各省市营业税总收入为 16649 余万元，四川（包括重庆）约占 55.58%。[①] 四川营业税能够取得如此成绩，除抗战时期全国政治经济中心"西移"外，征收制度的改革与完善也是一个至关重要的因素。

---

① 《财政部统计处呈报营业税税收分析签呈及附表》（1945 年 11 月 17 日），《中华民国工商税收史料选编》第 5 辑上册，第 481 页。

第二章 营业税征收制度的类型及其演进

二 国家税时期的官征制

抗日战争期间，为集中全国财力物力以供抗战之需，国民政府于1941年决定改革财政收支系统，将原属地方收入的营业税纳入国家财政范畴，划由财政部直接税处接管。直接税处接管营业税以后，首先对征收机构进行合并调整。直接税处原有机构仅202个，其中，川康直接税局规模最大，有机构39个，广西和江西均有20多个，其他地区则有几个至十多个不等；各地接管营业税机构数量多达1450个，是原有直接税机构的6倍之多。① 必须对这些机构进行重新整合，才能使之有效运转。各地直接税局接管营业税以后，即开始大幅度减并机构，减并数额相当之大，其中广西减并数达352个，川康减并62个，浙江减并63个，湖南减并61个，减并总数达816个，约减少了一半的机构（详见表2-6）。机构的调整意味着征税成本的减少和征税效率的提高。

表2-6 直接税处接管营业税后机构合并调整一览

地区	原有直接税机构数	接管营业税机构	合计	调整后机构数	减并数	较原机构增加数
川康	39	166	205	143	62	104
浙江	18	98	116	53	63	35
广西	25	386	411	59	352	34
陕西	14	70	84	48	36	34
湖南	18	104	122	61	61	43
江西	21	65	86	57	29	36
广东	6	88	94	88	6	82
云南	6	33	39	33	6	27
甘宁青新	13	86	99	49	50	36
贵州	9	46	55	29	26	20
福建	16	79	95	66	29	50

---

① 财政部直接税处编印《营业税宣传资料辑要》，1943，第9~10页。

111

民国时期营业税制度的变迁

续表

地区	原有直接税机构数	接管营业税机构	合计	调整后机构数	减并数	较原机构增加数
安徽	3	63	66	46	20	43
河南	9	91	100	67	33	58
湖北	5	70	75	32	43	27
重庆		5	5	5		5
总计	202	1450	1652	836	816	634

资料来源:根据《营业税宣传资料辑要》,第9～10页编制。

川康原有直接税机构39个,除川康直接税局外,在重庆、成都、万县、涪陵、合川及南充等县市设有分局19个,其中在西康境内3个,在四川境内16个;分局下面设有查征所19个。川康直接税局接管营业税后,在"统一事权,节约开支,便利行政"的原则下,根据财政部政策与实际需要,对各分局所机构进行调整,其调整方式有以下几种:(1)保留原有组织及名称者,有重庆直接税分局、成都直接税分局、成都营业税分局三处;(2)营业税分局并入直接税分局者,有万县、涪陵、合川、绵阳等十三处;(3)营业税稽征所并入直接税分局者,有灌县一处;(4)直接税查征所与营业税分局合并为直接税分局者,有江津、资中两处;(5)直接税查征所与营业税稽征所改设分局者,有云阳、达县、彭水等十处;(6)直接税查征所改设分局者,有合江、犍为两处;(7)增设直接税分局者,有眉山、三台、简阳等六处。[①] 其他各省直接税机构与原有营业税机构的改组情形与四川大致相同。经过调整之后基本都形成了一套直接税局—直接税分局—直接税查征所—征收处的组织体系。

在调整机构的同时,直接税处大力改革人事制度。地方政府办理营业税时期的人事制度比较混乱,税务人员文化教育和技术水平参差不

---

① 崔敬伯:《川康营业税接办及调整经过纪要》,《直接税月报》第2卷第4～6期综合编,1942年,第54～55页。

齐。童蒙正对主持营业税征收人员（主任以上者）的学历所做的一项调查显示，在所调查的134人当中，专门以上学校毕业者66人，中等学校毕业者19人，财务养成所毕业者6人，小学毕业者5人，其他学校毕业者38人。再从专门以上学校毕业的66人的学科分布来看，政治科16人，法律科11人，经济科10人，农科4人，工科3人，商科3人，文科2人，不明者17人。① 一般来说，办理税务由经济和商科毕业者负责最为适当，但所调查的66人中仅13人毕业于经济和商科。这些中上层干部学非所用，改进营业税征收自然步履维艰。底层征税人员的成分则更为复杂，"由学徒胥吏出身，则占百分之五十以上，而地方腐化恶化份子，亦多混迹其间"。②

表2-7 直接税处接管营业税后人员调整补充一览

地区	直接税处原有人数	1942年接管营业税后人数			1942年增加考训人员	1942年增加普通人员	接管后总人数
		接管人数	裁离人数	现有人数			
川康	487	2921	607	2314	538	510	3849
贵州	112	173		173	118	73	476
广西	184	380	278	102	107	115	508
广东	119	650		650	202		971
湖南	215	889	610	279	95	140	729
江西	240	280	125	155	101	196	692
福建	138	805	224	581	60		779
浙江	267	1000	297	703	58		1028
湖北	38	223		223			273
皖南		199		199	12		211
皖北		365	142	223	8		231

---

① 童蒙正：《中国营业税之研究》，第213页。
② 包超时：《中央接管营业税之经过及一年来整顿之概况》，《直接税月报》第2卷第4~6期综合编，1942年，第30页。

民国时期营业税制度的变迁

续表

地区	直接税处原有人数	1942年接管营业税后人数			1942年增加考训人员	1942年增加普通人员	接管后总人数
		接管人数	裁离人数	现有人数			
云南	65	60	26	34	12		111
陕西	148	640	276	364	46		558
河南	109	963		963	71		1143
甘宁青新	141	750	134	616	41		798
重庆		157		157	19	52	228
江苏	6				1		7
合计	2269	10455	2719	7736	1501	1086	12592

资料来源：根据《营业税宣传资料辑要》，第5~6页编制。

  为提高营业税征收人员的整体素质和水平，直接税处接管营业税以后，即开始改革人事制度，一方面裁撤冗员，另一方面增加考训人员。由表2-7可以看到，川康、广西、湖南、江西、陕西、浙江、福建等省区直接税机关均有人员被裁离，其中，川康裁离607人，湖南裁离610人，浙江裁离297人，广西裁离278人，陕西裁离276人，福建裁离224人，甘宁青新裁离134人，共裁离2719人，占接收人员的1/4以上；同时，为满足直接税处业务发展的需要，充实征收队伍，各地直接税机关根据自身的实际情况增加了数量不等的考训人员，其中，川康增加538人，广东增加202人，贵州增加118人，广西增加107人。考训人员由两种途径产生：一是对原办营业税人员以抽调的方式进行财务训练，不能抽调者，则由各局所就地训练；二是通过考试的方式招收一批人员，经过严格训练后才能正式录用。陕西省直接税局在考训方面严格执行"学、训、用"三联制，在西安成立税务人员讲习班，原拟抽调营业税服务人员100名，另招税务助理员50名，合并集中训练，后因考试成绩低劣，仅录取税务助理员30名；至于调训学员，以年在18岁以上30岁以下，曾有高级中学或后期师范及甲种职业学校商科毕业，

第二章 营业税征收制度的类型及其演进

并在各局所服务成绩优良者为合格，最终仅 31 人达到标准。① 川康直接税局也实行考训制，从各分局所抽调分局长、所长、股长 60 人至重庆接受为期一个多月的训练，待期满毕业时，因受训成绩不良而停止职务的所长就有 14 名之多。② 由此可见，考训制要求非常严格，竞争也相当激烈，成绩不良者随时面临被淘汰的危险。

在广东，直接税局接管营业税以后，原办营业税人员全部留用，并派原营业税局分局长和所长为直接税分局局长或查征所主任。为补充税务人员，提高征税队伍的整体素质，广东直接税局先后招考高级和初级税务员、会计助理员各一班，并由开平、肇庆及茂名等分局就地招考税务生多名，同时函请东南、西南两讲习班派遣毕业学员来粤服务。经此调整后，广东直接税局人员结构发生明显变化：1941 年考训人员仅 58 人，其中高级税务员 14 人，初级税务助理员 44 人；至 1942 年 7 月，新增加考训人员达 164 人，其中高级税务员 71 人，初级税务助理员 70 人，会计助理员 23 人。也就是说，考训人员增加了近两倍。至 1942 年 7 月 1 日，广东直接税局有职员 1169 人，工役 260 人，考训人员已占全省职员总额 19.0%。③ 湖北接征营业税机构基本属于新设，需另选各局所主管人员。虽然人员选拔相当不易，但直接税局仍坚持较高的用人标准，除原有恩施、宜昌、光化三分局局长及襄阳、谷城两查征所主任外，所增设的松滋等三分局及鹤峰等 24 个查征所，均经慎选学、验、品、能适当人员充任。据统计，在 32 名局长及查征所主任当中，国内大学毕业者 10 人，专科学校毕业者 9 人，独立学院毕业者 3 人，高级中学毕业者 5 人，这说明这些税务主管人员大都受过正规教育，甚至属于高学历；从资历来看，这些人员曾任县长或税务局局长、税务主任、

---

① 孙白琦：《陕西之营业税》，《直接税月报》第 2 卷第 4～6 期综合编，1942 年，第 83 页。
② 崔敬伯：《川康营业税接办及调整经过纪要》，《直接税月报》第 2 卷第 4～6 期综合编，1942 年，第 56 页。
③ 张兆符：《广东省营业税之回顾与前瞻》，《直接税月报》第 2 卷第 4～6 期综合编，1942 年，第 96～97 页。

财政科科长、会计主任等职,有相当丰富的办税经验(见表2-8)。可以说,中央接办营业税以后,各地直接税机关都非常重视人员的选拔和培训,实行严格的考训制度,这使不少具有一定教育文化水平和丰富税务经验的人员得以进入税务系统,无疑为直接税机关注入了新鲜的血液,为营业税的征收提供了必要的人力资源。

表2-8 湖北省部分营业税征收人员学历、资历统计

学历	人数	资历	人数
国内大学毕业者	10	曾任县长者	3
专科学校毕业者	9	曾任税务局局长者	6
独立学院毕业者	3	曾任财政科科长者	5
高级中学毕业者	5	曾任税务主任者	7
训练机关毕业者	3	曾任会计主任者	2
其他学校毕业者	2	曾任其他职务者	9
合计	32	合计	32

资料来源:根据《湖北直接税局报送接管湖北省营业税概况呈》(1943年1月5日),《中华民国工商税收史料选编》第5辑上册,第1705~1711页编制。

需要说明的是,在直接税处接管营业税以后,为进一步完善官征制度,财政部积极清除地方遗留的包征积弊。如通令废止"迹近包揽,行之愈久,弊窦愈深"的四川行栈代征行商营业税。[①] 鉴于甘肃、宁夏、青海、新疆、山东、陕西等地牲畜营业税征收中存在"招商承揽包办,员司需索,浮收中饱,病商扰民"等弊病,财政部规定所有乡(镇)集市临时交易及农民出售自养之牲畜概予免税。[②] 这些措施极大地压缩了包征制的"生存空间"。但有的地方则因为情形特殊不得不实

---

① 《直接税处关于废止行栈代征营业税办法的通令》(1942年7月23日),《中华民国工商税收史料选编》第5辑上册,第417页。
② 《财政部为牲畜营业税征免问题复陕西直接税局的指令》(1943年1月26日),《中华民国工商税收史料选编》第5辑上册,第424页。

第二章 营业税征收制度的类型及其演进

行代征。如河南省直接税局考虑到豫北在敌人势力范围之内,各县税务无法推行,所以"该局与省政府商订委托代征办法,拟委托地方政府代征这些县份的营业税"。① 湖北也有类似情况。武昌、汉阳、咸宁等38县或全境沦陷无法行使政权,或大部分沦为游击区域,情形相当复杂,不宜专门设置征收机构。为保持战时全省税政的完整,杜绝敌伪侵夺税源,湖北省直接税局将各县营业税稽征事宜,委托湖北省财政厅责成县税务局代征。②

在财政部直接税处接管营业税期间,经过不断改革和完善官征制度,营业税收入均有大幅增长,只因受战事及经济发展条件等其他因素的影响,各地营业税收入分布极其不均。相对而言,川康和重庆两地营业税收入不仅数量巨大,而且增长稳定。数据显示,1942~1944年度川康营业税收入分别为176946141元、414052125元、1007946769元;1942~1944年度重庆营业税收入分别为74997317元、275219725元和508583108元。如果将两地营业税收入合并计算,则1942~1944年度其在全国营业税收入中的比重分别为43.08%、36.44%和47.11%(详见表2-9)。作为抗战的大后方,川渝是当时的政治经济中心,商业经济空前繁荣,营业税收入分布出现如此高度集中的状况,正是川渝特殊地位的直接反映。在中央接管期间,营业税收入大幅增加,这是官征制度改进和完善的重要结果之一,当然,这里面还含有通货膨胀的因素。当时的恶性通货膨胀对税收影响尤为重大,扣除物价因素后,很多税收收入都呈现减少倾向,营业税也不能例外,1942~1945年度减少之数分别为3230895929元、8966943479元、29294398361元及83547412453元。③ 实际上,这一时期几乎所有的税收均为负增长,不过相对于其他

---

① 祝步唐:《河南省营业税之回顾与前瞻》,《直接税月报》第2卷第4~6期综合编,1942年,第60~66页。
② 《湖北直接税局报送接管湖北省营业税概况呈》(1943年1月5日),《中华民国工商税收史料选编》第5辑上册,第1711页。
③ 《财政部统计处呈报营业税税收分析签呈及附表》(1945年11月17日),《中华民国工商税收史料选编》第5辑上册,第485页。

民国时期营业税制度的变迁

税种而言，营业税减少幅度仍属较小。[①] 这说明在如此恶劣的社会经济环境下营业税征收也能取得不错的成效。

表2-9　中央接管后各地历年营业税收入比较

单位：元

地区	1942年度	1943年度	1944年度	1945年度
川康	176946141	414052125	1007946769	817841761
重庆	74997317	275219725	508583108	
陕晋	44372423	130756959	264848309	160623300
贵州	10463449	62216277	171125584	92626987
广西	24416129	198054088	162686751	10787319
河南	53155583	91045187	158223014	84861895
甘肃	19261966	78263168	149236556	71128264
福建	29769445	93767470	136963925	37247026
云南	12599960	55966104	128751128	45582373
湖北	5939366	40134417	104358775	97172577
浙江	29060158	68909548	101445363	21280713
广东	40000893	152149430	96703040	10122584
安徽	7663742	59931842	83062100	18964483
湖南	39510546	98355390	66574828	14709395
江西	16643469	61093936	49866296	10686334
宁夏		11780407	28716935	11691004
合计	584800587	1891696073	3219092481	1505326015

注：1945年数字仅为该年1~6月收入。

资料来源：根据《财政部统计处呈报营业税税收分析签呈及附表》（1945年11月17日），《中华民国工商税收史料选编》第5辑上册，第483~484页编制。

[①] 杨荫溥：《民国财政史》，第116页。

第四节 营业税简化稽征

抗战胜利以后，为平衡国家与地方事业的发展，国民党于1946年3月召开六届二中全会，决议再次改革财政收支系统，将土地税、营业税等重新划归地方。[①] 营业税回归地方办理以后，很多地方政府为节省人力财力及稳定收入，实行"简化稽征"。下面以重庆和上海两地营业税简化稽征为例进行说明。

一 重庆营业税简化稽征

为整顿税收，充裕市库，自接管营业税以后，重庆市政府和财政局即着手拟定整理营业税的具体办法和步骤。（1）商户普查。自1947年2月10日起实行全市普查，令各税捐稽征处派员挨户登记。（2）简化稽征。1947年度营业税采用简化稽征办法，分业分户认缴，各业商号认缴总数以达到年度营业税预算为原则。（3）货运登记。在珊瑚坝、唐家沱、黄沙溪等水陆空交通要地设立货运登记站，辖区内进出货物均须申请登记，并取具纳税保证后始予放行。（4）催收欠税。会同直接税局布告各商户，欠纳的1947年度以前税款，统由财政局接管催收。（5）设科督征。设第五科专管营业税督征、抽查、复查、密查及办理货运登记等事宜。[②] 实际上，实行简化稽征才是重庆市政府整理营业税计划的重中之重，普查及其他措施均可以视作简化稽征之准备工作。

为切实实行简化稽征，重庆市财政局拟定了《重庆市三十六年度营业税简化稽征办法纲要》，函达重庆市商会提付理事长联席会议修正

[①] 《宋子文等在国民党六届二中全会上提出的修正财政系统案》（1946年3月），《中华民国工商税收史料选编》第1辑上册，第294页。

[②] 《关于报送整理营业税办法的呈、指令》（1947年2月20日），重庆市档案馆藏，全宗号：0053，目录号：2，案卷号：850，第95~99页。

通过后，呈市政府核准实施。根据规定，重庆市1947年度营业税征收，"除依法令办理外，采简化稽征原则，分业认缴"；"各业全年认缴税额总和，以达到本市本年度营业税预算为原则，其各业认缴税额分配数，由财政局会同市商会审查核定，各业商户认缴税额，由各该业同业公会理事会负责审定"；"本年度营业税分四季征收，以三个月为一季"；"认缴商号，其每季应纳税额经该业同业公会审查摊定，并将申报表送交财政局后，不得申请更改"；"财政局收到申报表后，由主管科缮造一式纳税商户底册二份，以一份存局备用，一份发交各稽征处照册按季填发通知单征收"；"纳税义务人接到通知单后，应于限期内带同通知单赴各该稽征处完纳，由稽征处掣发财政局印制之三联纳税收据"；"凡未依本办法认缴之各商号，其营业税之征收，统由财政局依法查征，其未入同业公会而同业公会无法分配认缴之商号查征营业税时，各同业公会应负协助之责，其课征之税额，应在各该业配认之总额内减除之"。①

为进一步完善摊课制度，使各业负担公平，重庆市财政局拟组织"简化稽征营业税复核委员会"专办各业配额复核事宜。经市政府核准后，简化稽征营业税复核委员会于1947年11月4日召开成立会，并举行第一次会议，修正通过了《重庆市财政局简化稽征营业税复核委员会组织规则》，由财政局呈奉市政府核准后施行。根据规定，"重庆市财政局简化稽征营业税复核委员会委员由市政府指派有关人员三人，市财政局、市商会各派三人，并由市政府函聘市参议会参议员三人组成之，另指定财政局局长为主任委员"。该复核委员会的主要职能是："本市各业应缴全年营业税额，由财政局依照最后核定本年度营业税收入预算总额，根据各业实际营业状况，并参酌以前缴纳营业税数目，预造各业应缴数清册，送经市商会认定后再由本会复核决定之"；"各业

---

① 《重庆市三十六年度营业税简化稽征办法》（1947年4月），《中华民国工商税收史料选编》第1辑下册，第3826~3827页。

第二章 营业税征收制度的类型及其演进

应纳税额总数一经本会决定后,即为最后决定,不得变更";"本会决定各业之应纳税额,应于全案核竣后,送由财政局汇呈市政府核备,并函送市商会转发各业同业公会照额分配,造册送缴"。①

1947 年度营业税预算 80 亿元,依照简化稽征办法,在上半年摊课春夏季税额时按预算半数 40 亿元课摊,经市商会造具各业花户税额清册摊定 105 业,共税 27 亿元,其余 13 亿元,经市商会第四次营业税摊课会议决议,由财政局直接查征非会员商及行商税款,以资抵补,不足之数仍由各业补摊。财政局接到市商会摊课各业税额总清册后,一面通知各业赶造摊册,一面令饬各稽征处查征非会员商及行商,同时设立货运登记站控制往来渝市行商。从 1947 年上半年的摊课情形来看,遵令照造送摊册者仅 72 业,摊定税额仅 24 亿余元,查征及货运登记站征起税额 8 亿余元,也就是说,所收税额共 32 亿余元,较 40 亿元预算尚欠 7 亿余元。② 不仅未能完成预算额度,且在摊课过程中由于行业间、商号间摊额不均,有失公允,引起不少纷争。有的行业和商号因为对摊课方式并不十分了解,瞻前顾后,甚至中途退出摊课。

1947 年度重庆市秋冬两季营业税预算原为 40 亿元。由于物价上涨,市政府财政极为困难,市财政局根据参议会决议追加市预算 100 亿元,其中营业税追加 60 亿元。重庆市商会则认为:"追加数只能按照上半年度营业税所占全部预算之百分数比例增加,即本会各业应担负增加之营业税最多不得超过五十亿元。"③ 经过市商会与参议会及财政局多次交涉,政府方面也考虑到市场不景气和商人税收负担重的事实,最终确定营业税追加预算 50 亿元。如此一来,1947 年度秋冬两季营业税课摊数则变为 97 亿余元,即原预算 40 亿元加上追加预算分配数 50 亿

---

① 《关于检送重庆市财政局简化稽征营业税复核委员会组织规则的呈》(1947 年 11 月 10 日),重庆市档案馆藏,全宗号:0053,目录号:2,案卷号:1380,第 1~3 页。
② 《关于报送三十六年度营业税摊课及查征情形的呈、指令》(1948 年 2 月 23 日),重庆市档案馆藏,全宗号:0053,目录号:2,案卷号:1380,第 33 页。
③ 《关于追加营业税款的公函、代电》(1947 年 10 月 27 日),重庆市档案馆藏,全宗号:0054,目录号:1,案卷号:637,第 56~58 页。

民国时期营业税制度的变迁

元,再加上春夏两季各业未摊足税额 7 亿余元。财政局为督促商会及各业公会课摊公允及便于征收,参酌春夏两季各业摊送税册数字及各税捐处征收与查征实际情形,将各业商户分别等级,按照上半年及下半年预算比例估定各业应纳税额,造具拟摊清册,函送商会作为课摊参考。①重庆市商会造送各业摊课清册共 118 业,计税 9745618051 元。后经 1947 年 11 月 4 日召开复核委员会会议,按照财政局拟摊税额及商会摊课税额逐业审查,分期召集各业公会理事长列席商讨确认,计接受摊课确认税额者 88 业,共税 8017019796 元。② 至于其余 30 业,营业税局拟摊税额 1495517972 元,商会开会拟摊税额 1871594425 元,但这些行业因不愿接受摊课,经复核委员会决议由重庆市财政局依法查征(详见表 2-10)。

表 2-10 1947 年度重庆市秋冬季营业税未接受摊课应行查征各业一览

单位:元

业别	营业税局拟摊税额	商会拟摊税额	备考
毛毡	1215000	1215000	
陶器	9042360	9042000	
粮食	294088000	294088000	冬季一季税额
碾米	29700000	29700000	
汽车	9000000	27000000	
酒精	27000000	27000000	
竹器	16218000	16218000	
面食	69300000	138600000	
镶牙	2700000	2700000	
川烟	8000000	8000000	
出版	6750000	6750000	
电影戏剧	144000000	144000000	

① 《关于报送复核委员会复核各业冬季营业税情形的呈、指令》(1947 年 12 月 6 日),重庆市档案馆藏,全宗号:0053,目录号:2,案卷号:1380,第 17~25 页。
② 《1947 年度秋冬季营业税复核委员会核定接受摊课各业税额一览表》(1947 年 12 月),重庆市档案馆藏,全宗号:0053,目录号:2,案卷号:1380,第 19~23 页。

第二章　营业税征收制度的类型及其演进

续表

业别	营业税局拟摊税额	商会拟摊税额	备考
汽车修理	10500000	21000000	
鱼商	23250000	2916000	
药蚊香烟	5830000	2916000	
鸡鸭蛋	19200000	19200000	
饴糖	6840000	6840000	
第一区教育	16000000		商会未核摊
藤品	6400000	6400000	
纸炮	10000000	10000000	
仓库	30000000	30000000	
毛巾	16000000	16000000	
人力车	10000000	10000000	
盐商	55000000	55000000	
板车	10000000		商会未核准
电力公司	173500000	347000000	
自来水公司	70710000	145420000	
面粉	22000000	22000000	
第一区制药	16000000	16000000	
非会员商	377274612	436291056	
合计	1495517972	1871594425	

资料来源：《1947年度秋冬季营业税未接受摊课应行查征各业一览表》（1947年12月），重庆市档案馆藏，全宗号：0053，目录号：2，案卷号：1380，第23~25页。

至于1948年度重庆市营业税的征收，经参议会第七次大会议决，仍采用简化稽征原则办理。财政局参酌上年征收经验及考察该市商场情形，制定1948年度营业税征收办法：在春季拟照上年复核委员会决定各业冬季应缴数额增加一倍征收（约85亿元），即1947年冬季应纳10万元者，1948年春季即须缴纳20万元。财政局在致市政府的呈文中阐述了如此决策的三大理由：（1）就市库收入言，营业税依法系每三个月查定一次，春季营业税须于春季终了后始能查定，而营业税为本市最大收入，几占全年总支出之半数，若循此办理，本年一二三月经常政费势必无法支应；（2）就物价升涨言，目下物价除特殊者外，因四联停

123

止贷放，各项货价较去年冬季尚无剧烈变动，加以生活困难，一般购买力降低，各商店实际营业收入额增加不大；（3）就商场季节言，春季除元月商场营业情形较为畅旺外，二三两月适为淡季，除依法定税率较去年冬季增加一倍征收外，若对其营业收入额再予增加，则执行必多阻滞，影响库需。① 1948年度夏季营业税拟按春季三个月内物价指数及其销量核定应纳税额，其办理程序系先就各该业商店春季所纳税额依照物价增长情形加以估定，饬由各该业同业公会研究参考意见后，提交复核委员会最后核定，饬再由各商店依照核定税额依法分别填呈申报表以凭征收，其余秋冬两季即比照此种办法办理。

在摊课营业税的过程中，有行业因对所摊税额不满而退出，有的行业则因体会到摊课的好处而希望加入。如1947年度秋冬两季茶商业营业税金额为3000万元，分两次由同业公会垫缴，然后再分摊会员，但各会员税款先后缴纳不齐，以致延误了1948年度向财政局报送会员清册的工作，所以财政局将茶商业列入查征范围之内。后经该业公会一再申诉，财政局始终认为"该业税款清册报迟，未便更改"。茶商业公会并未放弃，转而求诸参议会，电请参议会转请财政局仍将该业列入课摊范围。茶商业公会之所以希望实行摊课是因为各会员已经深深体会到了摊课的好处："较之查征费时费事，便利多多，同时会员以去年摊课既省去查征麻繁，乐于课摊，今一旦变为查征，回忆昔日查账人员之刁难舞弊，不免拒绝将来查证人员。纵属清廉自好，亦难免误会。故课摊不特于会员省去麻烦，于财局亦称便利。"② 最终财政局将茶商业列入课摊范围。③

---

① 《关于拟定征收1948年春季营业税办法的呈》（1948年1月20日），重庆市档案馆藏，全宗号：0053，目录号：2，案卷号：1380，第26~31页。
② 《关于重庆市茶商业同业公会请仍将会员营业税列入课摊范围致重庆市财政局的公函》（1948年5月28日），重庆市档案馆藏，全宗号：0054，目录号：1，案卷号：345，第11~14页。
③ 《关于将三十七年营业税列入课摊范围的通知、公函》（1948年6月19日），重庆市档案馆藏，全宗号：0054，目录号：1，案卷号：346，第289页。

第二章 营业税征收制度的类型及其演进

二 上海市营业税简化稽征

为达到守法、便民、除弊、裕库四大目标，上海市财政局拟实行简化稽征，并制定有关规程草案，呈请市政府审核通过。经市参议会修正通过和财政部核准备案，上海市政府于1948年10月18日正式公布《上海市营业税简化稽征纲要》《上海市营业税简化稽征审查委员会组织规程》《上海市营业税简化稽征实施办法》，从而基本上确立了上海市营业税简化稽征的法律依据。

按照《上海市营业税简化稽征纲要》及其实施办法的规定，营业税简化稽征的关键是确定"纳税基数"。这里所说的"纳税基数"有两个：一是"各业纳税基数"，即实施前根据各业每季申报数或查定数，分别择其最适当之一季税额或最近一年之平均税额酌量决定其"纳税基数"；二是商号的"个别纳税基数"，"各业纳税基数"确定后，加入同业公会的商号，由各该公会按会员营业状况及以前报缴情形，就既定的"各业纳税基数"决定"个别纳税基数"，尚未加入公会之商号得由财政局比照办理之。[①] 为确定"纳税基数"及处理营业税简化稽征过程中的其他事宜，上海市政府制定了《上海市营业税简化稽征审查委员会组织规程》。根据规定，上海市营业税简化稽征审查委员会委员由市参议会代表、市商会代表、市工业会代表、市政府代表、社会局代表、财政局局长及财政局代表组成，每一出席单位人数以五人为限。该会的主要职能是"审查营业税各业单位应否准其参加简化稽征事项；审定及复查营业税简化稽征各业单位纳税基数及营业税税额等事项"。[②]

1948年10月20日，上海市财政局发布通告，宣布自秋季起实施营

[①]《上海市营业税简化稽征纲要》，《上海市政府公报》第9卷第19期，1948年，第360页；《财政局稽征1948~1949年度营业税简化实施办法》（1948年），上海市档案馆藏，档案号：Q202-1-110，第4~6页。

[②]《上海市营业税简化稽征审查委员会组织规程》，《航业通讯》第57期，1948年，第25~27页。

125

民国时期营业税制度的变迁

业税简化稽征,并决定简化稽征事项如下:(1) 以1947年秋冬至1948年春夏四季税额平均换算为本年秋季税额,再按八折折成金圆,即为1948年秋季纳税基数;(2) 根据纳税基数应缴之秋季税额及其计算方法,照计算表及说明办理;(3) 由本局根据决议之纳税基数,先照上项计算表计税饬缴,无论参加简化稽征与否,均应先行依限缴税款,再行依照规定办理;(4) 实施办法内容所订由商人计税自填缴款书,因本季不及照此办理,限令各商接到秋季缴款书后,从严依照税法规定于十日内一律缴清。①

由于新设商号或自1947年秋至1948年夏季期内有一季、二季或三季查无营业行为而不能平均换算,对于此种商号"纳税基数"的确定问题,上海市营业税简化稽征审查委员会于1948年11月23日举行第二次会议,做出明确规定:(1) 1948年秋季新设商号及呈报于该年秋季开业之商号一律先按申报营业计税饬缴,再行查定提会确定其个别纳税基数;(2) 在1948年春夏或1947年冬季开业及在1947年秋季至1948年夏季期间内有一季、二季或三季确无营业行为,经查明属实者,其无营业行为之一季、二季或三季,即比照全市各商号已报1947年秋冬、1948年春夏各季总税额相互之间之增减数字,予以比例推算,确定其秋季应缴税额,亦即为纳税基数。② 虽然上海市商会通告,参加简化稽征各业应于12月10日前"备文径向财政局申请",但仍有不少行业持观望态度,"未能如期向财政局申请"。市商会为此函请财政局将申请期限延后一个月,即展至1949年1月10日为止。③

在"纳税基数"确定后,其他各季营业税则在该纳税基数的基础上根据物价指数确定纳税增加倍数。上海市1948年度冬季营业税简化稽征纳税倍数,经上海市营业税简化稽征审查委员会决定,凡上年秋季

---

① 《上海市财政局通告自本年秋季起实施营业税简化稽征》,《金融周报》第19卷第17期,1948年,第29页;《营业税简化稽征限期申请参加》,《申报》1948年10月20日,第4版。
② 《商号缴纳营业税未满四季确定基数》,《申报》1948年12月14日,第4版。
③ 《参加营业税简征一月十日前申请》,《申报》1948年12月31日,第4版。

已参加简化稽征各业，冬季营业税按照原征额增加 7.2 倍，连同上年秋季共为 8.2 倍，尚未参加简化稽征各业概按 10 倍计算。① 至于 1949 年度春季营业税，上海市营业税简化稽征审查委员会第四次会议决议办法如下：(1) 以 1949 年春季三个月物价总指数平均伸算为春季应缴税额，即照 1948 年冬季所征税额 45 倍计算开征；(2) 春季开征营业税各商仍应于接到缴款书后十日内缴清，过期即为逾期，如逾期在十日内以上，即依法处罚，其在春季停业及新开商号仍应照实申报，以凭查定；(3) 春季开征营业税对于公共事业仍照旧用申报查定手续，规模宏大，制度健全之公司不参加简化者，亦照申报查定手续办理。②

三 简化稽征之得失

营业税简化稽征究竟是何种性质呢？有人将其视作"由商会及各业公会承揽包办"的包征制；有人指出简化稽征与包征及摊课绝然有别："盖从前之包征系包予一人或一团体，仅靠口头估计，毫无根据，故流弊实深，摊派系由征收机关直接摊定各户应纳税额，因在事前事后没有慎密之调查估计致而未能顾及各业之负担能力，若遇有不良税吏，极易发生中饱舞弊情事，简化稽征办法在事前既经调查估计税负；且其对象均直接及于每一纳税单位，商会公会等仅以第三者之身份列席于会。每单位对于税额之伸缩，均须取得各该商号主管征收机关及评议会之同意，故与包征制及硬性摊派完全不同。"③ 通过对重庆和上海营业税简化稽征的具体分析，我们发现，两地营业税简化稽征在确定应征税额的具体方式上有所不同，但其征收模式基本一致：先由财政当局根据政府预算，结合当地商业情形，与商

---

① 《去冬营业税稽征基数决定》，《申报》1949 年 1 月 18 日，第 4 版。
② 《上海市营业税简化稽征审查委员会第四次会议》(1949 年 3 月)，上海市档案馆藏，档案号：Q202 - 1 - 110，第 20 页；《春季营业税即日开征》，《申报》1949 年 3 月 9 日，第 4 版。
③ 许良容：《营业税征收方法之检讨：论简化稽征办法》，《市政评论》第 10 卷第 5 期，1948 年，第 15 页。

民国时期营业税制度的变迁

会、参议会等机关团体共同确定全年应缴税额，然后由市商会根据各业状况向各该同业公会分配税额（全业纳税基数），最后由各业同业公会向各商号确定应纳税额（个别纳税基数）。这具有团体包征的某些特性。但在缴纳税款时，并非由商人团体代为缴纳，而是各商直接向财政局缴纳，这又具有直接查征的某些特性。所以说，"简化稽征"并非包征和委托代征，也非完全意义上的直接查征，而是一种混合式的营业税征收制度，其核心是商人团体协助政府征税，即商人团体代替征税机关行使了查征过程中的查账和确定税额之职责。实际上，营业税简化稽征是政府在官征陷入困境下的无奈选择，其在实施过程中仍有不少问题，影响了简化稽征实施的效果，这主要表现为以下几个方面：

第一，征纳信息并不对称。根据税法规定，营业税是以营业额或资本额为课税标准，政府征收营业税的关键是确定各业商户的营业额和资本额，而要得知这两项税收信息，除了纳税人的自行申报外，政府还要派遣查征人员调查其账簿，尽量了解商号的经营实况，看其是否与申报税额相一致。这无疑是一个相当复杂的过程，实行起来非常困难，简化稽征则克服了这些困难。随之带来的问题是：政府放弃了查账。查账本是政府了解商业信息的最有效途径，因为实行简化稽征，政府不得不放弃查账。政府和税收稽征机关在不能完全掌握纳税人经营状况的情况下征税，很有可能造成两种结果：如果纳税人经营状况恶化，税负必定过重；如果纳税人经营状况好转，税负必定过轻，市库必定遭受损失。从实践情形来看，实行营业税简化稽征以后，征收机关与各商户失去直接关系，征收机关对于整个商业动态及商户营业状况无从查悉。正如重庆市政府在报告中所指出的："财政局对于各商户实际营业情形无从调查，商户异动无法控制；更以各公会对所属会员新开、歇业、迁移、顶让等多未具报，即使转报财政局，也往往事隔数月。税收损失莫此为甚。"①

---

① 《重庆市政府咨送营业税改为依法查征提案请予审议致参议会公函》（1948年7月24日），《中华民国工商税收史料选编》第5辑下册，第3836页。

第二章　营业税征收制度的类型及其演进

第二，税价联动难期合理。在恶性通货膨胀日益加剧的背景下，如以春季物价指数核定本年各季税额，待到秋冬各季物价又将上涨若干倍，而市府支出又须随物价增加而增加。如何实行税收与物价的联动是政府必须解决的问题。不同地方政府采取的方式并不一致。重庆市政府试图通过追加预算的方式减少物价上涨对税收收入的影响。这种追加预算需要经过参议会的审核，并要与商会洽商，其间可操作性较强，难以快速有效地实现税收的征收，决策成本较高，缓不济急，市库损失为数不赀。虽然营业税收入大幅增长，但很大程度上是恶性通货膨胀的结果，扣除物价因素，营业税收入实为负增长。重庆市政府曾向参议会提议将营业税改为查征，然这只是其一厢情愿而已。重庆市参议会通过决议，再次确认了营业税仍按总预算额同业分摊的办法征收，同时明确规定征收数额如需调整，应由市政府依法送请市参议会审议通过后才能办理。① 重庆市政府的营业税权力受到参议会的严格限制。这也就意味着追加营业税预算并非政府随心所欲的行为。

与重庆不同，上海采用增加纳税倍数的方式，但这种方式在税收与物价联动方面也难期合理，因为物价上涨以后，商家经营是否与之成正比例关系呢？对于有的行业确实如此，对于大多数行业而言，物价上涨会抑制需求，商业状况反而会大不如前。实行税收和物价指数的联动可能会减少政府的征税成本，但会造成某些行业税收负担过重。从上海市工业会各会员集中反映的情况来看，"所开应缴税款核与各该厂营业实收总额之相差达四与五倍之谱，若即尽将所有全部之收入缴纳改税尚不足以抵付，甚至不得抵付该税之半数，似此实不合征税原理"。上海市工业会指出："市财政局此次四月份之开征营业税办法，以按央行所开之物价指数八十五万九千倍稽核征收，在当局，是项措施虽似出于无奈，然在工商，惟力是视，而言如是限令遵行，实为强人所难，几置民

---

① 《〈中央日报〉有关重庆市参议会决议市营业税仍采按预算额同业分摊办法征收的报导》(1949年5月7日)，《中华民国工商税收史料选编》第5辑下册，第3837页。

129

民国时期营业税制度的变迁

命不顾,而当局之未能深知工商之现实困苦情状……本业营业衰落,各会员中正深加忧,故确非只凭人云亦云,即为纳税应尽之义务,要以实事求是、纳税平衡为征税之准则,暨据各会员一致赓续直陈,自不得不再转陈电请钧会仰祈鉴赐,迅予转咨市财政局对此四月份开征营业税办法一节,重新考虑。"①

第三,简化稽征并不简易。政府实行简化稽征,其目的在于求得征收手续简易,既便利商民,又节省征收费,但实际情形适得其反。正如刘义方所言:"征收机关向商会摊课税款总额,既有参议会之决议,不会争持延误时日。商会向各业公会分别摊课,皆以本身利害关系,互争多寡,极难求协调。迨至各业公会分别摊课时,问题更大,均欲减轻税额,致纠纷迭起,又延误时日。经若干时间摊额确定后,始由各业公会造具纳税人清册,送由征收机关核填通知书,再由纳税人将税款径送征收机关,缴送至公会,由公会汇送征收机关,再由征收机关汇解公库。此种征收手续既费时间,又易起纠纷,堪称复杂困难。"② 营业税简化稽征旨在减少征税成本,提高征税效率,却未能顾及税收公平原则。政府将部分征税权力下放至商会及同业公会,由其采用摊派方式确定应纳税额,在此过程中,公会理事长有决定所属各会员摊派税款数目多寡之权,而各同业公会负责人往往感情用事,并无合理标准,故难以真正做到负担公平。一般来说,同业公会对富商大贾多设法减轻税额,对无权无势的小本商人反而加重摊课。有的厂商为减轻税额主动参加公会,同业公会亦可借摊课之机扩大和健全组织。所以说,营业税简化稽征演变成为同业公会内部权力斗争的工具。

总的来说,随着全面内战的爆发和扩大,国统区政治经济环境日益恶化,地方政府的税收控制力不断弱化。在商人团体和参议会的推动

---

① 《上海市工业会会议记录及同业公会要求核实征税的文件》(1948~1949年),上海市档案馆藏,档案号: Q202-1-110,第35页。
② 刘义方:《重庆营业税征收制度之检讨》,《四川经济汇报》第1卷第2期,1948年,第15页。

第二章 营业税征收制度的类型及其演进

下,地方政府将营业税由官征改为简化稽征,在实施过程中,纳税人通过各业同业公会、商会及参议会表达其诉求,对营业税征收形成制约,以致征纳矛盾尖锐,税收纠纷不断。不仅如此,各业同业公会之间也有借摊课而附加会费或其他捐款的现象。更为严重的是,自营业税实行简化稽征后,查账制度被废除,政府完全处于信息不对称的地位,根本无法直接了解纳税人的真实情形。营业税实行简化稽征不仅未能实现增加财政收入的目的,反而造成营业税权力的进一步流失,地方政府的权威也受到严重挑战。[①]

小　结

营业税征收制度主要有官征制、包征制、代征制、简化稽征四种类型。民国时期营业税征收制度的演进,大致经历了由商人团体包征和代征大行其道,到逐渐由政府收回税权,实行直接官征为主,再到简化稽征的过程。这几种征收制度各有利弊。官征制最为严密,手续最为繁杂,因为要设置征税机构和人员,所以征税成本较高。相对而言,包征制和代征制不设或设置少量人员和机构即可,征税成本较低。成本与风险往往成反比例关系。从风险的角度看,官征风险较小,因为政府通过详细调查,掌握商界经营实况,并据此征收税款;在包征和代征制度下,政府出让部分征税权力,但能否征得稳定税款则非政府所能掌控。就税收制度的规范性而言,官征是在既定法规的范围内征税,而包征、代征往往超越税法,无益于国家税收制度的长远发展。实际上,任何一种新制度的建立都不是一蹴而就的,也不全部表现为一刀切的齐头发展,其间出现一些"反复"是可以理解的,只要主流和发展趋势是向

[①] 柯伟明:《营业税与民国时期的税收现代化（1927~1949）》,博士学位论文,复旦大学,2013。

民国时期营业税制度的变迁

上的,那么这种制度就算收到成效。从营业税征收制度的发展变化来看,南京国民政府时期工商团体取代私商成为包税的主要力量;随着国民党政权的巩固,全国财政逐步统一,政府税收控制力得到加强,废除包税制和代征制的呼声愈加强烈,官征制成为营业税征收制度发展的趋势。在现代社会,政府对什么征税,怎样征税,征多少税,均须在法律的框架内进行,即所谓的"依法征税"。营业税官征制正是一种以既定税法为准绳的征税制度,而包征、代征和简化稽征均是政府与其他个人或单位达成某种协议的"法外"征税模式。从根本上讲,这种"法外"征税模式与现代税收的法律性本质是背道而驰的。但是,事物的存在往往有其合理性。包征、代征、简化稽征之所以能够存在,并弥补官征之不足,可以说是西方现代营业税制度适应中国国情的结果,这同时显示出传统税收制度中的某些因素在现代税收制度中仍有很强的生命力。[①]

[①] 柯伟明:《在传统与现代之间:再论南京国民政府时期的营业税征收制度》,《中国经济史研究》2013年第4期。

第三章

营业税的征管激励机制及其运用

民国时期，如何对征纳双方进行有效的管理，是摆在政府和财政当局面前的一个重要问题。在管理学中，激励机制是通过一套理性化的制度来反映激励主体与激励客体相互作用的方式，其可分为正激励（奖励）和负激励（惩罚）两种类型。① 事实上，激励机制在民国时期的税收实践中得到了广泛的运用，并取得不错的效果。② 就营业税而言，中央和地方政府在制度建设的过程中，逐步建立了一套征管激励机制，一方面制定了严格的处罚规定，对纳税人各种违法行为起到警示作用；另一方面从罚金和经费方面对征管人员进行激励，同时实行严厉的考核制度。

第一节 处罚制度及其运用

为对纳税人的违法行为起到警示作用，一般税收法律法规中都会有

---

① 正激励指当一个人的行为符合组织的需要时，通过奖赏的方式鼓励这种行为，以达到持续和发扬这种行为的目的；负激励指当一个人的行为不符合组织的需要时，通过制裁的方式来抑制这种行为，以达到减少或消除这种行为的目的。参见周文霞《管理中的激励》，企业管理出版社，2003。
② 柯伟明：《民国时期税收征管激励机制研究》，《兰州学刊》2017年第6期。

民国时期营业税制度的变迁

相关的处罚规定。民国时期，随着营业税立法进程的推进，处罚制度也逐步建立。1914年7月，袁世凯批准公布的《特种营业执照税条例》规定，无照营业或未换执照者，处以应纳税额3倍罚金；未按规定悬挂执照及违抗文书、账簿等件检查者，处以5~50元罚金；抗税及抗纳罚金者，停止营业或封闭店铺。① 该条例主要对"无照营业""未换执照""未按规定悬挂执照""违抗文书、账簿等件检查"等行为做了相应的处罚规定，而且所处罚金相当之高，甚至远远超过了应纳税额，其目的在于迫使纳税人严格按照既定法规缴纳税款。由于当时营业税制度在中国属于初创，许多制度设计尚处于探索阶段，所以此项处罚规定也只是一种尝试而已。至1925年，北京政府财政部拟定的《普通营业税草案》规定，"营业税缴税时期，每年分为两季缴纳，如逾法定时间，则以匿报抗税论"；"营业不照法定呈报，资本以多报少者，一经调查告发者，则按其税额加倍科罚"。② 该项草案重点对"逾法定时间（缴税）""资本以多报少"等行为加以处罚，但对处罚力度并未有明确规定。

北京政府时期，江苏省政府为充实地方教育基金，筹办卷烟营业税，制定了《江苏上宝区卷烟营业税征收局暂行简章》。根据暂行简章，"不遵征收卷烟营业税暂行简章纳税者"，除令纳税或补税外，处罚如下：初犯者，处以1~50元罚金；再犯者，处以10~100元罚金；违犯二次以上者，处以30~500元罚金。"不服稽征员查验者"，除责令遵照规定手续办理外，处罚如下：初犯者，处以50~500元罚金；再犯者，处以100~700元罚金；违犯二次以上者，处以200~1000元罚金。③ 该项处罚规定的一个显著特点是，根据违犯次数的增加而不断加大处罚力度，以打击那些屡次违犯征收规则的纳税者，这也为后来不少地方政府制定营业税罚则提供了一个很好的范本。

---

① 《特种营业执照税条例》，《时事汇报》第7期，1914年，第142页。
② 《财部新拟普通营业税草案》，《银行周报》第9卷第40期，1925年，第29页。
③ 《上宝区开征卷烟营业税布告》，《申报》1924年1月23日，第13版。

第三章 营业税的征管激励机制及其运用

南京国民政府成立以后，相继开征统税、营业税等新税，也制定了相应的处罚规定。由于统税的课税对象差异较大，所以财政部分别制定了《麦粉税处罚章程》《火柴查验处罚章程》《棉纱统税处罚章程》《水泥统税处罚章程》《熏烟叶稽征处罚规则》等处罚章程。不同税种的罚则对违法纳税人的处罚力度有所不同。1929年财政部公布的《卷烟漏税处罚暂行章程》对各种漏税行为，视其情节轻重，分别处以"没收充公""罚款""停止给照""送法院讯办"等处罚，其中最高按照烟价30倍处罚。[①] 就营业税而言，1928年7月，全国裁厘委员会会议制定的《各省征收营业税办法大纲》规定，营业税每三个月征收一次，凡滞纳者每逾限一个月加收十分之一，以加至十分之三为止；逾三个月仍不照纳者，处以5~50元罚金。[②] 因为营业税已经确定划归地方收入，所以该项大纲只对逾限纳税做了处罚规定，至于其他违规行为的处罚，有待各省市政府自行酌定。

全国裁厘委员会会议后，浙江省政府除拟定营业税征收规则外，还专门制定了《浙省营业税暂行罚则草案》。该项草案的主要内容有：（1）无照营业或应换照而未换者，除责令补领营业牌照外，初犯者处以1~10元罚金，再犯者处以10~20元罚金，违犯二次以上者处以20~30元罚金；（2）以多报少者，除责令补缴税款外，初犯者处以应征税额1~3倍罚金，再犯者处以应征税额3~5倍罚金，违犯两次以上者处以应征税额5~10倍罚金；（3）隐匿不报者，除责令补缴税款外，初犯者处以应征税额3~5倍罚金，再犯者处以应征税额5~10倍罚金，违犯两次以上者处以应征税额10~15倍罚金；（4）更换账簿者，除责令补缴税款外，初犯者处以应征税额5~10倍罚金，再犯者处以应征税额10~15倍罚金，违犯两次以上者处以应征税额15~20倍罚金。[③] 该

[①] 《财政部公布卷烟漏税处罚暂行章程令》（1929年10月3日），《中华民国工商税收史料选编》第3辑下册，第2267~2270页。
[②] 《各省征收营业税办法大纲》，《财政公报》第12期，1928年，第88页。
[③] 《浙省营业税暂行罚则草案》，《银行周报》第13卷第22期，1929年，第19~20页。

135

罚则草案主要对纳税人"无照营业或应换照而未换""以多报少""隐匿不报""更换账簿"四种违法行为进行处罚,除第一种处以定额罚金外,其余三种均是以应征税额的倍数计算,根据纳税人违犯次数多少处以相应的罚金,其中对伪造账簿者的处罚最重。

　　1931年1月,南京国民政府正式宣布裁厘以后,各省市政府纷纷制定征收营业税条例草案,呈请财政部核准后施行。1931年2月3日,江苏省政府委员会第370次会议决议通过的《江苏省营业税处罚暂行规则》,与浙江省政府此前所订营业税罚则如出一辙。① 1931年3月,经财政部修正公布的《江苏省征收营业税条例及施行细则》规定,"营业者对于每月应纳税额,逾限一月以上不缴者,加收滞纳罚金十分之二;三月以上不缴者,得停止其营业,仍追缴税款及滞纳罚金"。② 1931年6月,北平市政府公布的《北平市征收营业税处罚章程》规定,对逾限不缴纳税款者,加收滞纳金,"逾限一月以上不缴者,加收正税十分之一;逾限二月以上不缴者,加收正税十分之二;逾限三月以上不缴者,停止营业,仍应缴齐正税及前项滞纳罚金"。③ 1931年8月,上海市政府修正公布的《营业税处罚规则》与浙江类似,但对滞纳金做了进一步规定:"营业者每季应纳税款,如逾限一月以上不缴者,加收滞纳罚金十分之一;二月以上不缴者,加收滞纳罚金十分之二;三月以上不缴者,得吊销营业税调查证,仍追缴税款及滞纳罚金。"该罚则同时规定,"因滞纳营业税而吊销营业调查证者,非将税款及罚金缴清,不得复领上项调查证;被罚者对于所科罚金,遇有抗不遵缴时,得由该管征收机关交当地公安局区所执行,或呈请财政局核办"。④ 开征营业税之初,不少商家借故逾限不缴纳税款,给征收工作带来诸多阻碍。为

---

① 《江苏省营业税处罚暂行规则》,《江苏省政府公报》第659期,1931年,第5~6页。
② 《财部修正苏省营业税条例》,《申报》1931年3月26日,第8版。
③ 《北平市征收营业税处罚章程》,《市政公报》第99期,1931年,第29~30页。
④ 《征收营业税处罚规则》,《申报》1931年8月5日,第13版;《征收营业税处罚规则》,《钱业月报》第11卷第9期,1931年,第2~3页。

第三章 营业税的征管激励机制及其运用

了堵住漏洞，各省市政府在制定罚则时，对逾限不缴税者处以一定罚金，逾限时间越长，处罚力度越大，超出一定期限，甚至停止其营业。

表3-1 广州市商店逾期申报罚款标准

单位：元

应纳税额	逾期四天	逾期七天	逾期十天及以上
10元以下	免	2	4
10~49	5	7	10
50~99	6	10	14
100~299	8	14	20
300~599	10	18	26
600~999	12	24	36
1000元以上	15	35	50

资料来源：根据《布告核定商店逾期申报罚款标准表仰周知文》（1931年），广东省财政科学研究所、广东省立中山图书馆、广东省档案馆编《民国时期广东财政史料》第2册，广东教育出版社，2011，第209页编制。

1931年，广东省政府筹办开征营业税，制定征收章程并公布施行，但广州各商拒不申报。广东省财政厅为此制定《广州市商店逾限申报罚款标准办法》，对逾期申报商店处罚标准做了明确规定。与浙江、江苏、上海等地有所不同，广州市商店逾期申报罚款标准分"逾期四天""逾期七天""逾期十天以上"三种，根据应纳税额多寡，处以相应的罚款，如应纳税额10~49元，逾期四天罚款5元，逾期七天罚款7元，逾期十天及以上罚款10元；如应纳税额100~299元，逾期四天罚款8元，逾期七天罚款14元，逾期十天及以上罚款20元；如应纳税额1000元以上，逾期四天罚款15元，逾期七天罚款35元，逾期十天及以上罚款50元（见表3-1）。但该项罚款标准公布后未能取得明显成效。据广州市营业税第一区主任刘友豪反映："各区所余未申报者，前来申报，仍属寥寥无几……更有经区三令五申，苦心劝导，仍然置若罔闻。"有鉴于此，广东省财政厅公布了《广州市商店逾限申报罚款标准补充办法》，加重逾限申报的处罚力度。根据规定，逾限在15天内者，

137

民国时期营业税制度的变迁

仍照罚款标准分别办理；在25天内者，加一处罚；在35天内者，加一五处罚；在45天内者，加二处罚；在60天内者，加四处罚；在70天内者，加六处罚；超过70天者，停止营业。①

在山东，各商号对申报领证、缴税记账等手续，"或避重就轻，或延宕取巧，倘不稍示惩戒，势必群起效尤，于税务前途，殊多窒碍"，财政厅为此拟定商号违章惩戒办法。根据规定，"遇有违犯定章商号，自应发觉之月起至翌年改定税额之月止，将该商原定税额增加一至三成"。②也就是说，山东省财政厅希望通过增加税额来提高商人的违章成本。1932年4月公布的《江西省营业税征收章程》除对偷漏税款等行为处以一定罚金外，还对逾限纳税者加收滞纳罚金。根据章程，营业人如有偷漏税款、不请领或不换领营业税调查证、记载不实等行为，除责令补税或领证外，并处以所漏税额5～10倍之罚金；营业人对于应纳税款，逾限一月以上加收滞纳罚金十分之一，逾限二月以上加收滞纳罚金十分之二，逾限三月以上得停止其营业，仍追缴滞纳税款。③

箔类品是江苏、浙江两省一种重要而特殊的商品，两省对于箔类营业者征收营业税有别于一般行业，而且专门制定了箔类营业税处罚规则。根据规定，不请领营业税调查证擅自营业者，处以5～50元罚金；应换调查证而不请换者，处以3～30元罚金；营业额数隐匿不报或未经照章完税领单私自运销者，除责令补税外，处以应纳税额5～20倍罚金；以多报少或税单与发货票数目不符者，除将少报之数责令补税外，处以应纳税额5～10倍罚金。④与普通营业税罚则相比，箔类品营业税的处罚力度较

---

① 《布告核定商店逾期申报补充办法及延不遵罚办法仰周知文》，《民国时期广东财政史料》第2册，第210～211页。
② 《本厅拟具商店违章惩戒办法呈奉照准印发各营业税局及兼办营业税县长遵照》，《财政旬刊》第7卷第8期，1933年，第4～5页。
③ 《江西省营业税征收章程》（1932年4月），《中华民国工商税收史料选编》第5辑上册，第1342页。
④ 《江浙两省征收箔类营业税处罚规则》，《浙江财政月刊》第4卷第6期，1931年，第21～22页。

第三章 营业税的征管激励机制及其运用

重，且没有区别初犯、再犯或多次违犯，一经查实即处以重罚。

各省市营业税罚则并非固定不变，而是根据实际情形不断调整。1932 年，浙江省政府修正营业税处罚规则。根据规定，未经请领营业税调查证私自营业或应换证而不换者，营业资本以多报少或隐匿不报者，伪造账簿记载不实者，处以所漏税额 5~10 倍罚金；营业税调查证遗失或损坏时不呈请补换者，变更营业而不呈报换证者，处以 5~30 元罚金。[①] 表 3-2 为 1934 年度浙江省各县局各种营业税罚金滞纳金实收数比较表，其中，普通营业税滞纳金 535.394 元，罚金 45910.228 元；牙行营业税滞纳金 1289.050 元，罚金 10937.200 元；典当营业税滞纳金 20.000 元，罚金 37.500 元；屠宰营业税滞纳金 24.010 元，罚金 179.900 元；烟酒牌照税滞纳金 7415.340 元，罚金 337.140 元。由此可见，浙江省各县营业税机关对于各商违章行为绝不姑息，按照罚则规定处以一定罚金和滞纳金。

表 3-2 1934 年度浙江省各县局各种营业税罚金滞纳金实收数比较

单位：元

类别	滞纳金	罚金
普通营业税	535.394	45910.228
牙行营业税	1289.050	10937.200
典当营业税	20.000	37.500
屠宰营业税	24.010	179.900
烟酒牌照税	7415.340	337.140

资料来源：根据《浙江省二十三年度各县局各种营业税罚金滞纳金实收数比较表》，《浙江财政月刊》第 9 卷第 7~9 期合刊，1936 年，第 81 页编制。

1936 年 3 月，四川省政府公布的《四川省营业税征收章程》对不同类型的违章行为做了相应的处罚规定：(1) 不遵定章呈报领证

[①] 《修正浙江省征收营业税处罚规则》，《浙江省政府公报》第 1543 期，1932 年，第 1 页。

139

民国时期营业税制度的变迁

及不遵填循环单或应换证而不换，不遵用规定账簿者，除责令呈报及遵用外，并处以 1~10 元罚金；（2）抗不呈报领证或抗拒调查者，除强制执行外，并处以 5~20 元罚金；（3）隐匿不报或申报不实及伪造证据希图漏税者，除责令缴足外，并处以应补税额 2~5 倍罚金，其伪造部分并须送交司法机关依法办理；（4）因歇业改组或顶盘之营业，未遵照规定期限呈报核准有案或延不清缴税款，将旧证转让或借与他人者，除欠缴税款照章程规定办理外，并依前两条条款罚级酌予处罚。① 值得注意的是，《四川省营业税征收章程》规定，"营业人抗不缴纳或有煽惑、迫协、聚众要挟之行为时，除停止其营业，勒缴税款外，并送交司法机关依法办理"。② 事实上，在营业税征收过程中确有不少抗税案件，对于这些违法抗税行为，政府予以严厉打击。1936 年 12 月，四川省宜宾县商会主席刘叔光和委员杨克新带人捣毁营业税分局，使税局遭受了严重损失。宜宾发生的"捣毁营业税局案"令四川省政府和营业税总局极为震怒，命令该区专署严为查究，最终对此案拟定处置办法，其主要内容有：通缉商会主席刘叔光和委员杨克新；责令刘、杨二人赔偿局内一切损失；改选宜宾商会；解散商训班。③ 其中，赔修房屋、油漆、器具、文具现金、小工衣具，总金额为 2913.437 元（详见表 3-3）。1937 年 11 月 2 日，四川省自贡县也发生了捣毁营业税办事处的恶性事件。④ 事后营业税局内江分局对此案拟定了处理办法："呈请省政府电饬驻军及警察局负责缉办"，"责成自贡市商会及罢市米商对所有被捣毁的物品和损失赔偿"。⑤

---

① 《四川省营业税征收章程》，四川省政府财政厅秘书室编《四川省现行财政章令汇刊》，四川省政府财政厅，1938，第 27 页。
② 《四川省营业税征收章程》，《四川营业税周报》第 1 卷第 1 期，1937 年，第 37 页。
③ 《宜宾营业税纠纷，总局拟定六办法》，《新新新闻》1937 年 1 月 9 日，第 6 版。
④ 《征营业税起风波，自井营业税局昨被捣毁》，《新新新闻》1937 年 11 月 3 日，第 5 版。
⑤ 《自贡一税局办事处捣毁后解决办法》，《新新新闻》1937 年 11 月 21 日，第 6 版。

第三章 营业税的征管激励机制及其运用

表 3-3 宜宾县赔修营业税分局各项用费

类别	金额(元)	备注
第一项：房屋	723.205	修营业税局全院泥木、石工及木料等用费
第二项：油漆	134.800	油漆全院门窗户壁用费
第三项：器具	955.432	柜窗及锅炉等用费
第四项：文具现金	1000.000	一切文具现金损失
第五项：小工衣具	100.000	小工损失、衣物鞋帽等
合计	2913.437	

资料来源：根据《宜宾县赔修营业税分局各项用费总册》（1937年5月），四川省档案馆藏档案，全宗号：59，案卷号：4211，第25页编制。

抗战全面爆发后，东南沿海地区相继沦陷，中央和地方财政均受到严重影响，许多省市政府为增加税收收入和弥补财政赤字，纷纷修订营业税罚则，加大处罚力度。1937年9月，为防范各商偷漏税，四川省营业税局特拟定《预防各工商户逃避税款办法》。根据规定，"凡属新旧商店，不论其资本及营业如何，均令觅取房主保结或殷实铺保担负，嗣后若有暗自搬迁逃逸等事发生，及悬欠至二月以上税款不缴，即饬该房主及其他铺保等负责清缴税款，以重税收"。① 要求营业者提供担保是税务当局在抗战的特殊历史条件下防止各工商户借故逃避税款、稳定税源的有效办法。1937年10月，四川省政府公布的《四川省营业税非常时期暂行办法》规定，"所有应征税款，限于奉到征收机关所发通知单，于五日内缴纳清楚，如逾期未缴，加收滞纳金十分之一；逾期十日者，加收滞纳金十分之二；逾期十五日者，加收滞纳金十分之三；逾期二十日者，加收滞纳金十分之四；逾期二十五日者，加收滞纳金十分之五；逾期三十日以上者，得停止其营业，仍追缴应完之税款"。② 该办法同时规定，"不遵定章呈报及不填循单，或不遵用规定账簿及不立账

---

① 《预防商民逃避税款》，《四川经济月刊》第8卷第5期，1937年，第8页。
② 《四川省营业税非常时期暂行办法》，《四川营业税周报》第1卷第1期，1937年，第40~41页。

141

簿,或抗拒调查者,除强制执行外,并斟酌情形处以一元以上一千元以下罚金,如违犯刑法时,并送请法院判罚;隐匿不报,或申报不实,或伪造证据,希图漏税,或有其他违反本章程之事项者,除责令遵章办理外,并处以应补税额一倍以上十倍以下罚金"。① 1938年,浙江省政府委员会会议决议通过了《修正江浙两省箔类营业税处罚规则》。根据规定,箔类营业者,对于营业额数隐匿不报,或未经照章完税领单私自运销者,除责令补税外,处应纳税额3倍以上20倍以下罚金;箔类营业者,对于营业额数以多报少或税单与货票数目不符者,除将少报之数责令补税外,处以应纳税额3倍以上10倍以下罚金;箔类营业者于报税后运出时,带票绕越稽查处所,企图一票两用者,处以应纳税额2倍以上5倍以下罚金。② 1938年7月,浙江省政府公布修订的营业税处罚规则,对抗不遵缴罚金行为做了严厉的处罚规定:"被罚者对于所科罚金,遇有抗不遵缴时,得由当地行政机关传案押缴,强制执行,或封货备抵。"③

1941年6月,财政部在重庆召开第三次全国财政会议,会上各代表围绕改革营业税征收管理制度展开热烈讨论,如何控制各种偷税漏税行为是各代表关注的重要问题。原订营业税法主要针对开设店铺、贩运货品以谋利的商业征税,对经营临时买卖的商人并无征收营业税的规定。有代表认为,"行商既有交易行为,自应视同普通营业商户,课以营业税,方为合理。且此种行商为数颇多,获利亦巨。若不开征营业税,不惟独得逃税,有失平允,且易假借名义,以图漏税,影响浅鲜"。代表周介春提出对行商征收营业税的办法:"行商贩运货物到达销地,应即向当地营业税征收机关将所运货种类、数量及下落行店报明登记,以凭查考";"对于介绍代理业施以统制,责令代行商报纳营业

---

① 《四川省营业税非常时期暂行办法》(1937年10月),四川省档案局(馆)编《抗战时期的四川——档案史料汇编》(下),重庆出版社,2014,第1291~1292页。
② 《修正江浙两省箔类营业税处罚规则第三条第四条条文》,《浙江省政府公报》法规专号第2期,1938年,第140页。
③ 《修正浙江省营业税处罚规则第七条第八条第九条条文》,《浙江省政府公报》第3091期,1938年,第24页。

第三章 营业税的征管激励机制及其运用

税";"介绍代理业代客买卖,应专立账簿,据实登载,以便随时稽核"。① 各商偷税漏税猖獗,除征收管理不严外,处罚力度偏弱,无法起到警示作用也是一个重要原因。彭若刚代表提出了加大对偷税漏税行为惩处力度的具体办法。其中,对坐商违法行为的处罚规定有:不遵定章设立账簿及逾期不将所用账簿送所属征收机关盖钤者,处以 5~30 元罚锾;不领或不换调查证者,处以 5~30 元罚锾;原设商号及新设商号逾期不向征收机关呈报营业或不服征收机关调查者,处 10~50 元罚锾;隐匿簿据或伪造账簿凭证者,除责令补税外,并处以短缴税款部分 1~5 倍罚锾;暗设商号隐匿不报希图漏税者,除责令补税外,并处以漏税部分 1~5 倍罚锾。对行商的违法行为的处罚规定有:隐匿单据或伪造凭证者以及隐匿不报或不服调查者,除责令补税外,并处以短缴税款或漏税部分 1~5 倍罚锾。② 许多建议在修订《营业税法》时得以采纳。1942 年直接税处接管营业税以后,各级经征机关按照税法规定,严厉处理各种违章漏税案件。表 3-4 为 1943 年 1 月财政部重庆市营业税处违章漏税案件统计情况,由该表可以看到,义华机器厂等商号补税金额为 149403.85 元,处罚金额为 13269.91 元。虽然罚金税额不大,但这反映出征收机关严厉执行的决心。

表 3-4 1943 年 1 月财政部重庆市营业税处违章漏税案件统计

单位:元

商号	补税金额	处罚金额	备考
义华机器厂	19167.36	1000.00	未遵章呈报
元一贸易行	60742.18		补税免罚
□金水	5850.45	5850.45	
□芝峰	875.93	875.93	

---

① 《拟请明订行商营业税征收办法以均负担而裕税源案》,《第三次全国财政会议汇编》,第 147 页。
② 《征收营业税应规定罚锾办法案》,《第三次全国财政会议汇编》,第 151 页。

民国时期营业税制度的变迁

续表

商号	补税金额	处罚金额	备考
曹志湘	3000.00	3000.00	
达昌商行	24670.82		补税免罚
广庆号	6821.47		补税免罚
广渝号	14825.89		补税免罚
惠记字号	2421.75	2421.75	
福永通铜器店			交调查科查征
文化餐厅			交调查稽征两科核议
德新杂货店			交调查科查征
盛记建筑公司	168.00	121.78	豁免罚金46.22元
人和渝号	8160.00		补税免罚
现代广告社	2700.00		补税免罚
刘春杨			交查征所查征
合计	149403.85	13269.91	

资料来源：根据《财政部重庆市营业税处三十二年一月份违章漏税案件统计表》，《重庆营业税月报》第1卷第1期，1943年，第35页编制。

抗战胜利后，随着国家与地方财政收支体系的改革，营业税划归地方征收，不少地方政府也纷纷调整营业税罚则。1946年11月，上海市财政局接办营业税之初，为给各商号改过自新的机会，特规定"免予处罚"办法两项：(1) 1946年6月底前，于上年冬季或本年春夏两季漏未申报营业的商户，限于11月15日以前据实补行申报，得免处罚；(2) 1946年6月底前已申报的各商户，如其申报未尽真实者，得准于11月15日前自动重报，可免予处罚。① 该办法公布后，"依限补行报缴者为数甚多，而未经报缴者亦复不少"，而且"各税商纷纷申请展限申报"。为体念商困，上海市财政局于1947年1月发出布告：

---

① 《下半年度营业税四日起开始申报》，《申报》1946年11月3日，第5版。

第三章 营业税的征管激励机制及其运用

查本市营业税划归本局接办以来，曾经通知各税商，如有三十五年夏季以前欠缴或漏报营业税，限于三十五年十一月十五日前自动申报，不予处罚。原于欠漏税商予以自新之机会，税商应知政府体恤之意旨，自不得再存观望。兹查依限补行报缴者为数甚多，而未经报缴者亦复不少，并据各税商纷纷申请展限申报到局，本局为再行体念商困，姑曲徇所请，各税商如有欠缴或漏缴三十五年夏季以前营业税，统限于本年元月三十一日前补行报缴，如再逾限不报，定予照章严处，决不姑宽，幸勿观望……凡尚未接得空白申报表者，希速来本局营业税科领取。至三十五年秋季营业税，如接有该管税捐稽征处送达申报表者，应于收到报表后五日内申报。如迄未收到申报表者，应即向主管稽征处请领，亦限于本年二月五日前填报，原处不得稽延，致干惩处。除分行外合行布告周知。①

在内战期间，国统区经济持续恶化，通货膨胀日益加剧，原有罚锾金额因法币贬值已无法起到警示作用。1948 年 8 月 26 日，国民政府颁布的《整理财政补充办法》第四项丙款内规定："凡规定罚金、罚锾之法律，原不适用罚金罚锾提高标准条例之规定，一律以其所定金额，按其公布时之全国趸售物价指数与三十七年八月上半月之全国趸售物价指数之比例调整后，再依规定折合金圆处罚。"② 财政部据此将《特种营业税法》《交易所税条例》《货物税条例》《营业税法》《遗产税法》等法规的罚锾进行调整并折合金圆征收。其中，1946 年 5 月公布的《特种营业税法》第十八条规定"法币罚锾 5 万元以上 10 万元以下改为金圆 4 元以上 8 元以下"；第二十条规定"10 万元以上 20 万元以下改为金圆 8 元以上 15 元以下"；第二十一条规定"5 万元以上 30 万元以下

---

① 《上海市财政局布告》，《申报》1947 年 1 月 26 日，第 3 版。
② 《财政部抄发特种营业税等原定罚锾金额改收金圆的训令》（1948 年 10 月 18 日），《中华民国工商税收史料选编》第 5 辑上册，第 509 页。

改为金圆4元以上23元以下"。① 经此调整之后，营业税惩罚力度才与币值的变化基本一致。

随着政治与社会经济形势的变化发展，原来颁布的《营业税法》已经难以适用，财政部为此拟具修正草案送呈行政院，行政院于1948年12月22日召开政务会议讨论，通过后送立法院审议。其修正罚则主要有以下几处："牙业行栈代扣代缴行商营业税，如不依照规定扣缴者，除限期责令赔缴外，并处以所漏税额三倍至六倍之罚款"；"现行营业税法第十八条至二十六条，皆属罚款规定，兹以币制改为金圆本位，法币罚款应行修正"；"现行营业税法第二十五条规定，营业税罚款由法院以裁定行之……拟将罚款滞纳金及停业处分改由市县政府执行，但滞纳税款在三十日以上仍不缴纳者，则规定由司法机关追缴之"。② 可见，此次修正《营业税法》除提高行商漏税罚款倍数及将罚款币制改为金圆券外，还对违法裁定机关做了调整，这主要考虑到法院的民事、刑事等诉讼繁多，对营业税罚款往往难以迅速裁定，反而造成商人玩忽纳税，影响政府税收收入甚巨。

第二节 罚金提奖与经费坐扣

尽管中央和地方政府均制定了严厉的罚则，但在营业税征收过程中，仍有不少商人罔顾法令，以致种种违法行为屡见不鲜。征税机关依照有关法规予以处罚，由此产生了一定的罚金。对罚金进行合理分配是激励税务人员的一种重要手段。实际上，在营业税制度建立过程中，各省市对罚金分配均有明确规定，但对于罚金提奖比例则有所差异，主要有以下三种类型：一是五五分成，即从罚金提出五成给奖，五成归公。

---

① 《特种营业税法等原定罚锾金额改收金圆表》（1948年），《中华民国工商税收史料选编》第5辑上册，第510页。

② 《营业税法修正草案，政务会讨论通过》，《申报》1948年12月23日，第2版。

第三章　营业税的征管激励机制及其运用

1931年6月，河南省政府公布的《河南征收营业税处罚规则》规定，"所科之罚金，无论为征收机关人员查出，或由局外人之举发，均得就罚金内提出五成奖给，其余五成随正报解"。① 1932年9月，江苏省财政厅修正后的《江苏省营业税暂行章程》规定，"所科之罚金，无论为营业税局查出，或由局外人之举发，均得就罚金内提出五成给奖，其余五成随正报解"。② 二是四六分成，即从罚金提出四成给奖，六成归公。1931年7月，青岛市政会议通过的《青岛市征收营业税处罚规则》规定，"罚款以六成归公，四成分别给奖"。③ 三是三七分成，即从罚金提出三成给奖，七成归公。《河北省营业税征收规则》规定："罚金内以七成解库，三成提奖；如系被人举发者，得由原机关所留三成内，提一半奖给举发人。"④ 一般罚金提奖比例越高，对征收人员的激励作用越大，有的地方为了增加激励不得不调整奖金分成比例。湖南省各机关罚款一项原以七成解库三成提奖，后经各营业税局局长提请"将罚金提奖成数酌予变通，借资鼓励……援照前统税局成案，以五成解库，五成提奖"。⑤ 各省市政府和财政当局根据自身实际情况制定罚金提奖比例，并随形势变化发展而做出调整。

1936年四川营业税开征之初，商人因不明税制，多借故观望。据统计，该局3月共征税款52400余元，纳税商号计4580户，滞纳金共计690余元，滞纳商号1470余户。⑥ 为打击各种违规行为，四川省营业税局拟定了《营业税稽征处罚规则》呈请省政府核准并公布实施。与《四川营业税征收章程》中的罚则相比，《营业税稽征处罚规则》更加

---

① 《河南征收营业税处罚规则》，《河南财政汇刊》第1期，1931年，第99~100页。
② 《江苏省营业税暂行章程》（1932年9月），《中华民国工商税收史料选编》第5辑上册，第973页。
③ 《青岛市征收营业税处罚规则》，《市政公报》第25期，1931年，第5页。
④ 《呈一件为呈复烟酒营业牌照税罚金分配办法拟照营业税罚金修正办法办理请示遵由》，《财政日刊》第2146期，1935年，第4页。
⑤ 《提议各营业税暨出产税征收机关罚款请以五成解库五成提奖案》，《湖南财政汇刊》第19期，1931年，第199页。
⑥ 《税局公布三月份税款罚金》，《四川经济月刊》第6卷第5期，1936年，第6页。

注重对举报人的保护和奖励，明确规定绝对严守密告人的姓名，而且为激励举报人，将营业税机关所处罚金分作十成，除了五成报解外，举报人得四成，缉获人员得一成；如果是营业税机关人员查获，没经过举报人，那么本应奖给举报人的四成奖金就移奖给机关人员。① 为加强税收执法力度，四川省营业税局致函警察局，请其"指派员警，代为严厉催缴，俾一般奸商，不敢故意违抗，用收臂助之效"，并表示"凡遇漏税罚金，系由贵局（警察局）催缴者，即将各职员之一成分奖，移作当事出力员警奖金，送请贵局妥为分配，略示报酬，而资鼓励"。② 许多地方的营业税需地方警察协征，从罚金中拿出一部分奖给办事警员，能够激励有关警员的积极性。

值得注意的是，营业税开征初期，不少地方政府为简化手续和降低征收成本，将营业税交由商会、同业公会等商人团体包征。为使商人团体能够完成征收任务，政府方面也建立激励机制，从超出的包税额度当中提出一部分，对有关人员进行奖励。1931年6月，浙江省政府公布的《浙江省商人同业公会认办营业税办法》规定，"认额之外如有盈收，应以五成解库，三成作同业之公积金，二成给奖经办人"。③ 1934年6月，浙江省政府公布的《修正浙江省商人同业公会协收代缴营业税办法》做了诸多调整，但在激励机制方面仍沿用此前的办法："如收数照额有盈时，除以五成解库外，以三成留作该同业公会之基金，二成各奖经办人"。④ 这说明此项激励机制在营业税包征过程中能够发挥积极作用，得到了浙江省政府的认可，并在新规则中得以保留。

---

① 《营业税局规定营业税稽征处罚规则》，《四川月报》第9卷第5期，1936年，第70~71页。
② 《营业税局函警察局催缴漏税罚金》，《四川经济月刊》第7卷第5~6期合刊，1937年，第38页。
③ 《浙江省商人同业公会认办营业税办法》（1931年6月），《中华民国工商税收史料选编》第5辑上册，第1109页。
④ 《修正浙江省商人同业公会协收代缴营业税办法》（1934年6月），《中华民国工商税收史料选编》第5辑上册，第1125页。

第三章 营业税的征管激励机制及其运用

　　开征营业税以后，很多省市政府相继将牙税、当税、屠宰税改办营业税，其提奖办法仍按照营业税相关办法办理。1933 年，湖北省政府公布的法规规定，屠宰税、牙税、当税违章罚金提奖办法，"自应援照营业税章程，一律以违章罚金之五成奖给举发人，二成奖给征收及协助机关出力人员，三成解库"。① 1936 年 4 月，广东省政府颁布的《广东省典商营业税征收章程》规定，"凡无证典业，一经查出或被告发……其由人民或同业举报者，即以罚款五成提给首报之人充赏；当、按、押发出押本，如有私自折扣……罚得之款，一半归警区，一半归告发人"。② 1936 年 4 月，福建省政府公布的《福建省整理私牙暂行办法》规定："牙行如无证营业或匿报买卖及牙佣数目，并有其他违章情事……经查实照章处罚后，即就罚金提出五成给奖报告人。前项罚金除给奖报告人外，以半数留征收机关充赏，半数解库。"③

表 3-5　1932 年浙江省修正箔类营业税暨牙行屠宰典当
各营业税罚金给奖办法比较

营业税类别	原分配	新分配
箔类营业税	罚金内提出五成给奖，其余五成随正解库	罚金内提出五成给奖报告人，其余五以半数留征收机关充赏，半数解库
牙行、屠宰、典当营业税	罚金内提出三成给奖报告人，其余以三成留征收机关充赏，七成解库	罚金内提出五成给奖报告人，其余以半数留征收机关充赏，半数解库

资料来源：根据《令发修正箔类营业税暨牙行屠宰典当各营业税罚金给奖办法议决案文》，《浙江财政月刊》第 5 卷第 6~7 期，1932 年，第 21~23 页编制。

---

① 《令知屠牙当税违章罚金提奖办法照营业税规定办理》，《湖北省政府公报》第 31 期，1933 年，第 57 页。
② 《广东省典商营业税征收章程》（1936 年 4 月 1 日），《中华民国工商税收史料选编》第 5 辑上册，第 2027 页。
③ 《福建省整理私牙暂行办法》（1936 年 4 月 28 日），《中华民国工商税收史料选编》第 5 辑上册，第 1512~1513 页。

149

民国时期营业税制度的变迁

浙江除普通营业税外,还有箔类、牙行、屠宰、典当营业税。1931年11月,浙江省政府公布的《浙江省征收牙行营业税章程》规定:"牙行如有无证营业或匿报买卖及牙佣数目并其他违章情事,无论何人均得向该管征收机关负责报告,经查实照章处罚后,即就罚金内提三成给报告人。前项罚金除给奖报告人外,以三成留征收机关充赏,七成解库。"[①] 其他几类营业税也有相关的规定。1932年,浙江省修正营业税罚金给奖办法,提高报告人给奖比例,从罚金内提出五成奖给报告人(告密人),其余五成以半数留征收机关充赏,半数解库(见表3-5)。根据规定,浙江省营业税罚金应以五成给奖报告人,其由征收机关人员查出处罚者,亦同。但在召开浙江各区营业税征收局局长会议时,有人提出《营业税罚金给奖规则拟请酌量变通一案》。该案认为现行的奖励规定明显有失公平:"罚金给奖,原为鼓励报告,而杜漏税起见。惟查局内人员,平时既有公家薪给,出外复支旅费,即或查有违章漏税之户,向局报告,亦为应尽之职,与局外人自难相提并论。如照五成给奖,而同在一局之员,各有辛劳,如待遇过异,反使心志转移,别生希冀。"该案提出办法:"拟将局内报告人应得五成之奖金,先以半数给奖,其余半数,暂行存局,以待按季或按年与原提二成五之罚金充赏,同时分给在局办事出力人员。"[②] 该项提案经财政厅详细查核后准予照办。浙江省此次调整营业税罚金给奖办法,不仅较为公平,而且对各县局经征人员也能起到很好的激励作用。

抗战全面爆发后,浙江省对营业税罚金分配进行了调整。1938年,修订后的《浙江省营业税处罚规则》对营业税及牙行、箔类营业税的罚金分配做了重新规定:"营业者如有违反定章各情事,无论何人均得向该管征收机关负责报告,经查实处罚后,即就罚金内提出三成给奖报

---

① 《浙江省征收牙行营业税章程》(1931年11月4日),《中华民国工商税收史料选编》第5辑上册,第1115页。
② 《通饬各县局酌定营业税罚金给奖办法》,《浙江省政府行政报告》第3期,1934年,第15页。

第三章　营业税的征管激励机制及其运用

告人，三成解省库，四成留征收机关作为奖恤基金，充职员保健及其子女教养津贴等用。"① 1941年11月公布的《修正浙江省营业税处罚规则》规定，"营业者如有违反定章各项情事，无论何人均得告发，经查实处罚后，所科罚锾，除以七成解库外，余作十成支配，以五成给奖报告人，五成给直接执行查缉之人员（包括协助之员警），其由机关人员自行发觉，非由报告人举发者，其给奖报告人部分，并给奖发觉人员"。② 随着战事的深入发展，浙江省政府财政日益紧张，所以在罚金分配上更加倾向于留作省库或征收机关基金，奖给报告人的比例也相应减少。

在中国传统商业习惯中，各商账簿被视作商业机密，不会轻易对外公开，而现代税收的征收又必须以商家经营实况为依据。为改变征税机关与纳税人信息不对称的局面，民国时期的税收征管激励机制常常实行告密制度，一方面对告密人的信息严格保密，另一方面对告密人进行奖励。如1932年12月28日公布的《河南省财政厅告密规则》规定，"告密事件经审查确实后，按照追缴赃金之多寡，给予奖金十分之四，多人告密一事者，以最先报告之人获奖，同时报告，得斟酌情形量予分配"。③ 为打击各国进口货物的偷漏税行为，江海关特于1934年制定告发办法："有人告发者，告发人之姓名，代为隐瞒。如查有实证，将海关所得税收内以四成酬谢告发人。"④ 1940年7月26日公布的《重庆市财政局税捐违章案件罚款提奖分配办法》规定，各项税捐所处罚金，除屠宰税外，统以50%报解市库，如该处罚案件系经告密人发觉而得之罚款，其余50%奖金内以40%奖给密告人。⑤ 根据1940年公布实施

---

① 《修正浙江省营业税处罚规则第七条第八条第九条条文》，《浙江省政府公报》第3091期，1938年，第24页。
② 《修正浙江省营业税处罚规则》，《浙江省政府公报》第3331期，1941年，第21页。
③ 《河南省财政厅告密规则》，《河南省政府年刊》第12期，1932年，第76页。
④ 《江海关严禁偷税，订定告发办法》，《申报》1934年4月21日，第13版。
⑤ 《重庆市财政局税捐违章案件罚款提奖分配办法》，《重庆市政府公报》第10~11期合刊，1940年，第40~41页。

151

的《广东省营业税违章罚锾给奖办法》，违章罚锾应以罚金总额30%解库，余额化作十成充奖，其分配比例为：告密人得40%，经办机关得20%，协助机关得10%，其余30%归督征机关。[1] 由此可见，政府已经意识到告密在税收征收过程的重要性，并制定了诸多针对告密人员的奖励机制。

抗战时期，国民政府为增加财政收入，大力发展直接税体系，告密制度在直接税制度中也得到充分体现。1938年10月28日财政部公布的《非常时期过分利得税条例》规定，资本在2000元以上的公司、商号、行栈、工厂等营利事业，其利得超过资本额15%和财产租赁利得超过其财产价额12%者，除依法缴纳所得税外，还得加征非常时期过分利得税。[2] 为保证过分利得税的征收，财政部于1940年2月26日颁发了《过分利得税告密人赏金暂行办法》。该办法规定，"告密人赏金成数，以所漏应纳税额百分之十为准，但最多不得超过五千元；前项赏金，告密人得于纳税义务人缴纳税款后，向当地主管征收机关申请核发"。[3] 抗战胜利以后，财政部直接税署为杜绝逃税之风，特制定了《各类税告密给奖办法》。根据规定，"所得税及营业税以罚金额之三成提充告密人奖金，印花税以罚金额之四成，遗产税以罚金额百分之五提充之"。[4] 因为不同税种的税法对漏税行为的处罚力度不尽相同，故其对告密人的奖励也有所差别。营业税由财政部直接税处接办时期，处罚规定是按照直接税局的相关规定进行办理。抗战胜利以后，1946年营业税重新划归地方政府征收，上海市财政局为防止商人逃税，制定了奖励检举偷漏市税办法："凡向财政局检举漏税，经查实，处罚确定后，即由罚款内提出百分之二十给奖。现本市营业税，已由本局接办，此项

---

[1] 《广东省营业税违章罚锾给奖办法》，《广东省政府公报》第481期，1940年，第2页。
[2] 《非常时期过分利得税条例全文》，《银行周报》第22卷第44期，1938年，第9页。
[3] 《过分利得税告密人赏金暂行办法》，《直接税月报》第1卷第8期，1941年，第71页。
[4] 《各类税告密给奖办法》，《立信会计月刊》第9卷第4期，1946年，第39页。

第三章　营业税的征管激励机制及其运用

奖励检举办法，自应适用于营业税部分。倘本年六月底以前，已经营业之各纳税商户，迄今仍有漏未申报营业，或虚伪填报，意图逃税情事，无论何人，均得密向本局检举，定当代守秘密，照章提奖。"①

　　经费是营业税征收的一个重要问题，经费的多寡直接关系到税务人员的积极性。营业税开征之初，很多地方收入非常有限，经费异常紧张，不少地方甚至出现收不抵支的困境。如何破解经费难题是政府在建立营业税制度过程中必须面对的问题。其实，早在北京政府时期筹议特种营业税时，直隶省财政厅就于1914年11月提议："拟在所收税款内酌提百分之五，以二分解充该厅印刷邮电各费，其余三分作为各县办理经费之用。"② 也就是说，从税款内提出一定比例作为征收经费。尽管特种营业税出于种种原因而未能举办，但此种从税款提取经费的方式延续下来，在南京国民政府时期得以广泛运用，只是不同地方对于提取经费比例的规定有所不同而已。

　　在营业税开征之初，有的地方政府委托商人团体代征。当然代征营业税需要支付一定的费用，该项经费由税款当中按照比例提取。经商会和财政局商定，"上海市营业税委托商会协收代缴，所需经费，得按照应缴税款，提拨百分之十，以资应用"。③ 有的地方甚至明确规定从税款中提出一定比例作为奖金。安徽省营业税征收人员奖惩规则规定，"营业税征收处及协同办理之县长、公安局、商会得照各县实征税款实数，提十分之一为各该机关奖金，其分配成数为征收处七成，县政府一成，公安局一成，商会一成"。④ 这是因为营业税属初创，为奖励征税人员和地方各机关协助，才有此项奖金的规定。这种方式主要激励税务机关努力征税，税款的多少与其经费直接挂钩，所征税款越多，能够提

---

① 《市财局通知接办营业税并规定奖励检举办法》，《银行周报》第30卷第46期，1946年，第19~20页。
② 《饬知各县营业税提成文》，《京兆财政汇刊》第4期，1918年，第129页。
③ 《商会协收营业税办法》，《申报》1931年7月7日，第14版。
④ 《通饬取销营业税奖金由》，《安徽财政公报》第17期，1932年，第24页。

153

取的经费或奖金也就越多。对政府来说,让税务机关直接按照比例从税款当中提取征收经费,可省去不少麻烦和手续;对征收机关来说,不会因为上级经费划拨缓慢而影响征税工作。

抗战全面爆发后,为缓解财政困难,四川省政府不得不减少财政支出预算,"决将政费预算一千六百万元,尽量减缩四百万元"。① 四川省政府指令营业税总局拟定增税及收支办法,其中,关于增加坐扣比例,"由营业税局查酌各县情形,分别暂予酌加,但多以百分之三十为限,贫瘠及边远县情形特殊,所需经费准扣百分之四十,如尚不够,应由税局拟妥善办法专案呈核"。② 根据《四川省营业税局各县稽征所暂行规则》,稽征所得按月在收入税款项下照全部收数坐扣 20%,其分配标准如下:稽征所办公费 3%;所长及主任薪俸 5%,其余员役薪俸 10%;支付视察员薪俸 2%。征收处按月在收入税款项下,照全部收数坐扣 20%,其分配标准如下:解稽征所 5%,征收处费用 5%,代征之联保费用 10%。省局派往各稽征所各员之薪俸在各该所每月坐扣费用内按月支付:一等所 60 元,二等所 50 元,三等所 40 元。③

浙江省各县营业税征收经费,经财政厅核定一律按征起税款提支 8%,所有该县关于征收营业税一切费用,应就规定限度之内酌量支配,不得超出。④ 河南省营业税经费经历较多变化。最初财政厅规定,各县营业税征收所经费于征起税款内扣支 5%;后因营业税总局呈复扣支 5% 不敷开支,于是改定为:征收税款在 2000 元以下者,扣支 20%;2000~5000 元者,扣支 15%;5001~10000 元者,扣支 11%;10000 元

---

① 《抗战期中财政之绌,川政费缩减四百万》,《四川日报》1937 年 9 月 8 日,第 7 版。
② 《全川营业税本年内普遍推行》,《四川日报》1937 年 9 月 2 日,第 7 版;《四川省财政厅签呈营业税局拟具本省营业税积极推进步骤》(1937 年 8 月 14 日),《抗战时期的四川——档案史料汇编》(下),第 1283 页。
③ 《四川省营业税局各县稽征所暂行规则》,《四川营业税局周报》第 1 卷第 3 期,1937 年,第 97~98 页。
④ 《训令富阳等县政府营业税征收经费得按征起税款提支百分之八文》,《浙江财政月刊》第 4 卷第 6 期,1931 年,第 99 页。

第三章　营业税的征管激励机制及其运用

以上者，扣支 7%。后来又考虑到"各征收员任期之久暂无定，如照收数按成扣支，则前后任必多纠葛"，为稳定经费及免除周折起见，财政厅又改为"征起税款内一律扣支 10%"。① 划一经费扣支比例后，有的征收机关依然无法解决经费困难的问题，所以财政当局不得不采用一些变通办法。如新郑征收局"经费无出，尚属实在"，财政厅准于征起税款内，"除照通案扣支外，再准扣支百分之十，以三个月为限，一俟整理就绪，此项特准扣支之数，即行停支"。②

有的地方甚至将营业税征收机关划分为若干等级，主要根据税源多寡以及征收的绩效等指标，等级越高经费较多，以此激励征收机关更好地履行职责，征得更多的税收。早在 1931 年，山东省财政厅就提议按照各营业税局等级给予开办经费：一等局 200 元，二等局 120 元，三四等局均 70 元；一等稽征所 50 元，二等稽征所 40 元。③ 江西省政府自奉令裁厘改办营业税后，由财政厅根据各地营业情形分别设立局所征收，其中，浮梁、吉安等所各月支 780 元，玉山、清江等所各月支 680 元，吴城、上饶等所各月支 600 元，萍乡等所各月支 470 元，上高等所各月支 410 元，宜春等所各月支 350 元，进贤等所各月支 290 元，武宁等所各月支 260 元，吉水等所各月支 230 元；铜鼓、峡江等 31 所由县财政局兼办，经费于征款内扣支 10%。④ 四川省营业税征收机关也是按照等级进行划分，最初将各局所分为三等，分别给予一定经费。抗战全面爆发后，四川省财政厅将所有原定等级办法稍加变通，规定自 1938 年 1 月起废除三等所名目，专设一、二两等稽征所，并明定经费标准：（1）每月收入税款在 4500～6000 元者，列为一等稽征所，每月领经费 400 元；（2）每月收入税款在 4500 元以下者，一律列为

---

① 《划一各县营业税征收所经费》，《河南政治》第 3 卷第 2 期，1933 年，第 3 页。
② 《指令第二区营业税局据呈新郑征收所整顿枣税请准扣支经费一案仰遵指令办理》，《河南财政季刊》第 4 期，1933 年，第 212 页。
③ 《财政厅提议按照各营业税局所等级拟定开办经费数目》，《山东财政公报》第 2 卷第 11 期，1931 年，第 24 页。
④ 《赣营业税筹办就绪》，《工商半月刊》第 3 卷第 10 期，1931 年，第 18～19 页。

二等稽征所，按月领经费320元；（3）一、二等稽征所每月收入税款超出额定标准数目者，其超出之数，准其坐扣20%作为补助费用。①

罚金分配和经费坐扣反映了政府和财政当局在制定营业税激励机制时，对于激励经征人员的重视，希望通过这两种方式，调动他们的积极性，有效地执行营业税规章制度及完成税款的征收。罚金分配的目的主要在于激励经征人员积极稽查和处置各种违法违规的行为。激励的对象，除了经征机关人员外，还包括告密人员、税警人员等，因为查出税收违法行为往往需要各方的配合和支持才能收到成效。经费坐扣的目的在于激励经征机关及其人员努力增加税款收入，如此可按照一定比例获得更多的经费，也就是说，经费的多寡与征收税额之多少有直接关系。但是，扣支经费也存在一定的问题，有的机关税源不旺，收入不多，但也需要正常的经费开支，政府方面在制定激励机制时对此也有所考虑，即尽量保证税源贫乏机关的基本经费来源。

第三节　考核制度及其适用

依法征税是税务人员的职责，对超额完成征税任务的税务人员给予相应的奖励则是税收激励机制的一种有效措施。北京政府时期，军阀割据混战，地方政府常截留中央税款，而关税、盐税均为外国控制，中央所得仅为数不多的"关余"和"盐余"而已。为增加财政收入以缓解中央财政困难，北京政府于1914年1月6日公布了《督征经征分征官额外增加奖励条例》。该条例规定，除盐税、关税外，各省国税如有额外增加税收者，督征官、经征官、分征官可获得相应的荣

---

① 《改定稽征所等级经费标准》，《四川经济月刊》第9卷第1~2期合刊，1938年，第8页。

第三章　营业税的征管激励机制及其运用

誉和奖金作为奖励。其中，在荣誉奖励方面，设不同等级的金质双鹤章和金质单鹤章，奖金自 1000 元至 50000 元不等。如税收增加 50 万~100 万元，授予一等金质单鹤章，并获 5000 元奖金；税收增加 500 万~600 万元，授予一等金质双鹤章，并获 50000 元奖金（见表 3-6）。注重荣誉与奖金相结合是北京政府时期税收征管激励机制的一个重要特点。

表 3-6　北京政府对于额外增加税收的奖励规定

税收增加额(万元)	荣誉	奖金(元/年)
500~600	一等金质双鹤章	50000
400~500	二等金质双鹤章	40000
300~400	三等金质双鹤章	30000
200~300	四等金质双鹤章	20000
100~200	五等金质双鹤章	10000
50~100	一等金质单鹤章	5000
40~50	二等金质单鹤章	4000
30~40	三等金质单鹤章	3000
20~30	四等金质单鹤章	2000
10~20	五等金质单鹤章	1000

资料来源：根据《督征经征分征官额外增奖励条例》（1914 年 1 月 6 日），《中华民国工商税收史料选编》第 3 辑上册，第 4 页编制。

与北京政府时期军阀混战、地方各自为政不同，南京国民政府通过北伐战争在形式上统一了中国，先后召开全国经济会议和第一次全国财政会议，制定了许多统一和改进财政的方针政策，使税收制度不断完善和优化。为提高征税效率以增加财政收入，南京国民政府在制度设计上将税收奖惩机制融入税务人员的绩效考核当中。1927 年 11 月，财政部公布的《征收税捐考成条例》规定，各省征收统税、特税、货物税等，

民国时期营业税制度的变迁

税捐考成分为月比、季比、半年度比和年度比四种；经征官考成有记功、连任、升调、奖金、记过、免职、停委等几种类型。① 由于税种性质不同，考核标准亦应有所区别，所以有必要制定个别税种的考核办法。根据1929年5月16日财政部公布的《征收印花税考成条例》，各省印花税局局长在月比时，盈收一成以上者记功，盈收二成以上者记大功；在季比时，盈收一成以上者记功，盈收二成以上者记大功，盈收三成以上者传令嘉奖；在半年度比时，盈收不及一成者记功，盈收一成以上者记大功，盈收二成以上者传令嘉奖；在一年度比时，奖励与半年度比相同，但传令嘉奖者可由部酌量情形，调任繁要差缺。② 该条例将嘉奖和升迁纳入税收征管奖惩机制的范畴，绩效显著者奖励多，绩效较差者奖励少或不予奖励。

南京国民政府时期实行分税制体制，除国家税建立了奖励机制，各地方政府也根据自身实际情况，制定了针对地方税务人员的奖励机制。1928年经广东省政府委员会第115次会议议决通过的《广东省征收田赋考成暂行章程》规定，凡照应征数多收至一分以上者，记功一次；两分以上者，记功两次；三分以上者，记大功一次；四分以上者，记大功两次；五分以上者，由财政厅厅长汇案呈请省政府酌予优奖。各经征官记功一次者，得由财政厅于其增收数内给予2%为奖金；记功两次者，于其征收数内酌予5%为奖金；计大功一次者，于其征收数内酌予8%为奖金；计大功两次者，于其征收数内酌予10%为奖金。③ 1930年公布的《浙江省各县征收契税考成办法》也有类似的规定，各县契税较上年度盈收一成以上者，记功一次；盈收二成以上者，记功两次；盈收三成以上者，记大功一次；盈收四成以上者，记大功两次；盈收五成

---

① 《财政部公布征收税捐考成条例》，《国民政府公报》第15期，1927年，第22~24页。
② 《财政部公布〈征收印花税考成条例〉令》（1929年5月16日），《中华民国工商税收史料选编》第4辑下册，第2190页。
③ 《广东省征收田赋考成暂行章程》，《广东省政府周报》第66期，1928年，第26~27页。

第三章 营业税的征管激励机制及其运用

以上者,记大功两次并由财政厅呈请省政府核奖。① 根据税收征收的实际绩效,采用记功的方式进行考核和奖励是地方政府激励税务人员的普遍做法。

政府开征营业税最主要的目的是增加税收收入,弥补地方财政收支之不敷。在制定年度预算之时,各省市政府需确定营业税收入预算数额以及各县征收比额。1931年度江苏省营业税预算收入为360万元,各县征收比额分配如下:吴县、无锡各20万元,镇江16万元,江都、武进各14万元,南通、松江各12万元,常熟、泰县、吴江各10万元,泰兴、溧阳、丹阳、太仓、如皋、铜山、宜兴各8万元,淮阴、昆山、南汇、青浦各7万元,江宁、金坛、淮安、宝山、东台、上海、江阴各6万元,奉贤、金山、嘉定、阜宁、盐城、兴化、靖江各5万元,海门、句容、启东各4万元,川沙、江浦、六合、崇明、仪征、宝应、高邮各3万元,溧水、泗阳、东海、涟水、扬中、高淳、砀山、宿迁各2万元,丰县、沛县、萧县、邳县、睢宁、赣榆、沭阳、灌云各1.5万元。② 各县经济发展水平是比额分配的考量因素,如吴县、无锡县等工商业发达,税源丰富,比额也就较高。确定各县比额也就为各县经征机关和人员的考核提供了重要依据。

当然,各地营业税比额并非不变,而是根据社会经济情况以及政府财政状况而不断调整。安徽省政府以"库帑奇绌,支用浩繁"为由,决定"自本年(1935年)起,所有营业税、研究牌照税、牙牲屠各税,均按旧比一律增加二成"。③ 1935年,江西各区所报营业税比额较少,财政当局为此做出调整,一般就各县原报数额酌加二成,第一区至第九区营业税分局原报比额分别为265510元、66000元、112360元、46173元、39480元、62772元、52164元、88660元、36122元,合计769241元;经调整后假定比额分别为318612元、79200元、134832元、55408

---

① 《浙江省各县征收契税考成办法》,《浙江省建设月刊》第36期,1930年,第141页。
② 《江苏各县营业税比额》,《工商半月刊》第3卷第14期,1931年,第20页。
③ 《增订营业税等项比额二成》,《安徽政务月刊》第6期,1935年,第8页。

民国时期营业税制度的变迁

元、47376 元、75326 元、62597 元、106392 元、43346 元，合计 923089 元（见表 3-7）。

表 3-7　1935 年江西全省营业税各区局所假定比额

单位：元

分局	原报比额	假定比额	分局	原报比额	假定比额
第一区分局	265510	318612	第六区分局	62772	75326
第二区分局	66000	79200	第七区分局	52164	62597
第三区分局	112360	134832	第八区分局	88660	106392
第四区分局	46173	55408	第九区分局	36122	43346
第五区分局	39480	47376	合计	769241	923089

资料来源：根据《二十四年全省营业税各区局所假定比额表》，《江西统计月刊》第 4 卷第 2 期，1941 年，第 8~10 页编制。

各省市营业税征收章则，对征税机关和征税人员有比较严格的考核制度，即完成征税指标可获得相应的奖励，如果没有完成目标即受到相应的惩罚。1931 年 4 月 10 日，山东省政府财政厅公布的《山东省营业税征收局奖惩规则》规定，各征收局如"能遵照定章办理，按月尽征尽解，并无丝毫情弊"，即可按月就征起税款内提出 5% 作为奖金，该项奖金分为十成支配：征收局得七成，县政府、公安局、商会、财政局得二成，一成解厅。根据奖惩规则，各局长及稽征主任，经财政厅考核确著成绩者，除支给奖金外，并分别给予记功、记大功、调优、提升奖励；各局征收人员如有查报不实、解库逾限、浮收税款、营私舞弊、玩忽公务、擅离职守行为，根据情节严重程度分别给予记过、记大过、免职、撤查等惩戒。[①] 此项奖惩规则对营业税征收人员的功过及其奖惩办法做了明确规定，一方面激励征税人员完成征收任务，另一方面从制度上对违法违规行为进行约束。

---

① 《山东省营业税征收局奖惩规则》，《山东财政公报》第 2 卷第 8 期，1931 年，第 7~9 页。

第三章 营业税的征管激励机制及其运用

在营业税开征初期,不少省市政府都制定了与山东相类似的奖惩规则,事实上,这种规则并未尽善,尤其是奖惩并未与征收效果直接挂钩,尚缺明确规定。随着营业税征收制度的逐渐改进,各省市政府对营业税经征人员的考核制度也不断完善。1933年9月,安徽省政府修正通过的《安徽省营业税经征人员考成规则》明确规定,营业税经征人员的奖励方式包括嘉奖、记功、记大功、特别请奖、按成增费提奖。其中规定,经征人员照比征及八成者,按实收数提15%作为办公经费;征及八成以上至九成者,即在此八成至九成一成收数内加提3%;征及十成者,即在此八成至十成之二成收数内加提5%。征逾定比,即在此逾比增收数内,除照前加提20%外,再加提10%奖金。该奖金分作十成支配:经征人员得五成,县政府得二成,公安局得一成五,商会得一成五。[①] 较之山东省的规定,安徽省营业税考核制度将征收比额与提奖联系起来,按照征收成数获得一定比例的奖金,而且奖金分配上提高了协征机关的奖励比例。实际上,营业税的征收需要商会、县政府、公安局的协助,给予一定的奖金能够调动其积极性。但是,安徽考核制度的缺陷是,对征收比额不足的经征人员没有相应的处罚规定。

相对而言,1935年10月15日经湖北省政府委员会第172次会议通过的《湖北省营业税经征人员奖惩规则》弥补了以上缺陷。根据规定,经征人员成绩每三个月考核一次,由主管厅将三个月税收总数按照比额核算盈绌,列表呈请省政府核定奖惩:每届考核,其经征人员照比额盈收一成以上者,提给10%奖金;盈收二成以上者,提给15%奖金;盈收三成以上者,提给20%奖金;盈收四成以上者,提给25%奖金;盈收五成以上者,提给30%奖金。每届考核,其经征人员照比额短收不及一成者,申诫;一成以上者,罚俸一个月;二成以上者,罚俸两个月;三成以上者,撤职;继续罚俸至四个月者,撤职。每届考核其经征

[①] 《安徽省营业税经征人员考成规则》,《安徽财政公报》第24期,1933年,第3~4页。

民国时期营业税制度的变迁

人员依照原定比额增收至五成以上者,除照章提给奖金外,并由主管厅呈请省政府优予奖励。① 湖北省政府委员会会议 1937 年 6 月 4 日议决通过的《湖北省营业税经征官奖惩规则》于 7 月 1 日起施行。根据规定,经征官（营业税局局长及财政厅委派的经征专员）的考核以省政府规定比额为标准,分季考、年考两种:经征官季考盈收一成以上者,记功一次,二成以上者,记功二次,三成以上者,记大功一次;经征官季考短收一成以上者记过一次,二成以上者记过二次,三成以上者撤职。经征官年考盈收不及一成者传令嘉奖,一成以上者按盈收数提给奖金 10%,二成以上者提给奖金 12%,三成以上者提给奖金 15%;经征官年考短收不及半成者申诫,半成以上不及一成者罚俸一个月,一成以上不及一成半者罚俸两个月,一成半以上者撤职。②

事实上,各省市政府制定的营业税考核制度并未被束之高阁,而是严格付诸实践。根据 1932 年度浙江省各县局牙行营业税考核结果,"第九区营业税征收局局长许达及第五区营业税征收局局长祝履中盈收较巨,分别记功以示鼓励","第六区营业税征收局局长、第四区营业税征收局征收短绌,予以严令申诫"。③ 经山东省财政厅考核 1933 年度各营业税局征收情形,淄川局局长翁初日、日照局局长侯兰升以及菏泽局局长李家驯,"定税核实,措置有方,册报解款均照定章办理,成绩卓著,由厅长各奖给名誉章一座,以示优异"。④ 在营业税开征初期,要达到既定比额实属不易,有的地方在考核上不得不变通处理。根据 1933 年 10~12 月河南省各区营业税局征收税款成绩,依照奖惩办法,

---

① 《湖北省营业税经征人员奖惩规则》,《湖北省政府公报》第 144 期,1935 年,第 10~11 页。
② 《湖北省营业税经征官奖惩规则》,《湖北省政府公报》第 315 期,1937 年,第 27~28 页。
③ 《办理二十一年度牙行营业税收考核》,《浙江省政府行政报告》第 8 期,1933 年,第 15 页。
④ 《令各营业税征收局兹考核淄川日照菏泽三局成绩卓著应各给名誉章一座以示优异仰知照由》,《财政旬刊》第 6 卷第 9 期,1933 年,第 5 页。

多数局长应予撤职,财政厅"因念初次考成,其具有特殊情形或到差不及三个月,姑予从宽处分,以观后效,倘至本年三月第二次考成时,仍不能达到预定成数,定予撤惩,不再宽贷"。① 据1935年度河南省各县营业税征收主任考核结果,"淮阳马传伦等六员成绩平均超过税额,虽不及一成,尚在半成左右,从宽予以嘉奖,以示鼓励;光山马桂林等十四员成绩平均在十成或九成以上,均予免议;密县孙桂五等十三员,成绩平均在九成以下,或不及八成,各予记过以示惩儆;禹县姚琪仙等成绩过劣,予以撤职"。②

抗战全面爆发后,作为地方税收重要来源的营业税受到重视,不少地方政府相继调整营业税章则以适应战时财政的需求,特别是对营业税经征人员的考核更为严厉。四川省政府公布的《四川省营业税局所属各分局所解款办法》对各分局所解款奖惩办法做了明确的规定。该办法规定,"每月不按笔报解或只报不解者,记过一次";"每月征收税款,不及分月调查收入预算八成以下者,记过一次";"记过二次者,罚月俸十分之三";"记过三次者,罚月俸十分之五";"罚俸三次者,以征解不力论,撤职";"按笔报解在半年以上者,记功一次";"每月按笔报解,其收入数又能超过分月调查收入预算数在三月以上,除记功外,并呈报省府嘉奖";"记功三次者,升调任用"。③ 1937年12月,四川省营业税局制定了《四川省营业税局所属各分局稽征所税务人员考核暂行办法》,对各分局和稽征所税务人员有明确的惩处规定:"凡在主管市县区内,应纳税商户遗漏二十户以上者,经本局派员查出其漏收税款,应责令各该分局长、稽征所长暨经管调查人员赔缴,但经该分局所查觉追收报解者应予免赔";"凡在主管市县区内商户,

---

① 《考核各区营业税局征解税款成绩分别奖惩》,《河南政治月刊》第4卷第2期,1934年,第4~5页。
② 《考核各县营业税征收处解款成绩分别奖惩》,《河南政治月刊》第5卷第9期,1935年,第3页。
③ 《四川省营业税局所属各分局所解款办法》,《四川营业税周报》第1卷第9期,1937年,第266~267页。

民国时期营业税制度的变迁

商户账据显有造假情事在二十户以上,未经当地经征机关查出者,如经本局派员查出,分局长、稽征所长暨调查人员均应受惩处";"每月调查商户营业收入及收发循环单与纳税通知单,统限于次月二十五日以前办理完竣,逾限未办理完竣者,分局所长暨经办人员应分别情形酌受处分";"各分局所每月征获税款,应遵限报解,如有握存逾限不报者,各该局所长应受相当惩处";"各分局所每月应报月表计算书等,如不遵限具报者,各该局所长及会计员应分别受惩"。① 四川营业税收入为战时各省之最,这与其严密的考核制度密不可分。

非常时期,完善人事和考核制度是办好税务的关键。四川省营业税局制定了各分局任用税务人员办法,其主要内容包括:"各分局稽征所登记人员,原则上务须采用考试方法,纵有特殊情形,亦须就资历相当人员,命题测验,严加甄别,方准任用";"自奉命后,所有旧任人员,须一律按照品行学识才能,加以甄别,其有能力薄弱、性行乖谬者,即予停职";"各分局所主任及会计庶务人员,绝对不得兼差";"其他职员如因事实需要,必须酌用兼差人员者,一律不支薪俸及津贴"。② 有功者奖,有失者罚,赏罚严明,这是激励营业税经征人员的举措。从1937年10月15日至12月10日,就有20名营业税局职员因"不称职守""毫无成绩""能力薄弱"等而受到撤职或停职处理,其中包括雇员、调查员、科员、办事员、催征见习及稽征所主任;也有许多职员因为"奉职勤慎""办事勤能""办事干练""洞悉税务"等而被提拔(详见表3-8)。奖惩结合一定程度上起到了警示作用,同时提高了税务人员的积极性。

---

① 《四川省营业税局呈所属各分局稽征所税务人员考核暂行办法》(1937年12月),四川省档案馆藏,全宗号:59,案卷号:1198,第23页。
② 《四川省营业税局所属各分局所人员任用办法》,《四川营业税周报》第1卷第8期,1937年,第220页。

第三章　营业税的征管激励机制及其运用

表3-8　1937年10月15日至12月10日四川省营业税局职员奖惩情形

姓名	局所	原职务	奖惩情形	奖惩理由
吴瀛洲	总局	二级雇员	记大过一次,罚薪半月	星期值日,不守时间
刘铮	总局	二等二级科员	升委二等一级科员	奉职勤慎
邓翱	总局	三等二级科员	升委二等二级科员	不辞劳瘁
曾宪塘	总局	一等办事员	升委三等三级科员	办事有方
陈得本	总局	调查员	撤职	颓废荒谬
余拱辰	内江分局	二组主任	撤职	不称职守
李春昶	雅安分局	二组主任	撤职	不称职守
辛锡珍	合川征所	主任	撤职	不称职守
易育才	郫县征所	主任	撤职	毫无成绩
陈国勋	蓬安征所	主任	撤职	毫无成绩
何大绥	宜宾分局	二等组员	升委雅安分局第二组主任	办事勤能
蒋宇撑	总局	一级雇员	升任二等二级科员	管理档卷,有条不紊
刘枝森	总局	一等办事员	升任二等二级科员	办事勤敏,历久不懈
王藻华	总局	二等一级科员	升任一等二级科员	奉公谨饬,结案甚多
赵煆卿	总局	二等二级科员	升委一等二级科员	办事不息
黄燮和	总局	一级雇员	停职	能力薄弱
张庶绩	总局	二等一级科员	停职	能力薄弱
戴鼎臣	总局	一等办事员	停职	能力薄弱
刘义方	总局	调查股股长	升委本局秘书	办事干练,擘画多方
傅宗礼	总局	催征见习	升委三级雇员	勤于工作
黄蜀南	总局	催征见习	升委三级雇员	勤于工作
朱治国	总局	催征见习	升委二级雇员	勤于工作
朱肇南	总局	催征见习	升委二级雇员	勤于工作
王文荣	总局	催征见习	升委二级雇员	勤于工作
林睛初	总局	三级雇员	升委二级雇员	奉派调查,能尽职能
赵光殿	总局	三级雇员	升委一级雇员	奉派调查,能尽职能
陈孝忠	总局	二级雇员	升委二等办事员	奉派调查,能尽职能
陈铁风	总局	二级雇员	升委二等办事员	奉派调查,能尽职能
冯子祺	总局	二等办事员	升委一等办事员	奉派调查,能尽职能

165

民国时期营业税制度的变迁

续表

姓名	局所	原职务	奖惩情形	奖惩理由
尹昌杰	总局	二等办事员	升委一等办事员	奉派调查,能尽职能
罗国诚	总局	催征见习	撤职	能力薄弱
徐沛然	总局	催征见习	撤职	能力薄弱
关安东	总局	催征见习	撤职	能力薄弱
敖必权	总局	催征见习	撤职	能力薄弱
刘守义	总局	催征见习	撤职	能力薄弱
洪百宗	总局	一等一级科员	升委税务股股长	老成稳练
杨长森	总局	一等三级科员	升委一等一级科员	长于调查
王藻华	总局	一等二级科员	升委□江稽征所所长	才具开展,办事有方
骆赞廷	总局	一等三级科员	升委三峡实验区稽征所所长	奉派调查,成绩尚优
高忠权	总局	二等一级科员	升委大足稽征所所长	奉职惟谨
王国光	总局	一等二级科员	升委宣汉稽征所所长	办事精进
刘珀	总局	二等一级科员	升委简阳稽征所所长	才堪肆应
唐波生	总局	一等一级科员	升委南溪稽征所所长	持身谨严,奉职勤慎
张纬	总局	一等三级科员	升委三台稽征所所长	办事勤能
孙文渊	总局	二等一级科员	升委中江稽征所所长	办事认真
李玠	总局	二等一级科员	升委安岳稽征所所长	奉职勤谨
雷定章	总局	二等一级科员	升委乐至稽征所做账	才具谙练
邝伯荫	总局	二等一级科员	升委夹江稽征所所长	长于肆应
李光耀	总局	二等二级科员	升委阆中稽征所所长	奉职勤谨,操守可信
孟观泰	总局	二等二级科员	升委大足稽征所所长	才具谙练,不辞劳瘁
段绍祺	总局	二等一级科员	升委达县稽征所所长	洞悉税务
郭大智	总局	三等一级科员	升委乐山分局第一组主任	谙熟税务
涂右辅	渠县稽征所	主任	升委酉阳稽征所所长	能胜繁剧
谢志刚	垫江稽征所	主任	升委邻水稽征所所长	头脑清晰,办事勤谨
朱冠骞	合江稽征所	主任	升委安县稽征所所长	办事稳练,富于阅历
黄德彰	仁寿稽征所	主任	升委彭山稽征所所长	谙习税务,克尽厥职

166

第三章 营业税的征管激励机制及其运用

续表

姓名	局所	原职务	奖惩情形	奖惩理由
梅述和	乐山分局	主任	升委射洪稽征所所长	办理税务,尚有经验
林仲平	富顺稽征所	主任	升委资中稽征所所长	办事明敏
叶肇予	永川稽征所	主任	升委永川稽征所所长	年富力强,饶有经验
孙如渊	资阳稽征所	主任	撤职	承办税务,久无成绩
游恕田	三台稽征所	主任	撤职	承办税务,久无成绩
陈全估	中江稽征所	主任	撤职	承办税务,久无成绩
周维贤	安岳稽征所	主任	撤职	承办税务,久无成绩
马 育	眉山稽征所	主任	撤职	承办税务,久无成绩
吴开先	阆中稽征所	主任	撤职	承办税务,久无成绩

资料来源:根据《本局一月来职员之奖惩》,《四川营业税周报》第1卷第8期,1937年,第221~225页编制。

1938年3月29日,浙江省政府会议通过了《浙江省二十七年份会查营业税人员考核办法》,对营业税征收人员的考核规则进行调整。根据规定,营业税征收局局长、主管科长,各兼办营业税县份之县长、主管课长,财政厅所派会查营业税委员的考核标准如下:"营业税查定税额,平均超过比额不满一成者,记功一次,一成以上者,记大功一次,并按查定超出额,给予百分之二之劳绩金";"查定税额,平均已在比额以上,虽不及记大功及给奖劳绩金成数,但仍得就其查定税额较多之一种,比照前条规定,酌记大功或奖给劳绩金;前项劳绩金,作十成支配,县长或局长给三成,科长或课长给三成五,厅派委员给三成五";"查定税额,平均较比额短绌一成以内者,记过一次,一成以上者,记大过一次,二成以上者撤职"。各县局所派调查人员及厅派会查营业税助理员考核标准如下:"营业税查定税额,平均超比额不满一成者,记功一次,一成以上者,记大功一次,并按查定超出额,给予百分之五之劳绩金,前项劳绩金,作十成支配,局县所派调查员给五成,厅派助理员给五成";"营业税查定额,平均较比额短绌一成以内者,记过一次,一成以上者,记大过一次,二成以上者撤职"。①

广东省财政厅为加紧征收 1940 年度营业税,制定了《征收营业税考成办法》,该办法分为查定考成和征收考成两种。查定考成办法规定,"查定税额超出比额一倍以上者,除由厅颁发奖状外,并记名擢升;超出比额四分之三者,记大功一次,不满比额四分之三者,记大过一次";"超出比额四分之二者,计小功一次,不满比额四分之二者撤职";"超出比额四分之一者嘉奖";"已满比额四分之三以上者免议"。征收考成办法规定,"征起税款超出查定税额四分之二以上者,除记名擢升外,并准就超出部分提拨百分之五补助费";"超出查定税额四分之一以上者,除记大功一次外,并准就超出部分提拨百分之四补助费";"超出查定税额未满四分之一者,准就超出部分提拨百分之三补助费";"不满查定税额四分之三者,各该主管税务局长、稽征所站长及税务科长,除记大过一次外,并罚俸一月";"不满查定税额四分之二者,各该主管税务局长、稽征所站长或税务科长,一律撤革;已满查定税额四分之三以上者免议"。②

抗战时期,山西省也调整了营业税考核制度。1940 年 3 月 6 日,山西省政府委员会会议决议通过《山西省征收营业税奖惩规则》。根据规定,考核时期分为半年考核、全年考核两种。收数超过比额二成以上者列为上等,收数超过比额一成以上者列为上中等,收数比额盈绌不及一成者列为中等,收数不及比额二成以上者列为中下等,收数不及比额四成以上者列为下等。考列上等者记大功,考列上中等者记功或嘉奖,考列中等者不奖不惩,考列中下等者记过或申斥,考列下等者记大

---

① 《浙江省二十七年份会查营业税人员考核办法》,《浙江省政府公报》第 2 期,1938 年,第 70~71 页。
② 《粤征收营业税订定考成办法》,《财政评论》第 3 卷第 6 期,1940 年,第 154 页。

第三章 营业税的征管激励机制及其运用

过。① 该项办法与此前制定的办法有所不同：(1) 旧办法按季度办理考核，考期近，手续烦琐，且各员对于所科功过视为惯例，无足轻重，反失考核真意，新办法改为半年考及全年考；(2) 旧办法按各局收数盈绌等量等考，如盈收或绌收二成以上，即决定上等下等之分，新办法规定为盈收二成以上者列为上等，绌收四成以上者列为下等，以顾事实而利举行。

  营业税由直接税处接管期间，有关的奖惩按照直接税处相关规定办理。蒋介石也密切注意税务人员贪污不法行为，经行政院会议决定，"凡税务人员贪污案件，即照《国家总动员法》第三十一条办理，军法从事"。② 1943 年 1 月 21 日，直接税处颁发《工作人员戒条十则》，其中规定，有擅离职守、玩忽业务、不服从调迁、奉令迁调故意延宕不前、新旧交替推延逾期行为者免职；有预征税款、自收税款逾期不缴库、保证金不经呈准自行挪用行为者撤职查办；有收受纳税人贿赂、侵吞税款、勾结商人营私舞弊行为者军法处置。③ 在奖励激励方面，财政部制定了《各税超收部分提奖办法》：超收部分以百万元为最低额；超收部分提奖采超额递减办法，五千万元以内提 5%，每增五千万元，增加部分递减 1%，减至 2% 为止。分配标准为：以 20% 特奖超收分局人员；以 15% 特奖超收省局主管、主办人员；以 5% 特奖超收单位主管、主办人员；以 10% 奖个人查账分数在八十分以上人员；全额 50% 再作百分，以 40% 奖励主管各单位上年度全国工作人员（普奖部分），以 30% 补助本年责任重大、生活艰苦工作人员，以 20% 为处、省、分局福利事业基金，以 10% 奖励本部各有关

---

① 《山西省征收营业税奖惩规则》，《山西省公报》第 29 期，1940 年，第 42~46 页。
② 《直接税处转知税务人员贪污一律按〈国家总动员法〉军法从事的密令》(1942 年 6 月 3 日)，《中华民国工商税收史料选编》第 4 辑上册，第 676~677 页。
③ 《直接税处颁发〈工作人员戒条 10 则〉》(1943 年 1 月 21 日)，《中华民国工商税收史料选编》第 4 辑上册，第 686 页。

169

民国时期营业税制度的变迁

单位。① 据此直接税处制定《直接税超收奖金分配标准》，根据责任大小，对处长、省局长及各级人员的奖金分配做了具体的规定。② 财政部直接税处接管营业税以后，彻底改变了各地营业税考核制度不一的状况，制定了更严格、更细致的考核标准，有力地保证了战时营业税的征收。

小　结

民国时期，如何对征纳双方进行有效管理，是摆在政府和财政当局面前的一个重要问题。在营业税制度建立的过程中，无论是中央政府还是地方政府，均非常注重激励机制的运用，甚至有不少创举。民国时期营业税征管激励机制有奖励和惩罚两种形式，前者主要对征税有功的税务人员、协征人员、告密人进行奖励，后者主要对违法违规的税务人员和纳税人进行处罚。具体而言，处罚制度是针对纳税人违法违规行为而制定，旨在使其依法纳税，减少违法违章行为；罚金提奖和经费坐扣是激励税务人员的一种重要手段，即贡献大、征税多则会获得一定的提成和较多的经费；考成制度旨在对经征人员进行定期考核，考核优秀者可获得提成或晋升的机会，考核不及格者则面临淘汰或处罚。值得注意的是，各地营业税征管激励机制有一定差异性，而且各地方政府根据各自实际情况，不断调整激励机制。随着民国社会政治经济形势的变化发展，税收征管激励机制中的奖励和惩罚力度均不断加大。在征纳双方之外，还涉及其他人员，如举报人和协警的奖励规定，因为营业税征收机关的职权和能力相对有限，如果能调动其他人员的力量，对查处违法行

---

① 《各税超收部分提奖办法》（1943年2月9日），《中华民国工商税收史料选编》第4辑上册，第693~694页。
② 《直接税超收奖金分配标准》（1943年5月21日），《中华民国工商税收史料选编》第4辑上册，第695~696页。

第三章 营业税的征管激励机制及其运用

为非常有益。正如时人所言："稽征严密，固可使逃税者减少，但对逃税者若不予以惩罚，则逃税者必以身试法，无所畏惧，对告密者不予奖励，则无人愿为不易稽查。"[①] 需要注意的是，税收征管激励机制能否充分发挥效能受制于制度运行的环境——社会经济条件。民国时期工商企业的组织以独资和合伙企业为主，公司制企业所占比重并不大。独资和合伙企业采用中国传统的商业簿记，且将簿记及经营状况视作商业机密，"除少数规模较大的企业账簿真实，申报不至短漏外，其余大部隐匿真账，另立伪簿，以为搪抵，或将大宗收入，漏不登记"。[②] 账簿不能反映经营实况，加大了税收稽征难度，就算加大激励力度，往往也很难取得显著效果。民国时期中央和地方政府对于所订征管激励机制努力付诸实施，调动了税务人员的积极性，也对纳税人起到一定的警示作用，但受到种种因素的制约，偷税、漏税、抗税及违法征税等现象仍屡见不鲜，这说明现代税收制度的建立并非一蹴而就，而是一个长期的过程。

[①] 孙邦治：《营业税之逃避与稽征》，《重庆营业税月报》第1卷第1期，1943年，第18页。

[②] 《省府令整理营业税收》，《四川经济月刊》第10卷第3期，1938年，第12～13页。

第四章

营业税税率的变动及其减免纷争

作为税收制度的核心要素,税率是应纳税额与课税对象之间的比例关系,也是反映纳税人税收负担的重要指标之一。民国时期,政府在营业税立法过程中是如何设置税率的?中央和地方营业税税率有何差别?营业税税率的演进有何特点?税率对营业税纳税人的税收负担产生什么影响?从政府的角度来看,如何在税收的公平和效率原则下,根据国家政治与社会经济形势变化调整税率极为关键。在财政极其困难的情况下,政府往往希望通过提高营业税税率迅速增加税收收入。税率高低关系营业税纳税人切身利益,自然是纳税人关注的重要问题。营业税纳税人为经营工商业的商人,这些商人大都已经加入同业公会或商会等工商团体,并通过这些工商团体来维护利益和表达诉求。为争取更低的税率或税收减免,工商团体难免与政府发生各种税收纷争。在此过程中,征纳双方如何展开互动和博弈,对税率变动产生什么影响?对纳税人税收负担和政府税收收入又有何影响?这些均是值得深入探讨的重要问题。

第一节 中央营业税税率的变化

在税收学中,税率一般分为定额税率、比例税率、累进税率三种

第四章 营业税税率的变动及其减免纷争

类型。① 作为税收制度的核心要素,税率是税收立法的重要内容。从民国初年营业税立法的酝酿到1931年《营业税法》正式颁布,营业税税率经历了从定额税率向比例税率的转变。

一 北京政府时期

为缓解中央财政困难,北京政府在改革旧税的同时,也效仿西方国家的税制,由财政部税法委员会及财政讨论会筹划营业税立法,拟定了《营业税法草案》,纳入课税范围的有银行、贩卖国内货物、贩卖国外货物、制造货物、仿造货物、贷换银钱、典质、出赁物品、印刷等27种行业。② 其税率采用比例税率与定额税率相结合的形式,如银行业、贷换银钱业、典质业、保险业按资本征收25‰、按房屋赁价征收50‰、按从业人员征税每人2元;制造货物营业按资本征收15‰、按房屋赁价征收30‰、按从业人每人征收8角、按从业人内工人力役夫每人征收4角;运送业、起卸货物业、航行业、泊船码头业、船厂业按资本征收2‰、按从业人每人征收1元(详见表4-1)。

表4-1 1912年《营业税法草案》中的税率和课税标准

营别	课税标准	税率
银行业 贷换银钱业 典质业 保险业	资本 房屋赁价 从业人员	25‰ 50‰ 每人2元

---

① 定额税率是按单位课税对象直接规定应征税额,而不采用百分比形式的税率。比例税率是指不论税基大小,均按一个固定的百分比计征的税率。累进税率是指随税基扩大而提高征收比例的税率。参见袁震宇主编《利率·税率·汇率》,湖南科学技术出版社,1997,第29~33页;元春、润生编著《税收税率税法》,山西经济出版社,1991,第58~61页。
② 《营业税法草案》,《申报》1912年10月21日,第7版。

民国时期营业税制度的变迁

续表

营别	课税标准	税率
贩卖国内货物业	卖出金额 房屋赁价 从业人	趸卖0.6‰,零卖2‰ 50‰ 每人1元
贩卖国外货物业	卖出金额 房屋赁价 从业人	趸卖2‰,零卖5.5‰ 50‰ 每人1元
制造货物业	资本 房屋赁价 从业人 从业人内工人力役夫	15‰ 30‰ 每人8角 每人4角
仿造货物业 印刷业 照相业	资本 房屋赁价 从业人 从业人内工人力役夫	1‰ 20‰ 每人6角 每人2角
出赁物品业	资本 房屋赁价 从业人	3‰ 20‰ 每人1元
仓栈业	资本 房屋赁价 从业人	2‰ 30‰ 每人1元
运送业 起卸货物业 航行业 泊船码头业 船厂业	资本 从业人	2‰ 每人1元
牧畜业	资本 从业人	3‰ 每人2元
旅店业 饮食店业 贷座业	房屋赁价 从业人	60‰ 每人1元
介绍业 经纪业 牙行业 代办业	报酬费 从业人	10‰ 每人2元
包办土木业 包办力役业	包办价额 从业人	2‰ 每人5角

资料来源：根据《营业税法草案（续）》，《大公报》1912年10月14日，第11版；《营业税法草案（续）》，《申报》1912年10月22日，第7版编制。

第四章 营业税税率的变动及其减免纷争

经财政部等部门详加讨论研究，《营业税法草案》未被采纳，北京政府决定效法美国征收特种营业税，并于1914年7月颁布《特种营业执照税条例》，列入课税范围的有皮货业、绸缎业、洋布业、洋杂货业、药房业、煤油业、金店银楼业、珠宝古玩业等13个行业。[①] 按照规定，特种营业税税率按营业总收入分为三等十三级：营业总收入10万元以上为一等营业，分为四级，每年纳税金额分别为1000元、500元、375元和250元；营业总收入在1.5万元以上10万元以下为二等营业，分为四级，每年纳税金额分别为125元、75元、50元和37.5元；营业总收入在1.5万元以下为三等营业，分为五级，每年纳税金额分别为25元、12元、7.5元、2.5元和1元（详见表4-2）。

表4-2 1914年7月特种营业税税率等级

等级		营业总收入	年税金额（元）
一等营业	第一级	400000元以上	1000
	第二级	200000元以上	500
	第三级	150000元以上	375
	第四级	100000元以上	250
二等营业	第一级	50000元以上	125
	第二级	30000元以上	75
	第三级	20000元以上	50
	第四级	15000元以上	37.5
三等营业	第一级	10000元以上	25
	第二级	5000元以上	12
	第三级	3000元以上	7.5
	第四级	1000元以上	2.5
	第五级	1000元以下	1

资料来源：根据《特种营业执照税条例》（1914年7月27日），《中华民国工商税收史料选编》第5辑上册，第376页编制。

1915年9月，北京政府财政部颁行的《普通商业牌照税条例》规定，除贩卖烟酒及牙当各商外，应一律遵例缴纳普通商业牌照税，税率

[①] 《财政部拟定特种营业税之内容》，《申报》1914年7月14日，第3版。

民国时期营业税制度的变迁

"由该管征收官署视市面衰旺、营业大小"分为八个等级定额征收：一等年征 20 元，二等年征 16 元，三等年征 10 元，四等年征 8 元，五等年征 6 元，六等年征 4 元，七等年征 2 元，八等年征 1 元。[①] 1917 年 2 月，国务会议通过的《营业税法案》规定，资本 300~500 元，年收税 1 元；资本 500~1000 元，年收税 2 元；资本 1000~2000 元，年收税 4 元；资本 2000~3000 元，年收税 6 元；资本 3000~4000 元，年收税 8 元；资本 4000~5000 元，年收税 10 元；资本 5000~8000 元，年收税 16 元；资本 8000~10000 元，年收税 20 元；资本 10000 元以上者，每年依其资本额 2‰征税。[②] 1925 年制定的《普通营业税草案》规定，营业税税率标准为：200 元以上 500 元以下，年纳税金 1 元；500 元以上 1000 元以下，年纳税金 2 元；1000 元以上 3000 元以下，年纳税金 4 元；3000 元以上 6000 元以下，年纳税金 6 元；6000 元以上 8000 元以下，年纳税金 8 元；8000 元以上 10000 元以下，年纳税金 10 元；10000 元以上按 30‰缴纳税金（见表 4-3）。

表 4-3　1925 年《普通营业税草案》中的税率

资本额	年纳税金额
200 元以上 500 元以下	1 元
500 元以上 1000 元以下	2 元
1000 元以上 3000 元以下	4 元
3000 元以上 6000 元以下	6 元
6000 元以上 8000 元以下	8 元
8000 元以上 10000 元以下	10 元
10000 元以上	30‰

资料来源：根据《财部新拟普通营业税草案》，《银行周报》第 9 卷第 40 期，1925 年，第 29 页编制。

---

① 《北京政府财政部拟开办普通商业牌照税致大总统呈》（1915 年 9 月 26 日），《中华民国工商税收史料选编》第 5 辑上册，第 383 页。
② 《政府新提出之营业税法》，《晨钟报》1917 年 2 月 23 日，第 2 版。

以上法规在税率设计上主要采用定额税率。定额税率能够减少一些烦琐手续,"在国家可少调查之烦,在人民得免苛征之扰",① 但也存在一定缺陷,如未能完全顾及各商店营业规模的差异。假如甲商店的营业额为 5.5 万元,乙商店的营业额为 9.5 万元,按照 1914 年的税率标准计算,两个商店须缴纳的税金均为 125 元,但前者实际税负为 2.27‰,后者仅为 1.32‰。如此之大的税负差别显然有悖于税收公平原则。不过,由于当时处于军阀割据与混战之下,北京政府所订营业税规章最终未能付诸实施。②

二 南京国民政府前期

1927 年 4 月,南京国民政府成立以后,财政部于当年 6 月召开财政会议。会议讨论了赋税司司长贾士毅起草的《营业税条例草案》。该草案规定,在中华民国境内经营制造业、印刷出版业、保险业、典当质押业等均应缴纳营业税;营业税以资本额为课税标准,税率为 1‰ ~ 3‰。③ 很明显,较之北京政府时期的定额税率,该草案采用了比例税率。对于这种以资本额为课税标准的比例税率,时人曾提出质疑:"吾国如不欲施行营业税则已,否则当以课征纯益为原则,尤宜酌采累进之原则,兼顾社会之政策,庶期于不妨害民生之范围,且得期担负之公平。"④ 由于营业税按纯收益课税较为困难,所以采用累进税率之议未能完全被政府接受。1928 年 7 月,全国裁厘委员会所订《各省征收营业税办法大纲》对营业税的税率有明确规定,物品贩卖业、制造业、印刷业、饭店业、旅馆业、娱乐场业、照相业按售出金额征收 1‰ ~ 2‰,牙行业按所收牙费金额征 2‰,包作业按承包金额征 0.5‰,租赁物品

---

① 《特种营业执照税之大略》,《中华实业界》第 10 期,1914 年,第 4 页。
② 柯伟明:《论民国时期的营业税税率与税负》,《安徽史学》2015 年第 3 期。
③ 《行将施行之营业税法规汇志》,《银行周报》第 13 卷第 22 期,1929 年,第 25 页。
④ 薛遗生:《评贾拟国府营业税条例草案(下)》,《银行周报》第 13 卷第 30 期,1929 年,第 19 页。

177

民国时期营业税制度的变迁

按所收租赁金额征 1‰，运送业按所收运送金额征 1‰，钱庄业、典当业、堆栈业按资本金额征 1‰。① 该办法大纲所订营业税税率亦属比例税率。

至 1930 年底，国民政府财政部宣布自 1931 年 1 月 1 日起正式裁撤厘金。为开征营业税以抵补地方裁厘损失，财政部呈请行政院公布了《各省征收营业税大纲》。该大纲第四条规定，"营业税征收标准，以照营业收入数目计算为原则"，"至多不得超过千分之二"。② 其后财政部所拟补充办法规定："凡以营业收入额为课税标准者，照大纲第四条办理，其以资本额为课税标准者，最高不得超过千分之二十。"③ 同年 6 月 6 日，立法院审议通过的《营业税法》规定，营业税采用营业额、资本额和纯收益额三种课税标准，分别税率征收：营业额税率为 2‰～10‰；资本额税率为 4‰～20‰；纯收益额税率分为 20‰～50‰、50‰～75‰、75‰～100‰ 三个等级。④

表 4-4　1927～1931 年营业税税率

单位：‰

时间	营业税法规	课税标准	税率
1927 年 6 月	《营业税条例草案》	资本额	1～3
1928 年 7 月	《各省征收营业税办法大纲》	售出金额	1～2
		牙费金额	2
		承包金额	0.5
		租赁金额	1
		运送金额	1

---

① 《裁厘会议纪要》，《银行周报》第 12 卷第 29 期，1928 年，第 27～28 页。
② 《各省征收营业税大纲》，《工商半月刊》第 3 卷第 5 期，1931 年，第 12 页。
③ 《各省征收营业税大纲补充办法》，《工商半月刊》第 3 卷第 5 期，1931 年，第 12～13 页。
④ 《行政院转奉国府办法营业税法训令》（1931 年 6 月 20 日），《中华民国史档案资料汇编》第 5 辑第 1 编《财政经济》（2），第 426～428 页；《立法院代理院长邵元冲呈国民政府为营业税法经议决修正通过请公布施行》（1931 年 6 月 8 日），台北"国史馆"藏国民政府档案，档案号：001-012410-00029-004。

第四章 营业税税率的变动及其减免纷争

续表

时间	营业税法规	课税标准	税率
1931年1月	《各省征收营业税大纲》《各省征收营业税大纲补充办法》	营业额 资本额	≤2 ≤20
1931年6月	《营业税法》	营业额 资本额 收益额	2～10 4～20 20～100

资料来源：据《各省征收营业税大纲》《各省征收营业税大纲补充办法》，《财政公报》第46期，1931年，第15～16页；《营业税法》，《新闻周报》第8卷第24期，1931年，第3页编制。

由表4-4可见，与北京政府时期的定额税率不同，南京国民政府在营业税立法过程中采用比例税率，即根据各商店经营规模（营业总收入额、资本额）或获利（纯收益）大小，按照一定比例进行征税。这是因为这一时期营业税已经由"中央税"变为"地方税"，由"特种税"变为"普通税"，实现地区间、行业间税负的公平分配是营业税得以顺利推行的关键。相对于定额税率，比例税率能够体现不同纳税单位间的差异性，可在一定程度上克服定额税率所造成税负分配不均的情况，更符合税收的公平原则。但是，1931年6月6日立法院通过的《营业税法》，较财政部所订《各省征收营业税大纲》及其补充办法中的税率有很大提高。消息传出后，各商奋起反对。6月10日，上海市各业公会税则委员会致电中央政治会议、国民政府立法院称："(营业税法)对于征税手续，与行政院前颁之各省征收营业税纲要及补充办法，并未有任何之更正，而于税率之拟订，则独予加重。"该电提出："重予修正（营业税税率），除确系奢侈营业及含有取缔性质者，应列举规定外，其以营业额为课税标准者，最高不得超过千分之二，以资本额为课税标准者，至多不得超过千分之二十。"① 江苏

---

① 《各业税则会请修正营业税法》，《民国日报》1931年6月11日，第2张第3版。

各县商会认为，"税法条文，与中央政治会议议决各省征收营业税大纲，及财政部所订补充办法，殊多违反"，商定由镇江县县商会挈衔，电呈中央政治会议、国民政府、立法院，"请将通过营业税法，根据议决原则，分别重行修正……税率至高勿超过千分之三"。① 6月17日，吴县南北海货、糖业等57个同业公会代电国民政府指出："立法院通过营业税法一案，变本加厉。照部定大纲，以营业额为课税标准者，不得超过千分之二为不足，改为不得超过千分之十；以资本额为课税标准者，定为千分之四至千分之二十，并于营业资本两额以外，另订纯益额之税率，改为百分法比例，实属违反中央政治会议通过不扰民、不妨害商业发达之原则。"②

为解决第一次全国财政会议遗留的问题及救济农村经济，南京国民政府于1934年5月召集第二次全国财政会议。③ 营业税征收问题也引起了与会代表的高度关注。应否提高营业税税率是此次全国财政会议上争论的焦点。在5月26日上午召开的第四次大会上，主张和反对提高税率两种观点针锋相对，大会最终决定："将各原提议及审查意见一并汇呈行政院，转咨立法院，作为修正营业税法案时之参考。如有与营业税法各条文未能符合，应须修正或补充之处，应请财部汇呈行政院，转请立法院依法修正公布实施。"④ 最终，会议决议通过了整顿营业税的五项办法，其中，对税率分级和行业分类做了调整：

---

① 《苏省各县商会请修正营业税法》，《申报》1931年6月15日，第8版；《镇江商会等电国民政府为立法院通过营业税法违反中国国民党中央执行委员会政治会议议决大纲恳饬令重行修正》（1931年6月11日），台北"国史馆"藏国民政府档案，档案号：001-012410-00029-006。

② 《江苏吴县南北海货糖业等五十七同业公会电国民政府为立法院通过营业税法违反中国国民党中央执行委员会政治会议通过之原则恳饬财政部修订细则时力加救济》（1931年6月18日），台北"国史馆"藏国民政府档案，档案号：001-012410-00030-002。

③ 柯伟明：《1934年第二次全国财政会议与地方税收整理》，马敏主编《近代史学刊》第20辑，社会科学文献出版社，2018年，第121页。

④ 《昨日财政会议上下午均开大会，营业税案意见送院参考》，《申报》1934年5月27日，第6版。

第四章 营业税税率的变动及其减免纷争

以营业额课税者，其税率分为三级（2‰~5‰、5‰~8‰、8‰~10‰）；以资本额课税者，其税率分为四级（5‰~10‰、10‰~15‰、10‰~20‰、15‰~20‰）。根据整理办法，营业税按照各业的性质分六类，按不同的税率标准课税：第一类为贩卖业，分为普通日用品、半奢侈品、奢侈品或取缔品三类，其税率分别为最高5‰、最高8‰、最高10‰；第二类为制造业，包括手工或加工修理、机器制造之工厂两类，前者分最高5‰、最高10‰两级，后者分最高15‰、最高20‰两级；第三类包括印刷出版、文具教育用品、书店书局等业，税率为5‰~10‰；第四类包括运送、包作、介绍代理、电气、洗染等业，税率为5‰~10‰；第五类包括租赁物品、中西餐馆、娱乐场、照相镶牙等业，税率为8‰~10‰；第六类包括钱庄、金银号、信托等业和证券、保险等业，税率分别为10‰~15‰、8‰~10‰（详见表4-5）。

表4-5 第二次全国财政会议通过之营业税行业分类课税标准

类别	业别		税率	课税标准
第一类 物品贩卖业	甲	普通日用品类	最高5‰	按营业额
	乙	半奢侈品类	最高8‰	
	丙	奢侈品或取缔品类	最高10‰	
第二类 制造业	甲	手工或加工修理业	最高5‰ 最高10‰	按资本额
	乙	机器制造之工厂类	最高15‰ 最高20‰	
第三类	印刷出版业、文具教育用品业、书店书局业		5‰~10‰	按资本额
第四类	运送业、包作业、介绍代理业、电气业、洗染业		5‰~10‰	按营业额
	堆栈业		10‰~20‰	按资本额

民国时期营业税制度的变迁

续表

类别	业别	税率	课税标准
第五类	租赁物品业、中西餐馆业、娱乐场业、照相镶牙业、旅馆业、浴堂理发业	8‰~10‰	按营业额
第六类	钱庄业、金银号业、信托业	10‰~15‰	按资本额
	证券业、保险业	8‰~10‰	按营业额

资料来源：根据《财政部颁发的整理营业税办法有关文件》（1934年6月23日），《中华民国工商税收史料选编》第5辑上册，第399~400页编制。

第二节　地方营业税税率的争议

在南京国民政府的财政体制下，有国家税和地方税两大税收系统：关税、盐税、统税等属于国家税，田赋、营业税、契税等属于地方税。鉴于各地社会经济发展水平相差较大，而营业税又为地方税收，所以立法院通过的《营业税法》仅为大致规定，允许各省市政府根据税法制定各自的营业税征收章则。就税率而言，中央税法所订税率属于幅度比例税率，各省市税率设置则存在差别比例税率和单一比例税率两种模式。① 无论是差别比例税率还是单一比例税率，在制定和征收过程中均引发了许多纷争。

一　差别比例税率及其纷争

1931年1月财政部制定的《各省征收营业税大纲》及其补充办法公布后，湖南、湖北、安徽、浙江、江苏、江西等省纷纷制定营业税征

---

① 在税收学中，比例税率可以划分为单一比例税率、差别比例税率和幅度比例税率三种类型。单一比例税率是指一个税种只规定一个税率；差别比例税率是一个税种按照不同的标准规定两个或两个以上的比例税率；幅度比例税率指的是税法规定最高和最低税率，各地可以因地制宜地在此幅度内自行确定一个比例税率。参见袁震宇主编《利率·税率·汇率》，第29~33页；元春、润生编著《税收税率税法》，第58~61页。

第四章 营业税税率的变动及其减免纷争

收条例草案，呈请财政部审核施行。审查各省营业税税率工作，原由财政部赋税司主管，财政部部长宋子文"为审慎周详起见，令由参事厅、关务署、国定税则委员会、赋税司会同组织审查委员会，审查各省呈核营业税率之草案"。该会认为，"以各省地方情势不同，环境亦复各异，讨论税率之高低，尤须适合各省商业经济之现况"。①

从江苏省政府送呈财政部审核的营业税条例草案来看，以营业额为标准者，税率分为六级，第一级定1‰，第二级定2‰，第三级定5‰，第四级定10‰，第五级定15‰，第六级定20‰；以资本额为标准者，税率分两级，第一级定10‰，第二级定20‰。其中，制造业、印刷出版业、运送业、交通业以营业额为课税标准，征收2‰；租赁物品业、货栈业、照相业、营造业以营业额为课税标准，征收10‰；酒菜茶馆业、旅馆业、娱乐场业以营业额为课税标准，征收20‰；保险业、交易所业、钱庄业以资本额为课税标准，征收20‰。② 湖北省营业税条例草案规定：银行业按资本额征收1.5‰；钱庄业按资本额征税2‰；保险业按营业金额征收10‰；制造业按资本额分为两种，必需品征收2.5‰，奢侈品征收5‰；加工及手工业按营业金额征收3‰；堆栈业按资本额征收6‰等（详见表4-6）。

表4-6 《湖北省征收营业税条例草案》中规定的税率

业别	课税标准	税率
银行业	资本额	1.5‰
钱庄业	资本额	2‰
保险业	营业金额	10‰
制造业	资本额	必需品2.5‰,奢侈品5‰

---

① 《各省征收营业税税率，财部组织委员会审查》，《中央日报》1931年1月29日，第4版。
② 《江苏省营业税条例》，《大公报》1931年1月31日，第6版。

民国时期营业税制度的变迁

续表

业别	课税标准	税率
加工及手工业	营业金额	3‰
堆栈业	资本额	6‰
庄号业	营业金额	2‰
印刷业	资本额	2‰
出版业	营业金额	1.5‰
照相业及写真业	营业金额	15‰
理发浴堂业	营业金额	10‰
旅栈业	营业金额	20‰
酒菜馆业	营业金额	20‰
娱乐场业及其他设场屋以集客之业	营业金额	20‰
包作承揽业	营业金额	3‰
租赁业	收益额	10‰
汇票业	收益额	5‰
运送业	营业金额	2‰
交易所业	资本额	2‰
储蓄业	资本额	有奖10‰，无奖2‰
信托业	营业金额	2‰
运盐业	资本额	2‰
职业介绍业	收益额	1.5‰
代理业	营业金额	2‰
水电船舶、长途汽车、航空、招商、石膏、矿业各公司、赛马场业	营业金额	2‰
牙行业、屠宰业、典当业	暂照旧章所定标准办理	暂照旧章所定税率办理
物品贩卖业	营业金额	1.5‰～5‰

资料来源：根据《湖北省营业税条例》，《京报》1931年2月5日，第8版；《湖北省营业税条例》，《京报》1931年2月6日，第8版编制。

从各省政府所订营业税税率来看，大多数采用分行业的差别比例税率，而且大多超过中央税法规定。江苏省政府所订营业税税率因超越《各省征收营业税大纲》及其补充办法的规定而引起商人的高度关注和严重不满。苏州总商会在致财政部的函中指出，"现在本省所定课税标准及税率表所列，凡以营业额计者，几悉在千分之五至千分之二十，超

第四章 营业税税率的变动及其减免纷争

过大纲十倍之巨,即以资本额计者,亦悉照最高限度为课则。年来商市凋敝,百业坐困,倒闭歇业几至日有所闻。政府即不予以救济,亦宜薄赋轻徭,假以休养"。该商会请求财政部"俯念商艰,转咨江苏省政府慎重考虑,根据大纲更定税率,提会复议,俾垂绝之商业稍绵喘息"。① 苏州总商会的请求得到其他各县商会的一致支持和响应。1月31日,江苏省各县商会联衔电请财政部"将苏省营业税条例草案发交苏财政厅详细修正",并由省政府"召集各商会代表,参加讨论"。② 2月25日,江苏各县商会代表在镇江开会,对于税率问题主要意见有:"各业税率之高下,应根据社会状况,重行规定";"内地税率不能高于上海"。③

上海市各业同业公会纷纷呈请财政部及浙江省政府,呼吁减轻营业税税率。④ 为解决江浙两省营业税税率问题,上海市各业同业公会推举骆清华、郑澄清、诸文绮等代表进京,于1931年1月28～29日先后赴中央党部、财政部、国民政府、行政院请愿。⑤ 全国商会联合会致电行政院、财政部、实业部称:"苏省举办营业税,税率比原订大纲增加十倍之多……使各省援为先例,大纲徒为具文,任意加增负担,甚非国家裁厘免除病商秕政本心。"⑥ 审查各省营业税之税率,原为财政部赋税司所主管,财政部部长宋子文为审慎周详起见,令由参事厅、关务署、国定税则委员会、赋税司共同组织一个审查委员会,审查各省所呈营业税税率草案。⑦ 该委员会奉令后,"已在财部召集谈话会,以各省地方

---

① 《苏州总商会为请复议核减营业税率致财政部函》(1931年1月28日),马敏、肖芃主编《苏州商会档案丛编》第4辑下册,第1382页。
② 《苏各县商会对苏省营业税条例意见》,《申报》1931年2月1日,第12版。
③ 《江苏各地商会讨论营业税》,《国货新声》第34期,1931年,第21页。
④ 《沪各业注意营业税》,《民国日报》1931年1月28日,第2张第3版。
⑤ 《沪各业请减低江浙税率》,《民国日报》1931年1月29日,第1张第3版。
⑥ 《全国商会致院部电》,《益世报》1931年2月4日,第4版。
⑦ 《各省征收营业税税率,财部组织委员会审查》,《中央日报》1931年1月29日,第1张第4版。

185

民国时期营业税制度的变迁

情势不同,环境复异,税率高低,决定以适合各省商业经济状况为原则"。① 财政部部长宋子文也表示:"财部现正将各省草案详加审察,如有超过,应予纠正。"② 但是,在审查委员会审查期间,各地商会反对之声依然不绝于耳。1931年2月4日,江苏50余县商会反对省政府所订营业税税率,认为违反部定大纲,特联合会衔呈文财政部,一致否认:"苏省政府所订营业税条例草案,凡以资本额计者,其税率固多按照最高限度课税,凡以营业额计者,其税率悉在千分之五至千分之二十,尤违反部定大纲第四条之原则……请大部本裁厘救民之意,将苏省府所订之营业税条例草案内违反部颁大纲及补充办法所规定之处,令行苏财厅详细修正,并由苏省政府克日召集各商会代表参加讨论。"③

在财政部审查江浙等省所呈营业税条例草案之际,上海市营业税草案亦在拟定之中。上海市各业担心市政府援用江浙办法,以致税率提高,故不断开会讨论,向政府提出种种建议,甚至直接批评江浙两省所订税率:"营业税征收方法,以避免扰商为首要,故中央规定举办营业税纲要,明令按业征收,所以免稽查之烦,绝需索之路,用意至为周善。乃苏浙两省拟定税率草案,仍以物品为单位,并未遵照分业办法。如南货业均售糖参燕火腿,今南北货业征收千分之五,糖与火腿则为千分之十五,参燕又为千分之二十,门分类别,苛细纷歧,商界在事实上既不能按类登账,于是征收胥吏,必借口于税率之不同,由检查账簿而核对存货,其结果必致纷扰不堪言状。"④ 天津市总商会致电财政部指出:"厘金虽裁,而关税已增,更益以统税特税之收入,已觉抵补有余。纵省市政费不敷,自应请由中央拨补,岂可于中央规定之外,再行提高,重苦商民。且江浙办法,沪地正在呼吁否认之中,尤不能援其未

---

① 《各省营业税率财政部组织委员会审查》,《益世报》1931年1月29日,第2版。
② 《全沪各业向财宋请愿减轻营业税》,《益世报》1931年2月4日,第4版。
③ 《苏商会反对苛征》,《益世报》1931年2月8日,第4版。
④ 《本市营业税问题》,《民国日报》1931年2月7日,第2张第3版。

第四章 营业税税率的变动及其减免纷争

定之例,致滋纷扰。"① 江浙两省营业税税率对其他各省影响重大。税务研究委员会会同关务署、赋税司为此于2月9日开会审查,对江浙两省所订税率提出两项主张:(1)"将是项草案指出超越范围之各点,发还该省,请其按定原则,重新改订";(2)"由财部代为修正,并邀该省派员来京,列席说明,有无其他特别情形"。②

表4-7 1931年3月财政部修正的江苏省营业税课税标准及税率

业别	课税标准	税率
物品贩卖业	营业额	1‰~10‰
转运业、交通业、营造业、电气业	营业额	2‰
租赁物品业	营业额	5‰
照相业	营业额	10‰
印刷出版及书籍、文具教育用品业	资本额	2‰
制造业	资本额	2‰~20‰
货栈业	资本额	5‰
钱庄业	资本额	10‰
保险业	资本额	20‰

资料来源:根据《江苏省征收营业税条例施行细则》(1931年3月),台北"国史馆"藏国民政府档案,档案号:001-012410-0029,第19页;《财政部修正苏省营业税条例》,《申报》1931年3月26日,第8版编制。

1931年3月25日,江苏省政府正式公布实施经财政部修正通过的《江苏省征收营业税条例》。该条例规定,江苏省营业税采用营业额和资本额两种课税标准:以营业额为标准者,征收1‰~10‰;以资本额为标准者,征收2‰~20‰(详见表4-7)。较之《各省征收营业税大纲》及其补充办法,经财政部修正后的《江苏省征收营业税条例》中

---

① 《营业税率仿效江浙》,《益世报》1931年2月8日,第6版。
② 《财部审查江浙营业税》,《中央日报》1931年2月10日,第1张第4版。

187

民国时期营业税制度的变迁

所订税率标准仍过高。江苏各县商会为此在镇江召开会议,决定推定代表晋京,向实业部、财政部、行政院、立法院请愿,请求各院部严格按照中央既定法规予以修正:"请钧院此次审议内容时,详为订明,任何施行机关不得自由伸缩,以重立法之精神,则商民幸甚。"① 在各县商会代表赴京请愿之时,江苏省政府召开会议,决议于4月1日起正式开征营业税。为表示不满,江苏各县商会代表于4月16日再次在镇江召开会议,并发表共同宣言,一致反对和抵制开征营业税:"为减轻商民痛苦计,在立法院审定营业税法未经公布以前,对于吾苏四月一日开征营业税之通令,誓不承认。"②

根据财政部修正后的《浙江省征收营业税条例》,营业税采用营业额和资本额两种课税标准:以营业额为标准者,税率1‰~10‰;以资本额为标准者,税率2‰~20‰。其中,转运业、交通业、电气业、包作业按营业额征2‰;租赁物品业、照相业按营业额分别征5‰和10‰;印刷出版及书籍、文具教育用品业,货栈业,钱庄业,保险业按资本额分别征2‰、5‰、10‰和20‰;物品贩卖业和制造业的税率分别为1‰~10‰和2‰~20‰(详见表4-8)。

表4-8 浙江省营业税课税标准及税率

业别	课税标准	税率
物品贩卖业	营业额	1‰~10‰
转运业	营业额	2‰
交通业	营业额	2‰
包作业	营业额	2‰
电气业	营业额	2‰
租赁物品业	营业额	5‰
照相业	营业额	10‰

---

① 《苏商会代表晋京请愿结果》,《申报》1931年4月16日,第8版。
② 《苏各商会发表联合宣言》,《申报》1931年4月18日,第10版。

第四章 营业税税率的变动及其减免纷争

续表

业别	课税标准	税率
印刷出版及书籍、文具教育用品业	资本额	2‰
制造业	资本额	2‰~20‰
货栈业	资本额	5‰
钱庄业	资本额	10‰
保险业	资本额	20‰

资料来源：根据《浙江省征收营业税条例》（1931年4月），台北"国史馆"藏国民政府档案，档案号：001－012410－0029，第22~23页；《财政部修正浙江营业税条例及施行细则》，《工商半月刊》第3卷第8期，1931年，第10~11页编制。

在物品贩卖业方面，粮食业、盐业、柴煤炭业、油食业等行业征收1‰；棉花业、棉织物业、麻织物业、油业、竹木业、纸业、山货地货业、酱园业、铁器业、药材业、伞席业、铜锡铅器业等行业征收2‰；水泥业、油漆业、颜料业、洋广杂货业、糖业、电料业、西药业、毛织物业、糖果茶食罐头业、汽水冷食业等行业征收5‰；糖货业、皮货业、西式衣着业、古玩业、红木器具业、西式家具业、美术业、香烛纸炮业、珠宝钻石业、金银首饰器皿业、化妆品业、钟表眼镜业、呢绒洋布业、橡皮业、火腿业等行业征收10‰。[①]

《上海市征收营业税条例草案》规定：制造业按资本额征收1‰~3‰；物品贩卖业按营业额征收1‰~3‰；印刷出版及书籍、文具教育用品业，钱庄业，银号业按资本额征收2‰；转运业按营业额征收1‰；交通业、营造业按营业额征收1.5‰；油漆粉刷业、堆栈业、电气业、凿井业、报关业、证券业、浴室业等按营业额征收2‰；西餐馆业、旅馆业、牛奶业、照相业、花树业、象牙骨器业按营业额征

---

① 李权时：《中国目前营业税问题概观》，《经济学季刊》第2卷第2期，1931年，第15~17页。

民国时期营业税制度的变迁

收3‰；保险业按保费额征收2‰；金银首饰器皿业、金铺业按资本额征收3‰（详见表4-9）。

表4-9　上海市营业税课税标准及税率

业别	课税标准	税率
制造业	资本额	1‰~3‰
物品贩卖业	营业额	1‰~3‰
印刷出版及书籍、文具教育用品业	资本额	2‰
钱庄业	资本额	2‰
银号业	资本额	2‰
转运业	营业额	1‰
交通业	营业额	1.5‰
营造业	营业额	1.5‰
油漆粉刷业	营业额	2‰
堆栈业	营业额	2‰
电气业	营业额	2‰
凿井业	营业额	2‰
报关业	营业额	2‰
证券业	营业额	2‰
浴室业	营业额	2‰
理发业	营业额	2‰
洗染业	营业额	2‰
饭馆业	营业额	2‰
糕点业	营业额	2‰
面食业	营业额	2‰
打包装箱业	营业额	2‰
房地产经租业	营业额	2‰
装池业	营业额	2‰
贯器业	营业额	2‰
拍卖业	营业额	2‰
菜馆业	营业额	2‰
西餐馆业	营业额	3‰
旅馆业	营业额	3‰

续表

业别	课税标准	税率
牛奶业	营业额	3‰
照相业	营业额	3‰
花树业	营业额	3‰
象牙骨器业	营业额	3‰
保险业	保费额	2‰
金银首饰器皿业	资本额	3‰
金铺业	资本额	3‰

资料来源：根据《上海市营业税课税标准及税率表草案》，《申报》1931年6月25日，第13版；《上海市征收营业税条例（草案）暨营业税课税标准及税率表草案》（1931年6月25日），《中华民国工商税收史料选编》第5辑下册，第3525页编制。

  税法颁布以后，各省市本应根据新税法的规定，修正原有征收营业税条例，但为避免税则朝令夕改之弊，江苏省财政厅厅长许葆英向省政府提议暂缓实行新税法："苏省营业税开征伊始，各县纠纷方此解决，未便再有更张。拟请本年征收营业税税率暂照财政部修正条例办理，免得再引起纠纷。俟试办三季以后，调查营业状况渐有眉目，自二十一年一月换营业证时，再遵照新税法实行。"[①] 此项提议经江苏省政府委员会会议决议通过实行。1932年1月公布的《北平市征收营业税施行细则》对营业税税率做了调整。细则规定，制造业以资本额为课税标准，税率为1‰~20‰：印刷出版及书籍、文具教育用品业，货栈业，银钱庄业，信托业、保险业、交易所业，典质业按资本额以2‰、5‰、10‰、15‰、20‰分别课税。物品贩卖业以营业额为课税标准，税率为1‰~10‰：转运业、交通业、营造业等按营业额征收2‰，拍卖业、养鸟业等按营业额征收5‰，照相业、花树业、娱乐业按营业额征收10‰（详见表4-10）。

---

① 《苏省营业税率不变更》，《申报》1931年7月20日，第8版。

民国时期营业税制度的变迁

表4-10 北平市营业税标准及税率

业别	课税标准	税率
制造业	资本额	1‰~20‰
印刷出版及书籍、文具教育用品业	资本额	2‰
货栈业	资本额	5‰
银钱庄业	资本额	10‰
储蓄业	资本额	无奖5‰,有奖10‰
信托业	资本额	15‰
保险业	资本额	15‰
交易所业	资本额	15‰
典质业	资本额	20‰
物品贩卖业	营业额	1‰~10‰
凿井业	营业额	1‰（田间凿井者暂行免税）
转运业	营业额	2‰
交通业	营业额	2‰
营造业	营业额	2‰
油漆粉刷业	营业额	2‰
电气业	营业额	2‰
广告业	营业额	2‰
证券业	营业额	2‰
理发浴室业	营业额	2‰
洗染织补业	营业额	2‰
面饭铺业	营业额	2‰
糕点铺	营业额	2‰
打包装箱业	营业额	2‰
房地经租业	营业额	2‰
承包业	营业额	2‰
经理介绍业	营业额	2‰
货器业	营业额	2‰
养蜂业	营业额	2‰
装潢业	营业额	2‰
肥料业	营业额	2‰
拍卖业	营业额	5‰
养鸟业	营业额	5‰
养兔业	营业额	5‰

第四章　营业税税率的变动及其减免纷争

续表

业别	课税标准	税率
中西菜馆业	营业额	5‰
旅馆业	营业额	5‰
牛奶业	营业额	5‰
镶牙补眼业	营业额	5‰
照相业	营业额	10‰
花树业	营业额	10‰
娱乐业	营业额	10‰

资料来源：根据《北平市政府关于公布〈北平市征收营业税施行细则〉令》（1932 年 1 月 4 日），《民国时期北平市工商税收档案史料选编》，第 411~412 页编制。

在营业税实施的过程中，各业出于自身的利益，要求减低税率的呼声此起彼伏。至 1932 年 8 月，河北省和天津市各县营业税收入极为有限，难以抵补政府财政亏空。"省市自去年七月间，开征营业税后，除市境收入尚有可观外，省属各县，则极呈困苦，平均全省收入，每月不过三四万元。计今年五月份，只二万六千六百余元，六月份只六万余元，七月份五万余元，八月份三万余元，故不特不能抵补裁厘后省库之窘绌，即因此税而设之机关经费，几亦不足自给。"① 财政部方面又不批准开征新税，所以河北省政府和天津市政府决定自 10 月 1 日起，提高营业税税率：属于营业额者，原为征税 2‰ 增为 4‰ 者，计转运、交通、营造、电气、报关、广告、印刷出品、文具教育用品、书籍、糕点、打包、承包、装潢等业；原征 5‰ 增为 6‰ 者，计西餐馆、菜馆、旅馆等业；原征 1‰ 增为 2‰ 者，凿井业；原征 5‰ 增为 10‰ 者，镶牙业。属于资本额者，原征 5‰ 增为 6‰ 者，货栈业；原征 15‰ 增为 20‰ 者，保险业。制造业和贩卖业税率均有不同程度的增加。② "平均计算，新增税率，超过一倍，与中央裁厘后饬各省开办营业税抵补但税率至高

---

① 《省市营业税率提高》，《益世报》1932 年 9 月 9 日，第 6 版。
② 《财政部核准增高营业税税率》，《大公报》1932 年 9 月 9 日，第 2 张第 7 版。

193

不得超过千分之二之明令，未免较高。"① 河北省和天津市提高营业税税率引起省市各县商会及各业同业公会严重不满，纷纷呈文或致电有关政府部门表达意见，大致意思为商业状况恶化，税收负担已经很重，请求政府撤销增税办法。天津市各业在联合致政府的呈文中指出："今该处竟欲于山穷水尽之际，不图减轻民众担负之谋，而作勉加税率之想，实无异于置我商民于水深火热之中，驱我商民入毒蛇猛兽之口，既背中央设税之初衷与原则，复影响市面之情景与现状。果使一朝实现，其害不可思议，何该处独乃出此，非致全市商民必死而后已也。"②

表4-11 天津市商会各业公会对营业税加额反应一览

时间	同业公会名称	意见要点
1932年9月19日	姜业同业公会	按旧章纳税已感切肤之痛，再加税额，更不啻朘削之苦，请转呈打消成议，以恤商艰
1932年9月20日	肠业同业公会	去岁津变，元气未复，营业萧条，已达极点，请转函授案输纳，勿再增加
1932年9月22日	洋广货商公会	连年抵货，营业顿减，商民无力负担增加税款，请收回成命，按廿年（1931年）规定实行
1932年9月22日	帽商同业公会	营业凋敝，无力担负，新改纳税章程请勿实施，请转恳征收处体恤商艰
1932年9月21日	木业同业公会	负担日重，生意日艰，敢陈苦衷，碍难承认。请免增加，以符法令
1932年9月23日	海货业同业公会 地毯同业公会 油漆颜料业公会 杂货糖业同业公会 姜业同业公会 金银首饰业公会	本市商民已濒不死不生之中，势难再增意外之担负，请转请收回成议，照旧规征收

① 《省市营业税率提高》，《益世报》1932年9月9日，第6版。
② 《增高营业税率，商民纷纷反对》，《大公报》1932年9月27日，第2张第7版。

第四章 营业税税率的变动及其减免纷争

续表

时间	同业公会名称	意见要点
1932年9月24日	鞋业同业公会	不但有病于商,且与中央明令抵触,不能承认,转请取消
1932年9月25日	米业同业公会	变更税率,无力担负,体念商艰,照旧额征收。照转吁恳,以免实行
1932年9月27日	绸布棉纱呢绒业同业公会	转函当局俯念津市商业困苦,对增税准予收回成命,并照整卖折半办法征税
1932年9月27日	杂货糖业公会	去岁两变,今因输税影响赔累不堪已达极点。请转收回增税成命。
1932年9月28日	自行车业公会	商民穷迫,无力担负,转请撤销成议,依旧征收,以苏商困,而至民生
1932年9月28日	麻绳业公会	商民窘困已极,无法承认增税,转请打消成议,援照旧章征收,以符原则,而重民生
1932年9月30日	门市布业公会	货源减少,收入顿减,新增税款无力负担,请收回成命,勿与实施
1932年10月3日	茶业同业公会	市面萧条,商业衰落,不堪再行增高营业税率,请准收回成命,并照整卖折半办法征税
1932年10月6日	南纸书业公会	对意外担负实难承认,不堪再行增高营业税率,请市商会速召大会,一致力争,以纾商困
1932年10月7日	转运业同业公会	值斯生意锐减,资本枯耗之际,转运业同业厄运遂至,岂能负担重税,前颁税率碍难承认
1932年11月28日	绸布棉纱呢绒业同业公会	租界商业林立,担负较内地为轻。内地各商迁入租界尤众,望商会速在租界推行营业税,并坚持前呈各节

资料来源:《津商会各业公会对营业税加额反应一览表》(1932年9月19日至11月28日),《天津商会档案汇编(1928~1937)》下册,第1947~1949页。

与此同时,河北省各县商会也奋起反对。表4-12为河北省各县商会的意见,表达了对于增加税率的不满,希望政府能够体恤商情,免予增加税率,减轻商民负担。11月18日,河北省各县市商会代表70余人,为反对营业税新税率,赴国民党省党部请愿,请转达省政府及财政

195

民国时期营业税制度的变迁

厅收回成命,并请党部竭力帮忙。① 然而,财政当局增税态度十分坚决。10月9日,财政厅函复商会称:"河北省营业税征收章程及税率表,系依中央公布营业税法参照厘订,税率等级比较旧率虽稍事增加,但按诸营业税法第四条,甲乙两项规定之范围,并未超越。本厅奉部令改定征收章程及税率,完全仿照山西河南两省税率,定为本省税率最高最低之限度……况本省营业税征收章程暨税率表,业经呈奉财政部审核修正,转呈行政院备案颁发到省,并报告河北省政府委员会第三七二次会议决议照办,公布全省一体遵行……所请收回成命一节,碍难照准。"② 为扩大反对增加营业税税率的影响,河北省105县商会代表于11月21日向省政府大请愿。③ 11月22日,省政府开会时,"即将各县商会代表所陈商艰情形提出讨论,决议因新税率业经实行征收,所请碍难照准"。④ 商会代表则表示"坚持到底"。⑤ 此外,良乡等27县商人拒绝缴纳营业税,以致营业税征收困难重重。⑥ 12月6日,河北省政府主席于学忠向记者表示,"营业税率不能变更"。⑦ 他强调:"河北营业税,系按中央明令办理,此税通行全国,河北当然不能除外。税率原定为由千分之一到千分之十,现河北定为千分之二到千分之十,与税章并无抵触。"⑧ 各商的反对和抵制仍使得营业税增税受阻,政府不得不延至1933年1月1日开始增税。⑨

---

① 《冀各县市商会代表赴省党部请愿,反对营业税新税率》,《申报》1932年11月19日,第7版。
② 《财厅函商会增加营业税谓奉部令改订碍难收回成命》,《大公报》1932年10月10日,第2张第7版。
③ 《冀省百○五县代表今日向当局请愿》,《益世报》1932年11月21日,第6版。
④ 《省府议决不能取消新订营业税率》,《大公报》1932年11月23日,第2张第7版。
⑤ 《代表函各县商会坚持到底》,《益世报》1932年11月23日,第6版。
⑥ 《反对声中之营业税》,《大公报》1932年12月2日,第2张第7版。
⑦ 《于学忠谈片》,《大公报》1932年12月7日,第1张第4版。
⑧ 《于学忠昨返津,谈营业税率不能变更》,《京报》1932年12月7日,第3版。
⑨ 《新营业税率,元旦日开始实行》,《大公报》1932年12月28日,第2张第7版。

第四章 营业税税率的变动及其减免纷争

表4-12 河北省各县商会陈述对营业税加额意见统计

时间	县名	函询意见要点
1932年8月3日	顺义县	营业税增加三成,实难负担,否认增加,维持原额。询津市商会对此抱何宗旨
1932年9月12日	赵县	本年开始遵上峰令照原额增加三成,今再大事增加,商户无力。询津市如何应付祈示
1932年9月13日	丰润县	提高税率增众商负担。请津市商会对于召开全体大会讨论应付办法,务希示知
1932年9月16日	通县	新章程删去"整卖批发折半征税"一节,如默认负担加重,询津市对增税如何意见,敬希惠教以资借镜
1932年9月18日	定县	新税骤增一倍或两三倍不等,商民无力担负。询津市商会如何应付挽此狂澜,乞赐教言,俾资借镜
1932年9月9日	保定县	本年各行商照旧税法交纳过半,新税法又增加一层负担,力有未逮。询津市对新税有无补救善策,请不吝教言
1932年9月28日	徐水县	新税法不仅各项税率增高,且将整卖批发部分减半收税一节删除,实觉力莫能支。询大会如何应付,请示我
1932年10月10日	滦县	新法增加二三倍,负担过重极感困难。询贵会如何办法,请见复遵循
1932年10月3日	通县	函询具体应付计划,俾资遵循
1932年10月14日	肃宁县	地瘠民贫,商业凋敝,兵灾水灾不断,势小力微无能抵抗,对贵会举动均表赞同。愿附骥尾,坚持到底
1932年10月13日	固安县	商人奋起,联络一致抵抗,以轻负担。望告到平日期,以便公开会议请愿
1932年10月20日	永清县	除呈请县府转河北财政厅收回成命外,派代表赴平参加请愿,望贵会派代表参加筹划办法
1932年10月20日	涞水县	欲求一致抵抗,须真实团结,敝会赞成一致,将来如何办理,务望随时见效
1932年10月23日	固安县	兹定于阳历十一月一日仍在北平达智桥松筠庵旧商联合址开全体会,共策进行,以资抵抗
1932年11月18日	东光县	县府令恪遵新章,再恳财政厅照旧章征收,以维商艰。函达贵会,一致进行

资料来源:《河北省各县商会陈述对营业税加额意见统计表》(1932年8月3日至11月18日),《天津商会档案汇编(1928~1937)》下册,第1941~1942页。

民国时期营业税制度的变迁

根据朱炳南和严仁庚于 1935 年对江苏、南京等 15 个省市营业税章则所做统计,营业税主要以营业额和资本额为课税标准,采用行业差别比例税率,但税率分级不尽相同。就营业额税率而言,江苏、浙江、安徽、湖北、广东、绥远分三级,河北、河南、南京、上海、北平分四级,山东、青岛分五级,江西、湖南分别分七级和九级。就资本额税率而言,江苏、浙江、安徽、湖北、河南、上海分三级,广东、绥远、青岛分四级,江西、湖南、山东分五级,河北、南京、北平分六级(详见表 4-13)。

表 4-13　各省市营业税简明税率

省市	营业额税率	资本额税率	法规依据及年月
江苏省	5‰、8‰、10‰	5‰、8‰、10‰	《江苏省征收营业税暂行办法》,1932 年 7 月通过
浙江省	5‰、8‰、10‰	5‰、8‰、10‰	《浙江省征收营业税章程》,1934 年 2 月修正
安徽省	5‰、8‰、10‰	6‰、10‰、15‰	《安徽省征收营业税章程》,1934 年 2 月修正
江西省	2‰、4‰、5‰、6‰、7‰、8‰、10‰	4‰、5‰、10‰、15‰、20‰	《江西省征收营业税章程》,1932 年 4 月修正
湖南省	2‰、3‰、4‰、5‰、6‰、7‰、8‰、9‰、10‰	4‰、8‰、10‰、15‰、20‰	《湖南省征收营业税章程》,1931 年 11 月公布
湖北省	5‰、8‰、10‰	10‰、15‰、20‰	《湖北省征收营业税章程》,1932 年施行
广东省	2‰、6‰、10‰	5‰、10‰、15‰、20‰	《广东省征收营业税章程》,1931 年 7 月施行
河北省	1‰、2‰、5‰、10‰	1‰、2‰、5‰、10‰、15‰、20‰	《河北省征收营业税章程》,1932 年 5 月修正颁行
山东省	2‰、3‰、5‰、8‰、10‰	4‰、5‰、6‰、10‰、20‰	《山东省征收营业税章程》,1932 年 5 月修正
河南省	2‰、4‰、6‰、10‰	5‰、6‰、10‰	《河南省征收营业税章程》,1932 年 6 月修正
绥远省	4‰、6‰、10‰	5‰、10‰、15‰、20‰	《绥远省征收营业税章程》,1935 年 6 月修正

第四章 营业税税率的变动及其减免纷争

续表

省市	营业额税率	资本额税率	法规依据及年月
南京市	2‰、5‰、6‰、10‰	4‰、5‰、8‰、10‰、12‰、20‰	《南京市征收营业税章程》，1933年3月财政部核准
上海市	1‰、1.5‰、2‰、3‰	1‰、2‰、3‰	《上海市征收营业税章程》，1932年6月修正
北平市	1‰、2‰、5‰、10‰	1‰、2‰、5‰、10‰、15‰、20‰	《北平市征收营业税章程》，1932年1月公布
青岛市	1‰、2‰、5‰、8‰、10‰	2‰、5‰、10‰、20‰	《青岛市征收营业税章程》，1934年9月修正公布

资料来源：根据朱炳南、严仁赓《中国之营业税》，《社会科学杂志》第6卷第2期，1935年，第367~370页编制。

差别比例税率划分的主要依据是将课税对象分为奢侈品、半奢侈品及必需品三种不同的行业，奢侈品行业税率较高，必需品行业税率较低。但奢侈品和必需品都是相对的概念，某个物品在某些地方属于奢侈品，而在另一些地方则可能属于必需品；就算在同一个地方，哪些属于必需品，哪些属于奢侈品，也没有一个明确的界定，因而以此为根据所制定的税率难免存在诸多争议。当时就有学者提出："最好将营业税税率简化，或采用单一税率，各业均等负担，划分行业与核定税率所引起种种麻烦可根本减免。"①

二 单一比例税率及其纷争

除差别比例税率外，单一比例税率是地方营业税税率设计的另一种模式。最早采用单一比例税率的是江苏省。由于裁厘以后，营业税收入有限，为平衡地方财政预算，江苏省政府于1932年1月起将差别比例税率改为单一比例税率，即无论以资本额还是以营业额为标准均一律征收10‰（见表4-14）。江苏省政府认为，"全年营业税应

---

① 朱炳南、严仁赓：《中国之营业税》，《社会科学杂志》第6卷第2期，1935年，第458页。

民国时期营业税制度的变迁

收税额为数甚微,较之旧有厘金数目相差甚远。若不改弦更张,亟图补救,则是新设税目徒有虚名,于省库收入毫无裨益"。在江苏省政府看来,按照营业额或资本额一律征收10‰,"既合于租税单纯之原则,仍不越税法规定之范围……目前救济苏省财政艰窘,舍此实无他法"。①

表 4-14 江苏省修正营业税课税标准及税率

业别	课税标准	税率
物品贩卖业、转运业、交通业、营造业、电气业、酒菜茶馆、旅馆浴堂业、娱乐场业、租赁物品业、照相业	营业额	一律依营业额征收10‰
制造业、货栈业、钱庄业、保险业、印刷出版、书籍、文具业	资本额	一律依资本额征收10‰

资料来源:根据《江苏省营业税征收章程》(1932年4月),《中华民国工商税收史料选编》第5辑上册,第965页编制。

江苏省政府将营业税税率改为单一比例税率,不考虑行业间的差别,旨在变相提高税率以增加税收收入,所以引起了各地商界的严重不满。上海闵行商会致电行政院、立法院、实业部指出:"苏省修正营业税章程,按照营业额或资本额,一律征收千分之十,与中央公布之营业税法不符。夫国家之法令,即办事之准绳,若稍涉迁就,殊违立法之本意……苏财厅以税收短绌,将税率陡增数倍,际此民贫商敝,市面衰落,前定条例,商民尚感烦重,弗胜负担,反谓借可增加收入,岂非倒

---

① 《江苏省政府检送〈江苏省营业税征收章程〉请转呈咨及国民政府指令》(1932年3月至4月),《中华民国工商税收史料选编》第5辑上册,第959~961页。

第四章 营业税税率的变动及其减免纷争

因为果。"① 吴县县商会于1932年5月12日向江苏全省商会联合会提议："呈请部院，维持十七年原订部定大纲，税率标准至多不得超过千分之二，以经商民负担。"② 应各商的请求，江苏全省商会联合会于5月22日呈文国民政府、行政院、立法院、财政部、实业部，请求免增营业税税率："苏省水灾，重以兵燹，民不聊生，岂有营业。乃苏财厅忽于此时，变更营业税率，不分整卖零卖，一律至千分之十，无法根据，重苦商民……大会根据全省商人请求，一致议决，吁请钧座俯念民疾，迅予电由苏省府转饬苏财厅，务将新章停止实行。"③

自江苏省实行单一比例税率后，与之毗邻的浙江省也紧跟其后，改订营业税税率。1932年财政部修正的《浙江省营业税征收章程》规定，自4月1日起"各业营业税税率不论以资本额还是以营业额为课税标准者，均一律提高至千分之十征收"。④ 商界认为此举大大加重了商民的负担："在官厅此举，每年可增税收四五百万元，浙省财政，赖以挹注，但在商民方面，营业税有整卖零卖之分，一律征收千分之十，有加四五倍者，有加八九倍者，商力几何，焉能负担。"⑤ 浙江省政府改订营业税税率引起各业同业公会及各县商会强烈反对，纷纷电请国民政府及中央有关部门予以制止。杭州丝绸业、新药业、电机丝织业等同业公会先后电呈国民政府、行政院、财政部、实业部，"请令浙省政府，收回成命，以恤商艰"。⑥ 浙江全省商会联合会认为营业税一律改为征收千分之十，"不啻竭泽而渔，无异经济自杀"，并电呈行政院力争反对。⑦ 5月19日，浙江省富阳县县商会主席程伯嘉及各业同业公会代表呈文财政部部长宋子文指出："（营业税）一律改征千分之十，虽不超

---

① 《电请免加营业税率》，《申报》1932年5月13日，第9版。
② 《苏州反对增加营业税率》，《申报》1931年5月14日，第10版。
③ 《苏商联会昨闭幕》，《中央日报》1932年5月23日，第2张第2版。
④ 《浙江省营业税征收章程》，《浙江省政府公报》第1518期，1932年，第1~2页。
⑤ 《浙省增征营业税近讯》，《申报》1932年5月15日，第9版。
⑥ 《浙人纷起反对增税》，《申报》1932年5月7日，第8版。
⑦ 《浙省府增加营业税率》，《中央日报》1932年5月7日，第1张第3版。

越现定税率，然不按照营业性质及状况，分别酌定，合奢侈品与日用品营业额与资本额，以及整卖与零卖，课以同一之税率，与夫本地营业状况如何，均不顾及，是明明违背规定原则矣。"① 5月20日，浙江全省商会联合会致电行政院院长汪精卫，质疑浙江省政府违反营业税大纲的规定："各省征收章程自应以大纲为标准，不能超越其范围。今兹浙省政府咨送财政部所修正者，不分轻重，一律课税千分之十，不知于大纲有何根据，若钧院遽尔核准，似非尊重法治之道。"② 杭州市各业同业公会于5月27日召开联席会议，决议不承认浙江省政府违法修改营业税税率，并决定联合抗缴营业税，在达到目的以前，"各业商店一律暂缓缴纳营业税，如遇税局有强制执行情事，须立即报告各该同业公会，迅速转报本联合会，共筹最后有效之具体办法……未得本联合会通告以前，无论何业，不得单独缴纳营业税"。③ 各商的反对和抵制严重影响了营业税的征收。据1932年6月28日《申报》报道："浙江省政府，前因财政奇绌，修改征收营业税税率，定自四月一日起，一律加增至千分之十。讵公布后，引起全浙各县商人反对，其未征起之春季营业税，亦受影响，至今未能结束。"④

为解决营业税税率问题，浙江全省商会联合会推定王竹齐、徐行恭等11人组织"特种委员会"，向党政当局请求核减税率。经省党部邀省政府成立的营业税问题研究委员会委员与商会联合会特种委员会委员进行多次磋商，浙江省政府接受商界的请求，决定放弃千分之十的单一比例税率，恢复分级别、分行业的差别比例税率。⑤ 浙江省政府修订的

---

① 《程伯嘉等请求取消营业税一律改征千分之十呈》（1932年5月19日），《国民政府财政金融税收档案史料（1927～1937）》，第1065页。
② 《行政院秘书处抄送浙省商联会请迅令浙省府取消营业税一律暂行改征千分之十之决定函》（1932年5月20日），《国民政府财政金融税收档案史料（1927～1937）》，第1067页。
③ 《杭州各业公会组联合会为主持反对增加营业税机关》，《申报》1932年5月29日，第8版。
④ 《浙江拟酌减营业税率》，《申报》1932年6月28日，第9版。
⑤ 《浙省营业税》，《申报》1932年7月9日，第11版。

第四章　营业税税率的变动及其减免纷争

《浙江省征收营业税暂行办法》规定：(1) 凡依营业总额收入额课税之各业，向征 2‰ 者，改征 5‰；向征 5‰ 者，改征 8‰；向征 10‰ 者，照旧征收。(2) 凡依资本额课税之各业，向征 4‰ 者，改征 5‰；向征 5‰ 者，改征 8‰；向征 10‰ 者，照旧征收；向征 20‰ 者，改征 10‰。(3) 物品贩卖业中之属于整卖者，依本办法第二项所定税率，减收二分之一。① 在商界的反对声中，江苏省政府也重新修订营业税税率：(1) 以营业总收入额为标准者，包括转运业、交通业、包作业、电气业，以及粮食、柴炭煤、油盐店等物品贩卖业，其应征税率为 10‰，暂行减定为 5‰；租赁物品业及洋广杂货、颜料等贩卖业，其应征税率为 10‰，暂行减定为 8‰；照相业、交易所经纪人业、证券业、娱乐场业，以及皮革、橡皮、火腿等贩卖业，其应征税率为 10‰，暂行减定为 10‰。(2) 以营业总资本为标准者，印刷出版及书籍、文具教育用品业，以及油车、丝织、棉织等制造业，其应征税率为 10‰，暂行减定为 5‰；货栈业以及制糖、醋坊、花边等制造业，其应征税率为 10‰，暂行减定为 8‰；钱庄业、保险业，以及糖果食品罐头、制药等制造业，其应征税率为 10‰，暂行减定为 10‰。②

与江苏、浙江两省不同，四川始终实行单一比例税率。1936 年 3 月，四川省政府公布了由财政部修正通过的《四川省营业税征收章程》及《四川省营业税税率表》，确立了该省营业税征收的法律依据。根据规定，贩卖业、运输业、旅栈业、浴室理发业、木作业、汽车业、苏表业、换钱业、交通业、包作业、电气业、酒菜茶饭业、照相业、经纪人业、证券业、娱乐场业、雕刻业、面食业按营业额征收 6‰；制造业、银行业、磨面粉业、货栈业、钱庄业、碾米业、保险业，以及印刷出版及书籍、文具教育用品业按资本额征收 20‰（后改为征收 18‰）（详见表 4 - 15）。

---

① 《浙省确定征收营业税暂行办法》，《申报》1932 年 7 月 12 日，第 10 版。
② 《苏省府修订营业税率》，《申报》1932 年 7 月 29 日，第 8 版；《苏省府实行整顿营业税》，《中央日报》1932 年 7 月 29 日，第 2 张第 2 版。

表4-15　四川营业税税率

业别	课税标准	税率
贩卖业、运输业、旅栈业、浴室理发业、木作业、汽车业、苏表业、换钱业、交通业、包作业、电气业、酒菜茶饭业、照相业、经纪人业、证券业、娱乐场业、雕刻业、面食业	营业额	征收 6‰
制造业、银行业、印刷出版及书籍、文具教育用品业、磨面粉业、货栈业、钱庄业、碾米业、保险业	资本额	征收 20‰（后改为征收 18‰）

资料来源：根据《四川省营业税税率表》，《四川月报》第 8 卷第 4 期，1936 年，第 44~45 页；张肖梅编《四川经济参考资料》，中国国民经济研究所，1939，第 C120 页编制。

　　四川省政府制定的营业税税率控制在中央税法规定的范围之内，但四川各商仍认为税率过高，负担过重，请求省政府予以减轻。[①] 1936 年 2 月 27 日，重庆市商会召开会议讨论营业税问题，明确提出"减轻税率，撤销地方税"的要求。[②] 重庆市商会的强硬姿态，在一定程度上助长了商家反对营业税的决心。4 月 9 日，重庆市营业税局派员到各个商号散发通知单，要求"五日之内完清税款"，但"各商均有难色"，有的商家"拒收通知单"。[③] 重庆市商家以实际行动抵制营业税，给征收工作带来了很大的困难。最终，为了营业税能够顺利推行，四川省政府不得不做出让步，将资本额税率由 20‰ 改为 18‰。[④] 四川各商对此仍有很大意见，反对之声此起彼伏。宜宾各业同业公会认为，以营业额为课税标准者征收 6‰，与中央《营业税法》中 2‰~10‰ 的规定相差过大，税率过高，商民负担困难，于是纷纷请求省政府加以减轻。各铺户都贴出标语："营业税，四川重，请减缓，救民众。"[⑤]

[①]《各商帮请减轻税率》，《四川月报》第 8 卷第 2 期，1936 年，第 42~43 页。
[②]《渝商会召开会议讨论营业税问题》，《新新新闻》1936 年 3 月 1 日，第 6 版。
[③]《渝商人拒收通知单，营业税难开征》，《新新新闻》1936 年 4 月 11 日，第 6 版。
[④] 张肖梅编《四川经济参考资料》，第 C122 页。
[⑤]《宜宾办理营业税起纠纷》，《四川月报》第 9 卷第 6 期，1936 年，第 48 页。

第四章　营业税税率的变动及其减免纷争

公平和效率是税收的两大原则，也是政府制定营业税税率的重要依据。相对而言，差别比例税率可根据行业自身的特点设定不同的税率，能兼顾到行业间的差异性，符合税收公平原则。但当时的商店往往是多种经营，"何者为主要，何者为副从"很难确定，于是"在征收员惟有含糊决定，在商人势必避重就轻，稍有不公，即起争端，不特引起官商之纷争，商人之怀疑，官吏之舞弊，就商品而定税率之高低，实足以影响税收，无补于公平"。① 单一比例税率则可简化征收手续，有利于提高征收效率及降低征收成本，其最大的缺陷是容易造成不同行业间税负分配不均，引起纳税人的不满和反抗。这是江苏和浙江两省最终放弃单一比例税率，恢复差别比例税率的根本原因。不过，以四川为代表的单一比例税率模式成效更为显著，为后来中央层面的营业税制度改革提供了重要参考。

第三节　战时营业税税率的调整

一　地方税率之变化

抗战全面爆发后，中国财政进入战时财政。作为地方税收收入的大宗，营业税是政府增税的重要手段，相对而言，田赋的增税弹性较小。如何迅速增加营业税收入呢？提高税率无疑是最为直接的方式。于是，各省市政府纷纷提高营业税税率。1938年江苏省政府公布的《江苏省征收营业税暂行章程》规定，"按照货物性质暂行分为应用品、制造品、原料品、消耗品及奢侈品五类，依其市价征收百分之二至百分之五营业税"。② 可见，江苏省营业税税率较战前"最多不得超过20‰"有

---

① 程仲瑾：《营业税税率之研讨》，《四川省营业税局月报》第1卷第7期，1938年，第3～4页。
② 《江苏省征收营业税暂行章程》，《江苏省政府公报》第17期，1938年，第14页。

205

民国时期营业税制度的变迁

了大幅提高。1938年4月20日,浙江省政府呈文国民政府指出:"营业税税率依法得在规定标准以内,由各省市政府分别自行酌定。现值非常时期,维持税额,开辟税源,以适应战时财政,实为当务之急。且中央各种税收已先后将税率提增。本省事同一律,对于营业税率,自应酌量提高,以辅助战时省财政之推进。"① 1938年5月,经财政部修正公布的《浙江省各种营业税修正税率表》也提高了税率。如制造业税率原为5‰~20‰,改定为8‰~20‰;印刷出版及书籍、文具教育用品业原税率为5‰,改定为8‰;堆栈业原税率为8‰,改定为10‰;钱庄典当业原税率为10‰,改定为15‰;金银号信托业原税率为10‰,改定为20‰;物品贩卖业原税率为5‰~10‰,改定为8‰~20‰;运送业、包作业、电气业、洗染业原税率为5‰,改定为8‰;介绍代理业、租货物品业、浴堂理发业原税率为8‰,改定为10‰(详见表4-16)。

表4-16 浙江省战时营业税分类税率

业别	课税标准	税率 原税率	税率 改定税率
制造业	营业资本额	5‰~20‰	8‰~20‰
印刷出版及书籍、文具教育用品业	营业资本额	5‰	8‰
堆栈业	营业资本额	8‰	10‰
钱庄典当业	营业资本额	10‰	15‰
金银号信托业	营业资本额	10‰	20‰
物品贩卖业	营业总收入额	5‰~10‰	8‰~20‰
运送业	营业总收入额	5‰	8‰
包作业	营业总收入额	5‰	8‰
介绍代理业	营业总收入额	8‰	10‰
电气业	营业总收入额	5‰	8‰

---

① 《行政院长孔祥熙呈国民政府》(1938年6月23日),台北"国史馆"藏国民政府档案,档案号:001-012410-00031-007。

第四章 营业税税率的变动及其减免纷争

续表

业别	课税标准	税率 原税率	税率 改定税率
洗染业	营业总收入额	5‰	8‰
租货物品业	营业总收入额	8‰	10‰
照相镶牙业	营业总收入额	10‰	10‰
中西餐馆业	营业总收入额	10‰	10‰
娱乐场业	营业总收入额	10‰	10‰
浴堂理发业	营业总收入额	8‰	10‰
旅馆业	营业总收入额	10‰	10‰
证券地产业	营业总收入额	10‰	10‰
保险业	营业总收入额	10‰	10‰

资料来源：根据《浙江省各种营业税修正税率表》，《浙江省政府公报》法规专号第 2 期，1938 年，第 143~144 页；《行政院长孔祥熙呈国民政府》（1938 年 6 月 23 日），台北"国史馆"藏国民政府档案，档案号：001-012410-00031-007 编制。

对四川而言，由于收入减少而支出增加，地方财政面临严峻挑战。1935~1937 年度，四川财政赤字分别为 4249 万元、4507 万元和 9272 万元，呈现逐年扩大的趋势。① 为缓解财政困难，四川省政府不得不削减支出预算，决定将 1937 年度政费预算 1600 万元，缩减 400 万元。② 不过，仅靠节流远远不够，四川省政府必须设法增加收入，以扭转收不抵支的状况。早在 1937 年 7 月 17 日，四川就有媒体报道："据有关方面传出消息，四川营业税课征标准现将相当提高，原定营业额（税率）为千分之六，将来拟增加为千分之十。"③ 8 月 30 日，四川省政府主席刘湘提出改进营业税办法三项：一是除金融业外，其余各业一律按营业额课税 3%；二是废止一切免税；三是严密管理商家账簿。④ 1937 年 9

---

① 《四川省志·财政志》编纂委员会编纂《四川省志·财政志》，四川人民出版社，1997，第 10 页。
② 《抗战期中财政之绌，川政费缩减四百万》，《四川日报》1937 年 9 月 8 日，第 7 版。
③ 《川省营业税率将提高》，《新新闻》1937 年 7 月 17 日，第 6 版。
④ 《营业税课征百分之三，刘主席电京提出改进三要点》，《新新闻》1937 年 8 月 31 日，第 6 版。

民国时期营业税制度的变迁

月,经过军事委员会成都行营核准后,四川省政府出台《四川营业税非常时期暂行办法》,其中第二条规定:银行业、钱庄业、证券业、换钱业、经纪业、信托业、行栈业、专门制造业等,均以资本额为课税标准,按年课2%;其他各业以及自由职业(如医师、律师、会计师、工程师、药剂师等),皆以营业总收入额为课征标准,根据营业税人填报之循环单按月课3%。① 1937年9月,四川省政府发布了《抗战期中增加营业税税率通电》,该通电主要说明提高营业税税率是为解决川军粮饷问题,且又经过委员长的核准,具有抗战的紧迫性与法律性,希望四川商民以大局为重,依法缴纳营业税,各级政府及税务机关密切配合,认真执行营业税新办法。该通电全文如下:

> 查暴日肆虐,倾师压境,川军奉命增援,师行在途,举凡战时一切之拂在,急于星火。顾自军兴以来,税收短绌,虽经临筹措,只可暂救眉急。为期饷粮有着,增强抗战力量计,曾经呈奉委员长核准,在此非常时期,将本省营业税税率改定为百分之三,并废止一切免税,俾军需稍裕,无转输竭蹶之虞。明知连年荒旱,百业萧条,何能增加商民负担,但在增加营业税之先,即将全川地方税明令裁撤,损此益彼,不至遂增重负。况当敌势披猖,祸迫眉顷,毁家纾难亦属分所应为,事关救亡图存,各该营业税局所应即仰体斯旨,剀切晓谕,踊跃输将,共救危急,一面□励精神认真收解,勿任展转邀请致滋延误。各行政督察专员、各县县政府及各治安机关,均应负责切实协助,务使军需有着,得以尽力效命,以操最后之胜利,维大局之安全。仰即遵照转饬所属一体遵照情形,具报查考。

> 四川省政府主席刘②

---

① 《四川营业税非常时期暂行办法》,《四川省现行财政章令汇刊》,第40页。
② 《抗战期中增加营业税税率通电》,《四川省现行财政章令汇刊》,第44页。

第四章　营业税税率的变动及其减免纷争

　　四川省政府如此大幅度地提高营业税税率与川军出川作战有很大关系。1937年8月7日，四川省政府主席刘湘在南京参加最高国防会议时表示愿意领军出川作战。"兵马未动，粮草先行"，军费是刘湘十分关心的问题。① 当时川军每月军饷约需140万元，在财政十分困窘的情况下，四川省财政厅厅长刘航琛受刘湘之托负责筹集军费，② 并经中央电令将营业税"一律解往前方，充作战费"。③ 1937年度四川省营业税预算收入为400万元，平均每月收入33余万元。④ 从1~9月的征收情况来看，每月营业税收入仅10余万元。⑤ 因此，对四川省政府来说，只有改革营业税征收制度，才能大幅增加营业税收入，进而为川军出川作战提供物质保障。

　　战争时期，政府通过提高税率来增加税收无可厚非，但必须有一定的限度，即不能超出纳税人合理的负担能力。正如财政学家尹文敬所言："国民负担能力，不可短期便利尽净。倒树取果，竭泽而渔的办法，在非常时期也万不可用。尤其在大规模战争，动辄牵延数载，更应注意战费的培养，以达继续利用之目的。"⑥ 四川战时营业税政策的制定，既没有对商业市场做详尽的调查，也没有征求纳税者的意见和建议。政府只根据自身的财政需求将税率提高五倍，这超出了商民的承受能力。在抗战的历史条件下，各地往来交通不便，货物要经艰难转运才得以销售，在货物批发与销售过程中都要缴纳营业税，无形中增加了货物的成本。四川各地专员调查后也指出："（营业税）实有层层剥削之事，物价增高，仍取之于用货之民，且于商人营利之目的相反，因物价

---

① 周开庆编著《民国刘甫澄先生湘年谱》，台北，台湾商务印书馆，1981，第165页。
② 沈云龙等访问，张朋园、刘凤翰纪录《刘航琛先生访问纪录》，台北，中研院近代史研究所，1990，第73页。
③ 《中央令川省营业税悉数作战费》，《四川月报》第11卷第6期，1937年，第107页。
④ 《川廿六年度国省联合预算核定》，《四川月报》第10卷第6期，1937年，第70页。
⑤ 《四川省营业税各年实收税款逐月比较表》，《四川省营业税局月报》第2卷第3期，1939年，第17页。
⑥ 尹文敬：《非常时财政论》，商务印书馆，1936，第155~156页。

209

增高，畅销不易也，不加改善，岂独病商，实以病民。"①

自四川省政府提高营业税税率以后，各商奋起反对，请求政府免予增税。1937年9月2日，成都市商会应各业的请求召开各业同业公会联席会议，会议最终决定："将各业困苦情形及各商帮的请求，请省府鉴核。"各商的请求是"典当业仍照每年每家纳税百元办理，其他各业各商家仍照千分之六征税"。② 由于各商请求减税的呼声非常之高，为体恤四川商民的艰难处境，避免引发更大的矛盾冲突，四川省政府主席刘湘下令，原定从9月1日起实行新税改为从10月1日起开征。尽管新税率推迟了一个月实施，但商界对此仍然不满。10月25日，成都市商会主席王斐然与各商帮代表请见四川省营业税局局长关吉玉，恳求降低营业税税率。关吉玉则对商界代表加以开导："此系非常时期特别情形，且前方作战部队，卫国抗敌，奋不顾身，岂后方商人，短期略增营业税率尚未能负担耶。"③ 11月3日，四川省政府通饬增加营业税税率，"营业税税率改订为百分之三，并废止一切免税"，强调提高营业税税率是"为期粮饷有着，增强抗战力量"，同时号召民众"踊跃输将，共救危机"。④ 随着营业税在全川逐步普及，四川各县反对税率的呼声也呈不断提高的趋势。如1937年11月13日，大竹县各业同业公会联合呈文四川省政府指出："营业税税率竟突然增至三分，税收负担奇重。本县农工商业其本身收益能盈此税率者已经很少，而且原有千分之六的税率对商民负担已经非常不易，现在税率是以前的五倍，更加觉得难以负担。"⑤

有些地方的商民甚至诉诸暴力手段。1937年11月，自贡发生了捣

---

① 《推进政务充实抗战力，专员陈意见十五点》，《新新新闻》1938年3月5日，第9版。
② 《各商帮呈请省府，营业税仍照旧率》，《四川日报》1937年9月3日，第6版。
③ 《全川一律开办营业税》，《新新新闻》1937年10月27日，第9版。
④ 《调整各县税务，省府通告增加营业税率》，《新新新闻》1937年11月3日，第9版。
⑤ 《大竹县同业公会请求减免营业税情形及省府批文》（1937年），四川省档案馆藏，全宗号：59，案卷号：5086，第50页。

第四章 营业税税率的变动及其减免纷争

毁营业税办事处的恶性事件。自税率提高至百分之三以后,自贡米商大多停业,要求降低营业税税率。① 米商停业给普通民众造成了严重的影响,使广大贫民无处购食。11月2日正午,众多市民前往长生街营业税征收处请愿,将征收处内门窗、椅桌、文件等用具一律捣毁。事件造成九人受伤(一名职员、一名局长女眷、七名维持秩序的警察),其中四人重伤、三人轻伤。后来经过驻军及警察合力镇压,风波才逐渐平息。② 在自贡营业税案还没平息之时,金堂县就出现了因反对营业税税率而发生的罢市事件。金堂县营业税稽征所奉令实行新税率激起米商强烈反对。11月6日起,米商停止贸易,船商停止运输,以致各种货物无法转运。受该事件的影响,资中、内江的米业也陷入停顿状态。③ 暴力抗税是违法行为,必定会受到相应的惩处,不仅难以达到减税的目的,反而造成恶劣的社会影响。

为了减轻商民的税收负担,缓和日趋尖锐的征纳关系,四川省政府在不降低营业税税率的前提下,对营业税的免税标准做出了一些调整。1937年12月,四川省政府及营业税总局修订免税标准。④ 免税范围主要包括与四川民众日常生活息息相关的米粮、糖、盐、土布、纸烟等十多个行业,这在一定程度上减轻了这些行业的税收负担。然而,受战事及税收负担等多重因素影响,1938年2月旧历新年后,四川各大城市商业状况愈加困难,众多商家不得不关门歇业,形成一股席卷四川主要城市的歇业风潮。据《四川月报》报道:"自旧历年底结束后,成都各商号大多宣告解体停业,停业的大小商号在五百家以上,失业者也有一万之多。"⑤ 据成都市商会称,很多商店"以年关结算,亏损过巨为由,报请歇业",有的商号甚至直接关门停业,"静候减轻营业税率",造成

---

① 《自贡营税办事处被捣毁》,《四川月报》第11卷第5期,1937年,第66页。
② 《征营业税起风波,自贡营业税昨被捣毁》,《新新闻》1937年11月3日,第5版。
③ 《反对增加营业税,赵镇米船商全停业》,《新新闻》1937年11月8日,第6版。
④ 《营业税免征标准,税局新颁十三条》,《新新闻》1937年12月20日,第6版。
⑤ 《成都商业状况》,《四川月报》第12卷第2期,1938年,第77页。

211

民国时期营业税制度的变迁

"市面顿形滞疲，内外货品不能相互调剂"。① 据《新民报》报道："（成都）各业商场，近月来因受各方面之影响，其收入逐渐减少，不仅赢余全无，且多有损其资本……昨年各商结算，除百分之几商店，差有赢余，尚能维持一切外，其余无不亏折。各商只得缩小范围，大批淘汰店员，俾节省开支，以致失业店员，比比皆是。"② 重庆商业状况也不容乐观。自抗战全面爆发以后，货物来源断绝，资本较小的商家大多停业。据营业税局调查统计：1937年重庆纳税商户为15000多家，1938年则减为12300多家，共有2000多家商号停业。③ 万县商场亦极为萧条，停业商号有公益堆栈、新亚食品公司、同华石印局、国珍祥、冉隆福、康兴发、萃文阁、兴发源、公记牛肉馆、冯万泰、益丰饭店、裕丰、何与相、陈光裕、明盛服装公司、川发源等20多家。④ 作为四川商业经济最为发达的地区，成渝万商业状况如此困难，其他县市也就可想而知。

据统计，泸县城区商号大多宣告破产，歇业大小商号在数百家之多，仅匹头一业就裁员一百多人，减薪至五成以下，"泸城商业已日趋悲观境地矣"。⑤ 灌县各业经营几乎处于停顿状态。按照商场习惯，"每年旧历正月初五以后，山货、药材业行栈即开始交易，今年（1938年）已过半个月，毫无交易动态"。⑥ 梁山的商业也处于崩溃的边缘。据梁山棉纱业商业主席袁裕芳称："梁山连年天旱，农村经济破产，各种贸易，无形萧条，加以匪风日炽，烟毒复烈，种种影响所及，无论大小商业，均告折本。日来前往商会请求停业者，日必数起，尤以棉纱业为甚。梁山城区共有棉纱铺十余家，近因营业税加重（在万县购货与在梁山售货均需交纳营业税各一次），价格提高，而四

---

① 《市商会发出代电，请减少营业税率》，《新新闻》1938年2月21日，第10版。
② 《经济不景气中，蓉商场日趋萧条》，《新民报》1938年2月10日，第7版。
③ 《渝市商业萧条，二千余家商号停业》，《新新闻》1938年3月10日，第5版。
④ 《万县商业萧条》，《四川月报》第12卷第2期，1938年，第78页。
⑤ 《泸县商业不振》，《四川月报》第12卷第2期，1938年，第78页。
⑥ 《灌县各业停顿》，《四川月报》第12卷第2期，1938年，第78~79页。

乡布商直接往万县购买，以致本县各商顾主断绝，售货无法推销。近月停业者益众，现仅十二家未关门，此种不景气象，望政府设法挽救。"① 彭县的状况也极为困难，商店折本严重，这主要是地方税捐过多、营业税税率过高、税负太重引起的；生活成本过高，人们的购买力受到限制，造成商店生意萧条，所以商家不得不关门歇业，裁退人员（详见表4–17）。

表4–17 彭县各业同业公会1938年（已、未）歇业商号亏折资本失业人数

业别	歇业商号 数量	歇业商号 折本情形	裁退人员	未歇业商 数量	未歇业商 营业状况	裁退人员	已、未歇业折本金额（元）	已、未歇业失业人数	备考
碗铁	5	地方捐款过多、营业税过重、生意萧条	20	12	1937年比1936年各家平均每月减售约45%	23	6500	48	店主5人
银钱	9	匪患天灾、农村破产、贷出款项不易收回	114	18	1937年比1936年各家平均每月减售约55%	27	50690	201	股东60人
京鞋	2	营业萧条、捐多税重、入不敷出	8	10	1937年比1936年各家平均每月减售约50%	25	6090	35	店主2人
布棉	14	同上	19	15	同上	14	2310	47	店主14人
干菜	3	地方捐过多、营业税率加重、生意萧条	7	4	1937年比1936年各家平均每月减售约30%	7	5200	17	店主3人
古物	1	生活负担过高、门市萧条	1	7	1937年比1936年各家平均每月减售50%	6	250	8	店主7人
麻业	2	营业萧条、入不敷出	2	13	同上	11	1400	15	店主2人

---

① 《梁山棉纱铺多停业》，《四川经济月刊》第9卷第3期，1938年，第13页。

民国时期营业税制度的变迁

续表

业别	歇业商号 数量	歇业商号 折本情形	歇业商号 裁退人员	未歇业商 数量	未歇业商 营业状况	未歇业商 裁退人员	已、未歇业折本金额（元）	已、未歇业失业人数	备考
漆业	无	同上	无	8	同上	1	800	1	无
牛胶	无	同上	无	11	同上	15	4200	15	无
靛染	11	负担加重	44	11	比1936年减售约60%	31	3710	86	店主11人
纸张	5	同上	11	50	社会经济枯窘，比上年减40%	11	700	27	店主5人
燕珍	1	同上	3	6	比上年减40%	16	140	20	店主1人
酱园	4	同上	13	20	比上年减40%强	17	4330	34	店主4人
纸福烟	无	同上	无	10	来源缺乏，资本增高，比上年约减30%	4	520	4	
药材	2	地方捐过多、税率过重、营业萧条	8	35	1937年比1936年每月减售约35%	41	7200	51	店主2人
京果	1	同上	6	12	比上年减55%	24	9100	31	店主1人
茶社	4	同上	12	80	比上年减20%强	无	3500	16	店主4人
酒食	12	同上	36	115	比上年减40%强	61	7250	109	店主12人
丝棉广货	5	同上	9	8	来货不易，比上年减40%	9	3150	23	店主5人
盐业	24	同上	28	20	比上年减20%	13	4600	65	店主24人
烧房	11	同上	33	42	比上年减35%	23	6980	67	店主11人

214

第四章　营业税税率的变动及其减免纷争

续表

业别	歇业商号 数量	歇业商号 折本情形	歇业商号 裁退人员	未歇业商 数量	未歇业商 营业状况	未歇业商 裁退人员	已、未歇业折本金额（元）	已、未歇业失业人数	备考
锡器	4	同上	8	9	同上	6	1240	18	店主4人
丝茧	1	同上	2	7	同上	无	260	3	店主1人

注：（1）表中所列营业状况是就1938年2月（阴历正月）以前调查统计，若以1938年阴历正月、二月比较1936年，则营业减售程度犹当超于表列减售数字；（2）表中所列失业人数是按城区范围以内歇业及未歇业商号开销店员及失业店主而言，上年及城区以外失业者并未列入；（3）查本县商会所属同业公会原不止此，其他如机织、丝盐、屠案等均因组织欠全，无法统计。

资料来源：根据《彭县办理营业税情形》（1938年），四川省档案馆藏，全宗号：59，案卷号：1689，第21~25页编制。

1938年2月以后，反对税率的力量由分散趋于集中，而且不断壮大，逐渐形成了以成都为中心的减税力量，围绕应否降低营业税税率，与政府展开博弈。成都市商会及时与各业公会开会商议，了解各业商家的实际情况，积极寻求解决问题的办法。1938年2月19日，成都市商会发出通告，劝导各商家复业，"凡我商界同志，务须勉力撑持，共济市难，幸勿因一时营业之困难遂闭门歇业，自蹈绝路"，同时表示将推选代表向政府请求"救济商场困窘，减低营业税税率"。① 2月20日，成都市商会为恳请降低营业税税率发出代电指出，"社会经济艰难，人民咸乏购买力，营业税率增累过重，实际难于负担，影响市场发生恐慌"是造成此局面的原因，恳请政府"体恤商难，将营业税率斟酌减轻"。② 在营业税税率问题上，商会与商家的立场是一致的，这充分体现了商会是商家的利益代表。

歇业风潮的持续带来了比较严重的社会影响，尤其给民众的生活带来了诸多不便，这难免会引起社会舆论的诸多猜疑。为了向社会各界说明各商歇业的真相，呼吁政府设法对商家予以救济，成都市商会于3月7日在

---

① 《市商会通告各商复业》，《新新新闻》1938年2月20日，第9版。
② 《市商会发出代电，请减少营业税率》，《新新新闻》1938年2月21日，第10版。

215

商会总部宴请新闻界,到会的各报馆及通讯社记者共10多人。商会主席就各商歇业真相做了详尽的报告,指出营业税税率问题的原因是:"营业税率原系征收千分之六,乃至去年十一月增至千分之三十。惟各商退思此项费用关系抗战前途甚巨,故乃于万难之中勉力支持。但至今年一月,各商因受战事影响运输困难,各货成本日逐增高,而销路反日益窄狭。在此极度苦困之下,各商延续尚感困难,何再能肩负此巨额之营业税。"① 商会代表各商业希望新闻界呼吁政府设法予以救济,遵照中央颁布的税率征收营业税。成都商会召开记者招待会向社会说明真相,既有利于消除社会各界对于商家歇业及减税行动的疑虑,避免陷于舆论被动的局面,又可以争取到社会力量的支持。这是商会化被动为主动的博弈策略。

在商会与政府围绕税率争执不下之时,以新闻媒体为代表的社会舆论力量也纷纷参与讨论,税率问题更趋社会化。1938年3月6日,《新新新闻》发表评论性文章,从一个相对中立的角度,对税率问题进行评论。文章认为,虽然"政府有政府的苦衷,人民有人民的苦衷",但营业税问题拖延不决,"仍然是商店半闭门",对双方都没有好处。文章指出,政府征收营业税是毫无疑义的,在非常时期国家尤其需要增加财政收入,而且国家所需收入当然应该由人民负担,然而抗战是具有长期性质的,所以政府对于人民的负担应采取"取之不尽,愈取愈多"的方式。如果一次性榨取完毕,那么"人民方面自然感觉一病不起,政府方面也将陷于杀羊取毛的窘地"。要做到取之不尽,就必须爱惜农村经济,培养民众的购买力。文章还对营业税与"地方税"② 进行比较,"过去地方税税率

---

① 《市商会昨宴报界,说明各商歇业真象》,《新新新闻》1938年3月8日,第9版;《商会昨宴新闻界,述各商歇业真相》,《新民报》1938年3月8日,第7版。
② 1935年3月,四川省政府实行"一税制"改革,即把所有类似厘金的地方性苛捐杂税归结于"地方税"一种,在重庆设立了四川省地方税局,在万县设立了地方税分局,在各边县设立地方税稽征所,无局所之处由各地方征收局兼办,原有内地税机关一律裁撤。"地方税"的征收标准是:沿边和通商输埠进出口货物时,征税一次,转销内地概不征税,进口税率为百分之十五,出口税率为百分之十。参见《省府实行废除苛杂,施行一税制》,《四川经济月刊》第3卷第3期,1935年,第107页。

第四章　营业税税率的变动及其减免纷争

为百分之十四,如今营业税税率仅为百分之三",但"商品销售,每经一地之转移,一人之交易,必照样复抽一次,如是辗转抽收",造成"层层剥削,民声沸腾"。文章主张对小商贩实施优惠政策,"只抽大商而不抽小贩,只收成数而不收小费"。文章最后揭示了税率提高后营业税收入不增反降的原因,"绝非催收不力,实为民力之不胜",并呼吁四川省政府降低营业税税率。①

1938年3月10日,《新新新闻》发表社论,从抗战全局的高度分析了营业税问题的重要性。社论对成都市商会说明各商歇业真相的行动表示赞许,认为商会主席所做的报告"与实际情形,出入有限",并提请当局"为奠定后防基础,扶植工商事业计,实在有加以考虑(降低营业税率)的必要"。社论指出:"四川商业萧条,人民一般生活水平降低,购买力薄弱,加上交通受阻,商人成本增加,已经无利可图,在此情况之下,贸然增加税率,加重商民税负,这是营业税问题的症结所在。"社论从财政学的立场出发提出了解决营业税问题的具体建议:"要使国民平等负担,同时我们尤应培养税源,顾及民力,切忌竭泽而渔……减轻营业税率并变更征收方式,以资本为标准,凡资本不满五百元,及无营业处所之小卖商严格实行免税,并设法避免二重税。"② 由此可见,在营业税税率问题发展成为一个严重的社会问题时,以《新新新闻》为代表的社会舆论力量分析了营业税税率纷争的原因,提出了解决问题的主张。在减税行动中,新闻媒体积极参与,并旗帜鲜明地站在了纳税人一方,加大了对商会的社会支持力度,给当局施加了更大的社会舆论压力,是政府税收决策时必须考虑的因素。

随着战事的扩大,营业税税率问题升级为关系大后方社会经济稳定的政治问题。重庆行营对四川省政府与商界围绕营业税税率的纷争高度关注,为稳定大后方的社会局势,要求四川省政府核减税率。1938年3

---

① 《关于营业税》,《新新新闻》1938年3月6日,第16版。
② 《营业税问题》,《新新新闻》1938年3月10日,第9版。

217

民国时期营业税制度的变迁

月10日,重庆行营致密电给四川省政府指出:"成都商会及南部等县商会电,以商业萧索,请减低营业税率以资救济……自抗战以还,商运艰困,近因江水枯落,到货益少。各该商会电陈各节自系实情。仰即四月份起,将该省营业税率在不妨碍军费范围之内斟酌核减。"① 3月13日,成都市市长陈炳光在市商会向各商代表表示,"营业税收入已经拨作抗战经费,过于减低,势所不能,政府为了体恤商艰可略予减少"。商会各负责人则请求市长"转恳政府仍照旧税(率)征收千分之六"。② 最终双方商定由各业代表推举杨润生、李保衡、华新吾、钟云鹤、邝鹤霄等五人,由商会主席王斐然带领,与陈炳光市长一起赴财政厅会商解决办法。3月14日,商会代表前往财政厅洽谈税率问题时,财政厅厅长表示:"允予照百分之三减为百分之二,已签呈省府于提交省务会议解决。"③ 财政厅方面认为,四川全省全年支出约为4000万元,如果营业税税率减至百分之二,那么财政收入仍差1000余万元,实在无法弥补,"税率减至百分之二,已属最低限度,减无可减"。④ 3月16日,四川省政府召开省务会议决定:"鉴于民力枯竭,为体恤商难起见,特将减税率为百分之二,自四月份起实行减收。"⑤ 同时,为顾及各行业之间的差异,特别是对弱势行业实行税收优惠,会议议决通过营业税免征标准七项。在政府看来,"此次减税对商民来说,已体恤周至,而于一般小商及国际贸易等项,尤复尽量维护扶持,兼筹并顾,所以培养税源,即巩固抗战饷项。凡属商民,应即一体遵行,以期益增税收,加强抗战力量,不得再有分外请求,妨碍进行……当地营业税征收局所,务须负

---

① 《军事委员会委员长行营为减低营业税税率与四川省政府往来文电》(1938年3月),《中华民国工商税收史料选编》第5辑下册,第2488页。
② 《政府为体恤商艰,营税可略予削减》,《新民报》1938年3月14日,第7版。
③ 《财厅允减营业税,照百分之三减一成》,《四川日报》1938年3月15日,第7版。
④ 《关于减征营业税,官方发表意见》,《新民报》1938年3月16日,第7版。
⑤ 《体恤商艰减征营业税率,百分之三减为百分之二》,《新新新闻》1938年3月17日,第9版。

第四章　营业税税率的变动及其减免纷争

责切实协助，认真整顿"。① 四川省政府希望通过在税率和免税标准上做出部分让步，化解持续已久的税率纷争，但商界恢复战前税率的要求并不能得到满足。3月18日，成都市商会召开临时执监联席会议，决定推举杨润生、谢有章、华新吾和钟云鹤等四位代表，由商会主席率领直接晋谒邓锡侯，请求再次减低营业税税率。② 同时，四川绅耆方鹤叟、刘豫波、尹仲锡、邵明叔等人也行动起来，致电邓锡侯指出："国家税源在于人民之富力，而商民之富力，寄于营业的资本，若抽税而损及资金，直接凋耗民生，即间接损伤国课。"他们强烈呼吁："应免者立免，不能免者，分别商业情形，从千分之二起至千分之十，斟酌递推，求合适于中央规定方案，庶几上利于国，下利于民。"③

在四川省政府与商界就营业税税率问题相持不下之时，绵阳突然爆发了捣毁营业税局的恶性事件。1938年3月7日，绵阳数百商民在商会集会之后，"蜂拥至营业税局，肆意捣毁，殴伤卫兵，经军警制止无效，并纵火焚烧税柜、房屋，才开始散去"。④ 这发出一个危险的信号：如果营业税税率问题不能尽快解决，很有可能引发更多的恶性事件。鉴于事件的严重性和紧急性，邓锡侯于3月24日凌晨在私邸会见财政厅、营业税局和成都市商会负责人。经磋商后，邓锡侯最终决定将减税时间提前一个月，同时令成都市商会主席王斐然等转令全市商店于25日正午12点前一律开张营业。⑤ 3月29日，成都市商会发出通告，详尽阐述减税的经过，劝告各商接受百分之二的新税率，从即日起复业。⑥ 据《中

---

① 《免税标准办法七项》，《新民报》1938年3月17日，第7版。
② 《各商代表昨谒邓，再请减低营业税》，《新民报》1938年3月19日，第7版。
③ 《绅耆方旭等电请省府减低营业税率》，《新新新闻》1938年3月20日，第3版。
④ 《绵阳税局捣毁案，商会迹涉嫌疑》，《中兴日报》1938年3月24日，第6版；《绵阳办理营业税情形》（1938年5月），四川省档案馆藏，四川省财政厅档案，全宗号：59，案卷号：5519，第20页。
⑤ 《经邓主任酌裁后，营业税事正式解决》，《中兴日报》1938年3月25日，第7版。
⑥ 《市商会对营业税，再呈省府补充修正》，《中兴日报》1938年3月30日，第7版；《市商会述减税经过，通告各商即日复业》，《新新新闻》1938年3月30日，第10版。

219

民国时期营业税制度的变迁

兴日报》4月2日报道:"各商已于昨一律开业。"① 至此,持续数月之久的营业税税率纷争终获解决。在征纳双方相持不下之时,政府当局直接采用行政手段迫使商会妥协,这说明了在非常时期政府对商界控制的加强。但从另一个角度看,政府在最需要增加税收收入的情况下,将税率由百分之三减至百分之二,也可以说商界的行动取得了成功。从营业税税率纷争的发展进程来看,各地反对税率的力量由分散趋于以成都市商会为核心,并最终对政府的营业税政策产生实质性影响。商界之所以能够发挥如此重要的作用,关键还在于商会及各业同业公会有着共同的利益和立场,他们不仅团结一致,通过多种途径表达诉求,向政府施加压力,而且有效地动员了社会舆论力量的参与和支持。此次营业税税率纷争表明,四川商界在税收事务中具备了与政府讨价还价,甚至直接对抗政府,以维护其经济利益的能力。

客观而论,抗战时期,对政府来说,需要筹集军费,商界踊跃输将,理所当然;对商界来说,经营难以为继,政府减轻税负,合乎情理。然而,政府与商界又有着共同的利益,即维护大后方政治经济的稳定局面,支持战时财政,争取抗战的最终胜利。这在很大程度上决定了双方在税率纷争中的行为选择:政府既需要向商界增收税款,但又不能过于苛刻;商界既能在一定程度上制约政府的税收行为,但又不能不兼顾政府的财政需求。四川营业税税率纷争的平息正是政府与商界利益重新分配的结果,一方面商界的税负有所减轻,商业经济逐渐得到恢复和发展;另一方面营业税收入快速增长,成为地方财政收入的重要组成部分,为川军出川作战提供了一定物质保障。然而,我们也不难发现,税收利益的最大化,往往需要政府与商界在经历反复的斗争与协调之后才能得以实现。

至1941年1月,四川省省长张群以战时支出与维持预算平衡为由,提议将营业税全面加征"临时国难费"百分之一:"为现在抗战已入最后阶段,建国事业更趋积极,收支相悬甚远……从本年一月起,不论以

---

① 《营业税减低,本市商家开市》,《中兴日报》1938年4月2日,第7版。

第四章 营业税税率的变动及其减免纷争

营业额还是资本额为课征标准者,一律加征临时国难费百分之一,连同原征税率百分之二,共按百分之三征收,以资弥补。"① 受此影响,四川省营业税局呈请四川省政府将奢侈品营业税相应调整:"输入奢侈品营业税,原系按照营业税率加倍计征。现在营业税一律加征临时国难费百分之一,连同原税率百分之二,共按百分之三征收,所有输入奢侈品营业税依照原案规定,自应加倍征收。"② 奢侈品营业税税率也由百分之四改为百分之八。在抗战的特殊条件下,四川营业税税率的调整必须经过中央政府高层的批准。

加征国难费一案经传出以后,即引起川渝民众的严重不满。重庆市商会和各业同业公会呈请重庆市政府及财政部予以制止。重庆市商会列举了不能加征国难费的两项理由:一是营业税法第八条规定,营业税不能征收附加税,"是国难费根本不能附加明甚";二是"抗战军兴,川省府公布四川省营业税非常时期暂行办法,变更旧日税率,对以资本额课税者按年课百分之二,以营业总收入额课税者按月课百分之三,是四川省营业税率,已因国难之故,而加征甚巨,更何能再行加征国难费"。③ 但财政部回复称:"四川省府因本年度支出激增,为维持预算平衡……其营业税一项,亦决定自本年一月份起,无论以资本额或者营业额为课征标准者,均各增收百分之一,定名为国难费,连同原率一律按百分之三征收,经提交川省临时参议会第一次临时大会审议通过,分呈国民政府暨军事委员会在案,本部前奉行政院交核下部,当以此案系经川省临时参议会审议通过,民意机关既无异议,自可暂予准办。"④ 在蒋介石的支持下,行政院

---

① 《四川省政府关于加征临时国难费百分之一的指令》(1941年1月25日),四川省档案馆藏,全宗号:59,案卷号:494,第398页。
② 《四川省营业税局关于加征奢侈品营业税税率的呈》(1941年2月7日),四川省档案馆藏,全宗号:59,案卷号:494,第399页。
③ 《关于依照营业税法规定不征收附加税一案》(1941年4月),重庆市档案馆藏,全宗号:0054,目录号:1,案卷号:69,第90~91页。
④ 《关于制止加征营业税的呈》(1941年4月22日),重庆市档案馆藏,全宗号:0054,目录号:1,案卷号:367,第271~272页。

221

会议决议通过："名称交财政部酌改，税率准予照加。"① 至于重庆商界最为关注的川渝是否一同加征，中央政府最终决定："四川省营业税率增收百分之一，定名为战时增课，奉国防最高委员会核准备案，重庆市与川省营业税实际上既未划分，所有加征战时增课，自应一律办理。"②

二　中央税率的调整

为筹集抗战经费，强化中央财政集权，国民政府财政部于1941年6月在重庆召开第三次全国财政会议。在此次财政会议上，很多代表提出提高营业税税率的主张。周介春在《拟请提高营业税税率以符实际而裕税收案》中指出，现行营业税税率是根据1931年商业情形所制定，已经不能适应抗战形势变化发展的需要，"自抗战以后，百物昂贵，一般商户获利甚丰，负担能力较强。其他一切税制多已改定，所有税率靡不提高，而独于营业税所纳税率犹仍其旧，殊嫌轻微，殊失公平"。根据周氏提出的方案：以营业总收入额为标准者，征收8‰~15‰；以营业资本额为标准者，征收10‰~25‰；以营业纯收益为标准，按原定纯收益在资本额中的比例，分5%~7.5%、7.5%~10%和10%~12.5%三级征收。③ 该方案中的营业税税率较之原税法规定增加数倍之多。另一位代表崔永楫在《修正营业税法案》中提出了更高的税率标准：无论按营业总收入额还是资本额为课税标准者，其税率最高不得高于10%。崔氏在提案中阐述了三点理由：（1）营业税是一种消费税，最能适应战时物价的伸缩性及人们的纳税能力，西方很多国家通过提高税率的方式来缓解财

---

① 《国防最高委员会秘书厅函国民政府文官处为四川省营业税率增收百分之一并由财政部定名为战时增课经国防最高委员会准予备案请查照转陈饬知》（1941年5月21日），台北"国史馆"藏国民政府档案，档案号：001-012400-00003-011。
② 《国防最高委员会秘书厅函国民政府文官处为重庆市营业税与四川省营业税未经划分应一律加征战时增课经国防最高委员会准予备案函请转陈饬知》（1941年6月18日），台北"国史馆"藏国民政府档案，档案号：001-012400-00003-014。
③ 《拟请提高营业税税率以符实际而裕税收案》，《第三次全国财政会议汇编》，第148页。

第四章 营业税税率的变动及其减免纷争

政危机;(2)战前所订税率已不能适应战时社会经济环境的变化发展;(3)为减轻中央对省地方的负担及充实省财政计,提高营业税税率实为最妥善的办法。① 以上两位代表关于提高营业税税率的主张在当时很具有代表性。从税收负担能力水平的角度来看,纳税人是否能够承受如此之高的税率标准,是政府在制定营业税政策时必须考虑的问题。

在经过充分的讨论后,第三次全国财政会议最终审议通过了《修正营业税法草案》,明确调整和提高税率:"营业税率采单一制,不分行业,不论营业性质,一律适用同一税率","以营业总收入额为课税标准者,其税率征收百分之一至百分之三","以资本额为课税标准者,征收百分之二至百分之四"。② 第三次全国财政会议闭幕后,财政部将《修正营业税法草案》呈立法院审议通过。四川营业税局前局长关吉玉对修正税法前后各省市税率的变化做了一个详尽的比较:修正以前各地营业额税率最高额大多为10‰,仅四川、江苏、云南和西康四地为20‰,资本额税率多为15‰~20‰;修正以后营业额税率最高额可达30‰,资本额税率可达40‰。也就是说,各地营业额税率大都能够增加两倍,资本额税率能够增加一倍(见表4-18)。

表4-18 各省营业税税率与《修正营业税法草案》税率之比较

省别	现行税率最高额(‰)		修正草案最高额(‰)		增加倍数	
	营业额	资本额	营业额	资本额	营业额	资本额
浙江	10	15	30	40	2倍	1倍
安徽	10	20	30	40	2倍	1倍
江西	10	15	30	40	2倍	1倍
河南	10	20	30	40	2倍	1倍
福建	10	15	30	40	2倍	1倍
陕西	10	20	30	40	2倍	1倍

---

① 《修正营业税法案》,《第三次全国财政会议汇编》,第148页。
② 《关于改进地方税法税制案及决议案》(1941年6月),《中华民国工商税收史料选编》第1辑上册,第1488~1490页。

续表

省别	现行税率最高额(‰)		修正草案最高额(‰)		增加倍数	
	营业额	资本额	营业额	资本额	营业额	资本额
湖南	10	15	30	40	2倍	1倍
湖北	10	15	30	40	2倍	1倍
四川	20	20	30	40	0.5倍	1倍
贵州	10	20	30	40	2倍	1倍
广西	10	20	30	40	2倍	1倍
广东	10	10	30	40	2倍	3倍
江苏	20	20	30	40	0.5倍	1倍
云南	20	20	30	40	0.5倍	1倍
甘肃	10	16	30	40	2倍	1倍
西康	20	20	30	40	0.5倍	1倍

资料来源：根据《关吉玉为修订营业税法有关问题致部次长的签呈》（1941年9月14日），《中华民国工商税收史料选编》第5辑上册，第404~405页编制。

关吉玉以1940年度各省市营业税预算收入为基数，对修正税法改进整理后的收入增加数进行估计。他认为，营业税收入的增加主要来自两方面的因素：一是增加税率的因素；二是整理后的因素。税率因素大概增加2倍，整理因素增加0.5倍。通过两项因素增加倍数的加总得出各省市营业税改进后的收入估计数，其中，四川预计收入49231665元，浙江43400000元，江西24801822元，广东16430000元，福建13665575元，宁夏11744541元；各省营业税预计收入合计214537755元，较1940年度预算收入总额77950851元增加近2倍之多（见表4-19）。该税法仅为大致规定，为便于营业税征收，行政院于1943年1月19日颁布了《营业税法实施细则》，规定"银行业、银号业、钱庄业等业以资本额为课税标准征收千分之四十，其他各业以营业总收入额为课税标准征收千分之三十"。[①] 与此前税法采用幅度比例税率不同，该税法细则改用单一比例税率，并将营业税税率提高到一个较高的水平。

[①]《财政部印发〈营业税法施行细则〉的训令》（1943年2月11日），《中华民国工商税收史料选编》第5辑上册，第431页。

第四章 营业税税率的变动及其减免纷争

表 4-19 各省营业税依修正税法草案改进整理后税收增加估计

单位：元

省别	1940年度预算收入	修正草案税率估计增加倍数	收入估计	整理后增加倍数估计	收入估计	改进后收入总额估计
浙江	12400000	2倍	37200000	0.5倍	6200000	43400000
安徽	1341966	2倍	4025898	0.5倍	675983	4701881
江西	7086235	2倍	21258705	0.5倍	3543117	24801822
河南	1251133	1倍	2502266	0.5倍	625566	3127832
福建	3904450	2倍	11713350	0.5倍	1952225	13665575
陕西	2759155	2倍	8277465	0.5倍	1378577	9656032
湖南	902000	0.5倍	1353000	0.5倍	677500	2036500
湖北	810648	2倍	2431944	0.5倍	405324	2837268
四川	24615810	0.5倍	36923715	0.5倍	12307950	49231665
贵州	841497	2倍	2524481	0.5倍	420748	2945229
广西	2483777	2倍	7451331	0.5倍	1241888	8693219
广东	4980000	2倍	14940000	0.5倍	2490000	16430000
江苏	7450000					7450000
甘肃	2969365	2倍	8909095	0.5倍	1984682	10893777
西康	202137	2倍	906411	0.5倍	151068	1057477
山西	112197		112197	0.5倍	56098	168295
青海	484755	2倍	1454265	0.5倍	242377	1696642
宁夏	3355726	2倍	10067178	0.5倍	1677363	11744541
合计	77950851					214537755

资料来源：根据《关吉玉为修订营业税法有关问题致部次长的签呈》（1941年9月14日），《中华民国工商税收史料选编》第5辑上册，第404~405页编制。

第四节 战后营业税的减免纷争

一 调整税率与免征额之争

抗战时期，营业税税率修改为：以资本额为课税标准者，征收

4%；以营业额为课税标准者，征收3%。如此高的税率是战时财政体制的产物，当然不能适应战后社会经济的变化和发展。抗战胜利以后，广大商家普遍感觉税收负担过重，纷纷要求政府恢复战前营业税税率。为顾及地方民生经济的发展，中央政府最终做出减税决策，其中涉及营业税的免征政策主要有：（1）收复区营业税一律自征收机关成立之日开始征收，其兵灾及匪患灾情严重者，准自1945年10月起免征营业税三个月；（2）为发展今后工商业起见，自1945年10月起，全国营业税率以营业总收入额为课征标准者减低为1.5%，按营业资本额为课征标准者减低为2%；（3）运输业及粮食业营业税，全国一律免征一年，自1945年10月起计算。① 也就是说，自1945年10月开始，运输业和粮食业免征营业税一年，全国营业税减半征收。

  虽然营业税减半征收，但仍较战前税率为高，未能满足社会各界的要求，恢复战前税率的呼声仍未平息。重庆市参议会参议员在一份提案中指出："营业税建立于战前，抗战期中政府应事实上需要于税率及征税范围叠有修正，战前营业税率，例如按营业额课征者最小千分之二，最大千分之五。现值抗战胜利改征为千分之十五，比较战前最高额已增加三分之二……工商业亟待扶持，政府应为适当改进以纾商困，否则促成狡赖者作为幸免之心，于库收仍无裨益。故改进之道，应请条酌战前税则，重新厘定。"② 政府当局回复称，营业税已经减半征收，而且政府财政困难，未便再行核减："查营业税税率，按营业税法第四条之规定，以营业总收入额为标准者，征收其百分之一至百分之三，以营业资本额为标准者，征收其百分之二至百分之四。自去岁抗战胜利后，政府即通令，凡以营业总收入额为标准者减为照百分之一点五征收，以资本额为标准者仍征百分之二。是政府于整理税收之中，已兼寓体恤商艰之意，全国各地一体遵行，事关通案，似未便转请再事核减。且营业税自

---

  ① 《收复区兵灾严重者免征营业税三月》，《申报》1946年1月9日，第3版。
  ② 《关于减轻营业税税率的提案》（1945年），重庆市档案馆藏，全宗号：0054，目录号：1，案卷号：25，第150页。

第四章　营业税税率的变动及其减免纷争

三十六年度起划为市税，在市财政支绌现状之下，更无法减轻税率。"①

随着内战的扩大，中央和地方政府财政危机日益严重，中央政府无力补助地方财政，唯有寄望于提高地方营业税税率。国民政府于1947年11月再次修订《营业税法》，将税率提高一倍，按营业收入额课征者征收3%，按营业收益额课征者征收6%。② 政府大幅度提高营业税税率，不可避免地遭到各地商人的强烈反对。在浙江，财政厅训令各县市税捐稽征处，1947年12月前各月营业税仍按旧税率课征，自12月起改按新税率课征。③ 各县商会认为"此项税率陡增一倍，非商民所能负担"，纷纷请求缓期实施。浙江全省商会联合会向当局表示："浙省商业已在风雨飘摇之中，商民多有岌岌可危，朝不夕保之状，旧有营业税率，已感不胜负担。"④ 有的地方政府为增加税收收入，在提高税率的基础上再行加征税额，形成了"税上加税"的局面。如浙江宁波县政府施行新税率后，将所定税额由每月216亿元增至600亿元。1948年5月6日，宁波县商会理事长周大烈致函浙江省财政厅指出："本县早经依照新税法实行，此纯为体念时艰，竭力劝导商人，免为筹集之所致，凡此表现，谅荷容察，竟厚薄不分，而再续加重。际兹工商凋敝，势必引起不良反应，事关商人切肤之痛，决非东北现状所得同日而语也。"⑤

在上海，市参议会曾根据第五次大会决议，呈请中央维持原税率，并咨请市政府令饬财政局对1948年度营业税"仍暂照原税率征收"，但财政部"以值兹动员戡乱，行宪伊始，地方需财更殷"为由，对此

---

① 《关于检送重庆市参议员周荟柏等提议减轻征收标准案情况属实致重庆市参议会的公函》（1946年），重庆市档案馆藏，全宗号：0054，目录号：1，案卷号：11，第270~271页。
② 《营业税法》（1947年11月14日），《中华民国工商税收史料选编》第5辑上册，第470页。
③ 《营业税按新税率课征，定本月份起实施》，《宁波日报》1947年12月22日，第4版。
④ 《税率骤增一倍商民不胜负担》，《宁波日报》1947年12月22日，第4版。
⑤ 《鄞营业税骤增商人不堪负担》，《宁波日报》1948年5月7日，第5版。

227

民国时期营业税制度的变迁

项建议代电批复不准。① 上海市参议会后于第七次大会再次提出《恢复战前营业税税率案》。该提案首先分析了税率与偷漏税款的联系:"以实际经验观察,税率愈高,税收愈少。因税率高,则商民以不能负担而不能不出之于偷漏,因偷漏而不能不出之于查账,因查账而发生不易避免之贪污,结果,税款之缴存公库者少,饱入私囊者多。"并建议:"以营业总收入额为标准者,征收千分之十(营造者减半征收)","以收益额为标准者,征收千分之二十"。但该提案未能得到财政部准许:"战前营业税税率,按营业总收入额征收者,为千分之二至千分之十,分级分类课征,惟级类繁细,征纳不便,且极易发生纠纷。现行营业税按营业收入额征收百分之三,按营业收益额征收百分之六,稽征简便,揆诸现时经济状况,负担亦属公平,暂毋庸参照战前标准调整。"财政部方面强调:"商人偷漏税款,似乃由来已久之恶习,与税率并无重大关系,且不独营业税如此,于其他各种税捐亦有同样情况。如因查账而发生舞弊情事,自当依法查究,决不宽贷,以利税收。"② 在上海商界和参议会的共同努力下,财政局决定将增税时间延迟一季度。③ 这是上海商界在营业税税率问题上所取得的唯一成果。

营业税税率有分级分业弹性税率与不分行业、不分级别的单一税率两种。战前中央《营业税法》及地方税则中所定多为弹性税率。这种税率能够兼顾不同行业的税收负担能力,一般而言,奢侈品行业税收负担能力较强,税率较高;必需品行业税收负担能力较弱,税率较低。与单一税率相比较,弹性税率的一个主要缺点在于计税手续过于繁杂。在中央接办营业税以后,为简化稽征手续而趋于实行单一税率,此种税率设计在战后的税收改革当中得以延续。实际上,这一时期的营业税税率处于高位,未能顾及各个行业的利益和诉求,尤其给生活必需品行业带

---

① 《营业税请维旧率,财政部批复不准》,《申报》1948年4月8日,第4版。
② 《上海市参议会建议中央恢复战前营业税率并革新政治风纪的文件》(1948年),上海市档案馆藏,档案号:Q109-1-860,第4~6页。
③ 《春季营业税标准,仍照旧税率课征》,《申报》1948年4月17日,第4版。

第四章 营业税税率的变动及其减免纷争

来过重的负担,所以要求恢复战前分级分业税率之声再起。实际上,1946年4月16日修正公布的《营业税法》第四条第一类中规定,以营业总收入额为标准者,征收1%~3%;以资本额为标准者,征收2%~4%。① 该项税法虽没有分级的具体办法,但其与战前税法税率一样都属于弹性税率,为以后实行分级征收提供了可能。1946年7月,改定财政收支系统以后,营业税重新回归地方政府办理,按理说,应由各省市政府因地制宜,根据各地情形自行制定税率标准。但是,同年8月16日公布的《营业税法施行细则》第十四条规定,以资本额为课税标准者,征收4%;以营业总收入额为课税标准者,一律征收1.5%。② 从弹性税率到单一税率的变化,"使各省市政府虽欲别订单行章程,以期变通尽利,亦为之束缚无遗"。③ 中央政府的这一举措体现其试图通过实行单一税率规定,限制地方政府税收权力的扩张,避免出现战前地方单行法高于中央税法的现象。

中央政府的制度安排忽视了纳税人实行分级分业税率的诉求。早在1946年7月13日,上海市商会就应各业同业公会的请求,向财政部建议按业分级征收营业税。财政部在批示中称:"按业分类酌定税级各节,尚有可采,应留俟将来修正营业税法时参考。在未修正前,仍应体念时艰,依照现行税率,勉力缴纳,以重国课为要。"④ 可见,财政部并没有完全否决分业分级税率,而是作为将来营业税法修正时的参考。上海市直接税局亦曾向财政部建议:"营业税以营业额为征课标准者,请采差额税率办法。"⑤ 然而,立法院在8月16日公布的《营业税法施行细则》依然采用单一的比例税率,并未改行分级别的比例税率,也

---

① 《营业税法》(1946年4月16日),《中华民国工商税收史料选编》第5辑上册,第446页。
② 《营业税法施行细则》(1946年8月16日),《中华民国工商税收史料选编》第5辑上册,第454页。
③ 《市商会再电请营业税分级征收》,《申报》1946年9月12日,第7版。
④ 《营业税仍照现税率征收》,《申报》1946年9月6日,第7版。
⑤ 《征收营业税不分等级》,《民国日报》1946年8月2日,第1张第4版。

229

民国时期营业税制度的变迁

没有明确允许地方政府制定单行章程的规定,商界对此非常不满。

1946年9月,上海市商会呈请财政部及行政院重新修订《营业税法施行细则》:"将施行细则第十四条,改为营业税税率由各省市政府于拟具征收营业税单行章程时,就营业税法第四条法定范围之内,自行按级酌定。"商会认为:"营业税法第四条第一类,以营业总收入额为标准者,征收百分之一至百分之三。是税法虽无分级办法,但既有百分之一至百分之三幅度,非无留待分级征收之余地……此次八月十六日公布之营业税法施行细则第十四条,有其他各业,一律就其营业总收入额征收百分之一点五。是营业税法第四条第一类原留有弹性规定,可为各省市政府酌定按级征收之余地者,以施行细则之刚性规定,改从一律,使各省市政府虽欲别订单行章程,以期变通尽利,亦为之束缚无遗。"①上海市商会也建议参议会参酌战前成案,改订该市征收营业税单行章程:"现在营业税已恢复战前系统,即将改归市政府征收,而本年八月十六日行政院修正公布之营业税法施行细则,并无各省不得自订单行章则之限制……拟请贵会建议市府,参照民国二十一年本市所订征收营业税单行章则,及税率分率表,由财政局制成草案,呈府咨交贵会核议。"②然而,《营业税法施行细则》第十四条仍维持单一比例税率,"实出于一般工商业预计之外,群感失望"。③

为保护部分弱势纳税人的利益,现代税制一般都设有免征额,即在免征额之内可享受免税优惠。1931年6月13日国民政府颁布的《营业税法》规定,以营业总收入额为课税标准者,其营业总收入额不满1000元者免税;以营业资本额为课税标准者,其营业资本额不满500元者免税;以营业纯收益额为课税标准者,其营业纯收益不满100元者

---

① 《市商会再电请营业税分级征收》,《申报》1946年9月12日,第7版。
② 《营业税分级征收,本市可订单行法》,《申报》1946年9月13日,第7版。
③ 《营业税细则十四条,市商会请酌予修改》,《申报》1946年11月29日,第5版。

第四章 营业税税率的变动及其减免纷争

免税。① 1941年修正后的《营业税法》规定,以营业总收入额为课税标准者,其营业总收入额月计不满300元者免税;以营业资本额为课税标准者,其营业资本额不满500元者免税。② 随着国家政治经济形势的变化,尤其在通货膨胀日益加剧的情况下,原定免征额的作用消失殆尽。1942年10月25日,在重庆市临时参议会第三次大会第五次会议上,参议员罗段傅提出,营业税免征额过低,恳请予以提高,以恤小商:"营业税一项原为国家法定税收,任何人不得从中阻抗,惟此项条例颁行已久,彼时物价低廉,对规定起征点(免征额)固不觉低。近来物价暴涨,丈布千元,斗米三四百元,较之过去已增加若干倍,一般肩挑负贩资本额均在起征点以上,虽曰资本增高,实不若数年前谋生之易,纯赖劳力以图糊口已耳。如按规定征税,则影响一般小商贩生计,因而妨害抗建大业,长此以往,隐患甚虞。"③ 1946年1月16日,上海市商会电请财政部改订免征额:"近数年来,币值变迁至剧……从前千百元之商店,现在非百数十万元不办。若照法定免税标准办理,则虽有免征之名,并无免征之实。应请钧部参照今昔情形,予以变更规定,借期适合现实。"④ 国民政府在1946年4月重新修正公布的《营业税法》中不得不提高免征额:以营业总收入额为课征标准者,免征额提高至2.5万元;以资本额为课征标准者,免征额提高至10万元。⑤ 为应对恶性通货膨胀,国民政府实施金圆券改革。受此影响,财政部拟具《修正营业税法草案》送行政院讨论。1948年12月,该草案经政务会议讨论通过后,送立法院审议,其中免税标准修改为:

---

① 《行政院转奉国府办理营业税法训令》(1931年6月20日),《中华民国史档案资料汇编》第5辑第1编《财政经济》(2),第427页。
② 《修改营业税法》(1941年9月),《中华民国史档案资料汇编》第5辑第2编《财政经济》(1),第632页。
③ 《关于提高营业税起征点致重庆市临时参议会的代电》(1942年10月25日),重庆市档案馆藏,全宗号:0054,目录号:1,案卷号:375,第92页。
④ 《市商会电请财部修正营业税法》,《申报》1946年1月17日,第5版。
⑤ 《国民政府公布修正〈营业税法〉令》(1946年4月16日),《中华民国工商税收史料选编》第5辑上册,第447页。

231

民国时期营业税制度的变迁

住商每月营业收入额，金圆 500~1000 元；住商每月营业收益额，金圆 150~300 元；行商每次营业收入额，金圆 150~300 元；行商每次营业收益额，金圆 50~100 元。[①] 尽管如此，免征额提高的幅度仍远远滞后于通货膨胀的增长，致使广大小商小贩无法享受税法最基本的保护。

抗战胜利以后，各地商业状况并未有根本性的好转，商民负担仍然很重，商界要求政府恢复战前营业税税率、实行分级征税、提高免征额，这反映了纳税人（商界）对营业税制度的不满。在商界及社会舆论的压力下，中央政府修订《营业税法》及其施行细则，减低税率，但随着中央与地方财政危机的加剧，提高税率又为大势所趋。由于此时营业税税率已经由战前分行业分级别的税率变成了不分行业、不分级别的单一税率，这种税率设置对于某些弱势行业显得尤其不公平，很多行业出于维护自身利益的目的，纷纷请求政府当局免征营业税，并引发了许多免征风潮。

二　书业请免营业税

书业关系国家教育文化事业。书业营业税的课税对象为销售书籍的商人，但其可将税负含于价内转嫁给广大购书者负担。抗战胜利以后，物价上涨，人民生活水平下降，文化消费需求缩减，书业经营每况愈下。当时上海书商有 280 多家，只有极少数能够勉强生存。书商经营难以为继的主要原因是成本太高。一般而言，书业经营成本主要包括固定资本和流动资本两类，前者包括工厂、设备等，后者包括人工、原料等。由于物价日益高涨，人工和原料成本大为增加。据当时一位业内人士所举例子，以 1947 年初的人工原料价格，编印一本 10 万字的小册子，以印 2000 册计算，其成本估算如下（见表 4-20）：

[①] 《营业税法修正草案，政务会讨论通过》，《申报》1948 年 12 月 23 日，第 2 版。

第四章 营业税税率的变动及其减免纷争

表 4-20 编印 2000 册书成本估算

项目	成本(万元)
稿费	150
排工	150
制版浇版	50
纸张	56
印订	44
校对管理广告等	50
合计	500

资料来源：根据兆梓《减免书籍营业税的感想》，《新中华》第 5 卷第 2 期，1947 年，第 2 页编制。

根据以上估计，以 500 万元印 2000 册计算，每册纯成本就需 2500 元。但资本周转需利息，批给销售商需折扣，装运陈列不能无破损，那么定价至少也得 4000 元，而且必须 2000 册全部售出，才能够获得一些利润。如果再加上捐税，所得的利润就微乎其微，税捐稍重一点就要赔本。①《申报》记者走访调查发现：上海市书商业同业公会有会员 258 家，仅寥寥数家可以勉强维持，绝大多数因"成本过高，读者购买力降低及高利贷之压迫"而陷入绝境。调查显示："销路最佳者，为色情书籍；其次为儿童读物，因其售价低廉；一般理论及新文艺书籍，比较滞销。"② 显然，已经陷入经营困境的上海市书业对政府当局征收营业税尤为敏感。

1946 年 9 月间，上海市参议会第一次大会议决，请求当局免征书业营业税，但财政部方面迟迟没有回复。11 月 7 日，上海商务印书馆、中华书局、正中书局、世界书局、儿童书局等 268 家书局在书业同业公会开会，推举郭农山、沈季湘、陆实忠等 17 名代表，会同书业同业公

---

① 兆梓：《减免书籍营业税的感想》，《新中华》第 5 卷第 2 期，1947 年，第 2 页。
② 《书业营业税问题，财部允详筹办法，请愿代表改定月初晋京》，《申报》1946 年 12 月 25 日，第 6 版。

233

民国时期营业税制度的变迁

会理事长李伯嘉晋京,分向行政院、教育部、经济部请愿,要求"从速核准市参会决议案,永远免征书业营业税,以贯彻国家扶植文化之本旨,从此增进普及教育之效率"。① 各主管长官接见诸代表时,"对书业所处困境,深表同情,并允尽力协助"。② 各代表认为,"此次来京(请免营业税)已经获得满意之结果"。③ 据代表称:"有关当局对书业当前困难,皆极关切,并表示免除营业税问题非完全不能办到,惟办法尚待研究。教科书本有免税规定,其他书籍或亦可援例豁免。教育部对此事已允准,并允转请财部核办,财部当局亦会与其所属之直接税署研讨。"④ 事实上,这只是书业请愿代表的一种美好愿望而已,当局并不以为然。对于上海市书业请愿请求免征营业税,财政部复文明确指出:"只准教科书一项免征营业税,余仍照征。"⑤ 上海市书业会员闻讯"群情惶惑",并请书业同业公会"积极为文化落后之中国文化事业呼吁"。⑥ 12月16日,上海市书业同业公会召开全体会员临时大会,认为请求免征营业税,"符合政府赞助发展文化事业之要旨……教科书与其他书籍同为文化工具,教科书免税,其他书籍亦应免税,绝不能歧视"。会议一致主张,"派推代表再度赴京请愿,同时分电全国同业一致响应,群起力争,如不达到目的,上海全市书业,只有自动停业之一法"。⑦

上海市书业代表原计划于12月24日赴京请愿,临行之际接经济部批示:"书业关系教育文化,至为重要,而战时书业损失奇重,一时恢复不易,自属实情。为推行国策,维护文化事业起见,对于书业有予以

---

① 《全沪书业代表团今飞京请愿永免营业税》,《申报》1946年11月8日,第5版;《沪书业代表来京请求免征营业税》,《中央日报》1946年11月9日,第4版。
② 《上海书业代表请免征营业税》,《申报》1946年11月9日,第2版。
③ 《沪书业代表晋京请求免征营业税》,《中央日报》1946年11月10日,第4版。
④ 《沪书业请愿团任务完毕》,《申报》1946年11月11日,第2版。
⑤ 《书业营业税只准教科书免征,财部复文已送达市府》,《申报》1946年12月8日,第6版。
⑥ 《书业拟再请免营业税》,《民国日报》1946年12月11日,第1张第3版。
⑦ 《书业昨举行大会,坚决请免营业税》,《申报》1946年12月17日,第5版。

234

第四章　营业税税率的变动及其减免纷争

扶植必要。惟书籍种类繁多，尚非全属重要，若一律免征营业税，不惟偏颇失公，而其他各业难免不援例请免，影响税征。现本部正详筹妥善办法，一俟核定，即可施行。"书业同业公会认为，财政部所列理由十分牵强："若恐他业援例，则英法各国书籍免税，而对化装品均征重税，未闻因书籍免税，而引起化装品业之抗议……若谓书籍种类浩繁，孰轻孰重，难定标准。凡目前有正式出版地址及发行人之书籍，均有其文化上之意义与价值，见仁见智，绝无轻重之分……况教科书已免征于先，而一般书籍自不能不在免征之列。盖任何一国代表文化之书籍，举世认为一般书籍，而非教科书。"该同业公会决议："所有请愿代表改期赴京，向财政部面陈该业实际困难情形及免征理由，如不达到目的，即行全体停业。"①

1947年1月初，上海市书业决定再度晋京请愿，分别向财政部、直接税署等有关机关面递呈文，力争全免营业税。上海市书业的行动得到了汉口、长沙、衡阳、杭州、宁波、蚌埠、开封、重庆、南昌等地同业公会的积极响应。② 1月8日，京沪两市书业同业公会招待新闻界，报告战后上海出版业的情况："印刷工料成本倍增，市场及购买力则日减，已面临重大危机。新创办之出版机构，随开随闭，自后方复员者三十六家，已有十家停顿。出版业与其他各业不同，其成品既不能贸然涨价，或抵押借款，成品之销行亦复受交通及时效之影响，资金周转不易。"③ 经各地书业一致努力争取，财政部最终决定，自1947年1月1日起实施减免书业营业税："国定本审定本之中小学校教科书及经教育部审定之大学课本及其参考用书，一律免税，其余各种书籍，准予减半

---

① 《书业营业税问题，财部允详筹办法，请愿代表改定月初晋京》，《申报》1946年12月25日，第6版。
② 《书业请愿代表今日再度晋京，各地同业纷纷响应》，《申报》1947年1月6日，第5版；《书业代表再度晋京吁请免征营业税》，《益世报》（上海）1947年1月6日，第4版。
③ 《京沪两市书业代表为文化危机呼吁，昨在首都招待新闻界》，《申报》1947年1月9日，第8版；《沪书业代表团昨招待记者》，《中央日报》1947年1月9日，第4版。

235

征收……无分出版销售,均属同一减免","出版商及销售商,对于售出核准减免书本,应另行登帐,以免混淆,而利稽征"。① 但是,这依然未能达到书业同业公会要求减免全部书业营业税的目的。书业同业公会于 1947 年 4 月 11 日再次召开全体理监事联席会议,经过讨论,决定推派代表进行第三次请愿,请求财政部全免书业营业税。② 当局最终未能再做更多让步,书业请求减税的成果也仅限于此。

三 粮食业请免营业税

粮食关系国计民生,粮食业是否应征营业税在抗战全面爆发之前就是一个很有争议的问题。抗战胜利以后,国内普遍发生饥荒,为救济民食及平抑粮价,中央政府决定自 1945 年 10 月起免征粮食业营业税一年。③ 至 1946 年 10 月,财政部"以各地食粮产区范围扩大,且该项税额之免征业已逾期",颁令各地直接税局自 1946 年 10 月起,"凡属该项粮食行业之小麦、豆粉、高粱粉、玉米粉等制造及贩卖业营业税,一律开征"。④ 恢复征收粮食营业税得到一些地方政府的响应。浙江省各县财政困竭不堪,1946 年下半年估计赤字 272 亿元,所以省政府决定奉财政部命令,积极征收粮食业营业税。⑤ 浙江省各县粮食业同业公会为减轻负担,纷纷派代表向省政府请愿,并定期晋京请愿,请求中央政府明令豁免粮食营业税。⑥ 浙江省各县粮商的诉求得到了省参议会的大力支持。11 月 16 日,浙江省参议会驻会委员举行第三次会议,决议请财政部"收回成命,永久豁免米粮营业税"。⑦ 浙江省各县粮商请免粮

---

① 《扶植教育事业,减免书业营业税》,《申报》1947 年 2 月 12 日,第 6 版;《书业公会业奉财部批示》,《益世报》1947 年 2 月 15 日,第 4 版。
② 《书业第三次请愿,要求全免营业税》,《申报》1947 年 4 月 12 日,第 4 版。
③ 《复员期间苏解民困,减免营业税》,《大公报》1945 年 10 月 17 日,第 2 张第 3 版。
④ 《粮食运输业须照征营业税》,《申报》1946 年 10 月 19 日,第 7 版。
⑤ 《浙省税捐大事整顿》,《申报》1946 年 10 月 23 日,第 3 版。
⑥ 《浙各县粮商请求废除粮食营业税》,《申报》1946 年 11 月 3 日,第 3 版;《浙粮商请愿团抵京请豁免粮食营业税》,《申报》1946 年 11 月 5 日,第 3 版。
⑦ 《浙省参会决再请求豁免米粮营业税》,《申报》1946 年 11 月 18 日,第 3 版。

第四章　营业税税率的变动及其减免纷争

食营业税迅速得到其他各地粮商积极响应。苏州粮食业同业公会呈请县商会转呈行政院、财政部等部门免征营业税，同时呼吁无锡、吴江、常熟、昆山等江南各县粮食业同业公会"一致主张，呈请免征"。① 上海市粮食业同业公会呈请行政院、财政部以及上海市政府转国防最高委员会"准予继续豁免营业税，以维民食"，并联合杭州、吴县、蚌埠、徐州等县市粮商代表晋京，向全国商会联合会请愿，并请财政局准予暂缓申报粮食业营业税。② 在各地粮商一再呼吁下，财政部以"粮食关系民食，影响物价颇巨"，为"减轻民食负担和稳定粮食及物价起见"，准予继续免征营业税一年。③ 也就是说，自1946年10月1日起至1947年9月底止，"继续免征一年，其已纳税款准予退还"。④

至1947年6月，财政部明确自10月1日起恢复征收粮食营业税。⑤ 这又引起了各地粮商的高度关注。7月10日，苏、浙、皖、赣四省及京、沪两市粮食同业公会在上海市北京西路浙江同乡会召开联席会议，出席会议的各地粮商代表"以粮食免征营业税期限，转瞬将于本年十月底届满，一致要求政府再予展期"。⑥ 7月11日，苏、浙、皖、赣四省及京、沪两市粮商公会继续开会讨论。各地参会代表指出，"粮商在战时损失甚重，而粮食又为一般人民之必需品，征税结果，对一般贫民增加负担尤甚"，所以"要求政府于期限届满后继续豁免营业税"。当即决定组织四省两市粮商请愿团，推派代表晋京分向行政院、立法院、经济部、财政部、粮食部请愿。⑦ 鉴于请愿后各商迟迟未接到中央明

---

① 《苏州粮食业邀各县一致呈请免征》，《申报》1946年11月18日，第3版。
② 《粮食运输业要求继续豁免营业税》，《申报》1946年11月23日，第6版。
③ 《浙省粮食业请愿结果，粮食营业税免收》，《申报》1946年11月25日，第3版。
④ 《粮食关系民生甚巨，营业税准续免一年，财政部批复市商会》，《申报》1946年12月14日，第6版。
⑤ 《粮食营业税十月份起复征》，《中央日报》1947年6月26日，第5版。
⑥ 《粮食营业税，各地粮食公会要求继续免征》，《申报》1947年7月11日，第6版。
⑦ 《营业税期限届满后，粮商请继续免征，决组织请愿团赴京呼吁》，《申报》1947年7月12日，第6版；《梁上请免征粮食营业税》，《中央日报》1947年7月14日，第4版。

237

令，上海市米商业、杂粮商业、面粉麸皮商业同业公会于8月3日联合致电上海市政府、参议会和社会局，"吁请转恳中央迅赐继续免征明令"。① 上海粮商的请求得到了市参议会的支持。8月28日，上海市参议会财政委员会召开第十七次会议，决议呈请中央续免粮食营业税。② 浙江省参议会也同意续免粮食营业税，积极征求其他各省市民意机关的意见，决定由各省市参议会和各地粮商联合请求政府当局续免粮食营业税。③

各地粮商请求续免粮食营业税未获财政部准许，中央担心免征粮食营业税后，其他日用品商援例请免，且粮食营业税为地方税，豁免后影响地方财政。④ 10月12日，全国商会联合会及全国粮食商业同业公会联合会筹备处，为商讨请求中央免征粮食营业税，召开各省市县粮商代表联席会议，有来自上海、广州、汕头、嘉兴、镇江、汉口、吴县、青岛等地的60余位代表参会。各代表认为，"粮商须一致坚持到底，务期达到免征目的，以救粮商困厄，而利民生"，决定推派代表44人晋京请愿。⑤ 在京期间，代表团分别向国民政府及行政院、立法院、国民参政会、中央党部、财政部、粮食部、经济部等政府机关请愿。上海粮商代表瞿振华称："粮食价格有关国计民生，世界各国对粮食营业税均不征收，际此粮价飞腾之时，尤不能征收营业税以刺激粮价……所幸各政府机关对此次请愿均表同情，立法院对修改营业税法，将粮食业除外一点，已允考虑，财政部俞部长亦诚恳应允予以考虑，故此次请愿希望极大。"⑥

自1946年7月开始营业税划入地方收入，减免粮食业营业税对地

---

① 《粮商团体吁请免征营业税》，《申报》1947年8月4日，第7版。
② 《粮食营业税参会请续免》，《申报》1947年8月29日，第4版。
③ 《浙省粮公会议决续免粮食营业税》，《申报》1947年9月5日，第5版。
④ 《粮食开征收营业税加重负担》，《申报》1947年10月12日，第4版。
⑤ 《请免粮食营业税代表团明日晋京，全国粮商昨日举行联席会议》，《申报》1947年10月13日，第4版。
⑥ 《粮食免征营业税政府允加以考虑》，《申报》1947年10月20日，第4版。

第四章 营业税税率的变动及其减免纷争

方财政必定会有很大影响,这是中央政府考虑是否免征粮食营业税的重要因素。据有关方面向记者透露:"财政部以粮食亦为营业之一种,且税收成绩甚佳,故恐难准其豁免。"① 上海粮商召集所属2400余家米号代表250余人,举行代表大会,决定"呈请当局立颁明令,准予免征"。② 1948年1月9日,《免征粮食营业税案》由市财政局在市政会议上提出讨论,"因事关民食,对该会之请求甚表同情,惟营业税系财政部主管,经决议转咨财部,请暂缓开征"。③ 为免征粮食业营业税,江苏省苏州、常熟、武进、江阴、南通、青浦、徐州等20多县粮食公会代表在无锡县开会,决定赴省政府、省临时参议会请愿。④ 省临时参议会由刘平江代见,"允转省府办理";省政府由陈秘书长代见,"谓戡乱时期政府预算庞大,请各粮商共体时艰,勉力缴纳"。⑤ 可见,江苏省政府并无免征粮食营业税的计划。1948年2月20日,江苏省政府召开第158次委员会会议,决议"各县市粮食营业税,准改自卅七年一月份起征收"。⑥ 2月23日上午,全国粮食联合会召开分组审查会议,决议"电请中央永远免征粮食营业税"。⑦ 3月16日,苏州、无锡、常州等23县粮食业代表赴省政府请愿,因王主席及陈秘书长赴京开会未获结果,后赴财政厅请愿,"由董厅长接见,允予简化手续,减轻税率"。⑧ 但财政厅方面对免征营业税"仍认为难予接受","各县代表则表示坚持力争"。⑨

各县粮商持续反对粮食营业税得到全国粮食同业公会联合会的大力

---

① 《粮食营业税恐难准豁免》,《申报》1947年11月18日,第4版。
② 《米业再呈请免征营业税》,《申报》1948年1月8日,第4版。
③ 《市政会议决议咨请财部缓征粮税》,《申报》1948年1月10日,第4版。
④ 《苏省粮商在锡开会,再请免征粮食营业税》,《申报》1948年1月11日,第2版。
⑤ 《苏省粮商代表昨在镇江请愿,要求免征粮食营业税》,《申报》1948年1月20日,第2版。
⑥ 《苏省粮食营业税自一月份起征收》,《申报》1948年2月21日,第2版。
⑦ 《全国粮联会电请永免粮食营业税》,《申报》1948年2月24日,第4版。
⑧ 《苏锡等县粮食业再向苏省府请愿》,《申报》1948年3月18日,第2版。
⑨ 《苏省各县粮商请愿免征粮税》,《申报》1948年3月23日,第5版。

239

民国时期营业税制度的变迁

支持。该会第一届会员代表大会决议，"分电农商团体，国大代表……转请中枢迅明令全国各地，一律免征，以重民食而一政令。同时推派代表万墨林、王桐生等十人联袂晋京，分向国民政府、中央党部、行政院、立法院、财政部、社会部、经济部、粮食部请愿"。① 4月9日，全国粮联会代表万墨林等向中央有关部门请愿，要求全国各地一律免征粮食营业税，以轻粮价而重民食。② 4月21日，国大代表潘公展等提出："目前危急存亡之秋，不使民食充裕，则祸患将不堪设想，故免征粮税，实为补救时艰之要图……粮食之征税重迭，不啻增加粮价，而对社会秩序尤易遭受影响。"潘氏等提出办法两项："由国府明令永远免征粮食营业税"；"各省市府不得假借任何名义征收粮食捐税等"。③ 但营业税征收权在各省市政府，地方政府出于增加财政收入的考虑，积极奉令复征粮食营业税。6月18日，江苏省政府举行例会，议决自1948年7月1日起恢复征课粮食业营业税。④ 7月8日，浙江省政府决定继续征收。⑤ 地方政府以"粮食业营业税恢复课征，系奉中央明令办理"，断然拒绝各地粮商提出的免征请求。⑥

战后的营业税主要以营业总收入额为课税标准，税收虽然是由商人直接缴纳，但其税负可含于价内转嫁给消费者承担。相对于其他行业，粮食从生产者到消费者手中，辗转次数更多。据称，自产地经碾米商、批发商、贩运商、经营商、销地批发商、零售商，其间须经过六道转手，而每一道转手，即是一次营业。如果按照1947年12月重新修订的3%的新税率计算的话，碾米商在将粮食售给批发商时，已将其负担的营业税含于售价之内，而这3%的营业税是批发商的直接成本，所以批

① 《粮联代表晋京请愿》，《申报》1948年4月8日，第2版。
② 《粮联会代表请愿，要求免征粮业税》，《申报》1948年4月10日，第2版。
③ 《粮食营业税，潘公展等提请免征，国大昨正式通过》，《申报》1948年4月22日，第1版。
④ 《苏省七月一日起征课粮业营业税》，《申报》1948年6月19日，第2版。
⑤ 《浙粮食营业税，省府决续征收》，《申报》1948年7月9日，第2版。
⑥ 《缓征粮食营业税》，《申报》1948年8月14日，第2版。

第四章　营业税税率的变动及其减免纷争

发商将粮食售于贩运商时,也将此前的成本(粮食成本和税负成本)含于价内。假定粮食最初价格为1,经过六道转嫁之后,物价已经上升至1.194,也就是说,物价上涨了19.4%(详见表4-21)。

表4-21　粮食辗转运销中营业税税率与粮价的变化关系

辗转环节	粮价变化
碾米商	1+3% = 1.03
批发商	(1+3%)×(1+3%) = 1.061
贩运商	(1+3%)×(1+3%)×(1+3%) = 1.093
经营商	(1+3%)×(1+3%)×(1+3%)×(1+3%) = 1.126
销地批发商	(1+3%)×(1+3%)×(1+3%)×(1+3%)×(1+3%) = 1.159
零售商	(1+3%)×(1+3%)×(1+3%)×(1+3%)×(1+3%)×(1+3%) = 1.194

在恶性通货膨胀日益加剧的情况之下,粮商经营并不容易,一方面,币值惨落,生产减退,运输艰困;另一方面,除营业税外,粮商还要负担牌照税、印花税、利得税等诸多税捐,"税收繁杂,税率苛细,正当商业,无不呻吟于市,纵有所利,税收先我而获焉"。[①] 所以说,粮食营业税造成粮价上涨,加重普通民众税收负担,不利于粮食业的发展和整个社会经济秩序的稳定。因此,包括粮商、普通民众等社会各界均要求政府免征粮食营业税,以作为平抑物价的一种途径。

抗战胜利之初,营业税能够获得减免,一个重要的原因在于营业税仍属于国家税。自营业税回归地方政府办理以后,尤其是随着内战的爆发,地方政府财政日益困难,各项事业开销却与日俱增,而中央的补助又微乎其微。在此情况下,地方政府对粮食业营业税税源丝毫不敢放松。据上海市米粮同业公会常务理事称:上海每日食米消耗量为15000石,如以市价每石80万元计算,每石抽税12000元,一天抽税

[①] 《浙、沪、杭、无锡、南京、江苏等省市商业联合会关于邀集粮业领袖再度晋京请愿续免粮食营业税的有关来往文件》(1947年9月16日),上海市档案馆藏,档案号:S395-1-70-56,第83~84页。

241

民国时期营业税制度的变迁

180000000 元；杂粮每日消耗 6000 担，以市价每担 40 万元计，每担抽税 6000 元，一天抽 36000000 元；麦粉每日消耗 12000 包，出厂时已缴货物税，如需再缴纳粮食营业税，以市价每包 24 万元计，每包抽税 3600 元，一天抽 43200000 元，也就是说，上海市每天可收粮食营业税 259200000 元。[1] 营业税的立法权在中央，中央政府完全可以通过调整税法或施行细则影响粮食营业税的征免，至少可以在税率问题上施加必要的影响。问题在于如果中央支持免征粮食业营业税，必定面临地方政府的反对，而为平息地方政府的反对，中央可能会增加对地方补助。正因如此，对于粮食业免征营业税的要求，中央以维持地方财政为借口，将征免之权交予地方政府，这是中央在地方财政和普通民众利益间的一种选择。正如时人所言："当前一切政策，都是以财政为依归，从而决定其应取的途径的。就营业税论，以前是中央税。在中央税收中，营业税所居的地位远不及目前在地方税收中所占的显得重要。而在目前地方财政普遍拮据之秋，粮食营业税虽只占营业税的一小部分，能否蒙恩豁免，却不能不视地方财政当局之意旨为去取之抉择。"[2]

抗战胜利以后，中国工商业经济不仅未能得到发展，反而出现了急剧衰退的局面，很多商号经营难以为继，甚至纷纷破产，与之形成鲜明对比的是豪门资本急剧膨胀。豪门资本可凭借其与政府的密切关系而获得减少税收负担的机会，这反过来挤压了民族工商业经济的生存和发展空间。所以说，一般工商业的税收负担并未因抗战胜利而有所减轻，这是这一时期营业税减免纠纷持续不断的根本原因。为维护自身利益，工商业者通过请愿的方式抵制政府的税收政策，上述书业和粮食业免征营业税纷争就是两个典型个案。纳税人群体的持续抵制有碍于政府征税活动的顺利开展，直接影响税收收入。财政部在视察上海市的财政报告中就对书业和粮食业减免营业税而造成税收损失表示担心："惟沪市接办

---

[1] 《粮食开征营业税加重负担》，《申报》1947 年 10 月 12 日，第 4 版。
[2] 《全国商联合、全国粮联会为呈请中央国府迅颁免征粮食营业税事致财政部、粮食部函》(1947 年 11 月 27 日)，上海市档案馆藏，档案号：S395 – 1 – 70 – 119，第 37 页。

营业税未久,调查未臻完备,短漏在所难免。且最近核准粮食运输业继续免税一年,及教科书免征营业税,不无影响收入。"① 时人也指出:"一方面税率太高,商人多要逃税;另一方面待遇太低,少数官吏,不得不和商人串通一气,做出种种不合法的勾当来。因此提高待遇,和减低税率,实为当前的急务。"②

小 结

  税率是税收制度的核心要素之一。通过前文的论述和分析,我们认为,民国时期营业税税率的演变大致有三大特点:一是从北京政府时期的定额税率向南京政府时期的比例税率转变;二是在南京国民政府的分税制体制下,地方营业税税率设计存在差别比例税率和单一比例税率两种模式;三是抗战时期和抗战胜利以后,国民政府逐步统一及大幅提高营业税税率以增加收入。民国时期营业税税率的发展演变是政府在税收公平和效率的原则下,根据国家政治与社会经济形势变化而进行的制度选择。政府在财政特别困难的情况下,为迅速增加收入,往往会以牺牲公平原则为代价,倾向于选择效率较高的单一比例税率。需要说明的是,提高税率是增加营业税纳税人实际税负的重要因素,但非唯一因素。民国时期营业税纳税人实际税负的增加是税率因素与非税率因素共同作用的结果。民国时期工商税收种类繁多,国家与地方税务机构重复课税的现象屡见不鲜。营业税征收亦是如此,致使纳税人不得不承受双重或多重税负。浙江、上海、江苏等地商业联合会在致中央政府的请愿书中也指出,除营业税外,粮商还要负担牌照税、印花税、所利得税等各种税捐,"税收繁杂,税率苛细,正当商业,无不呻吟于市,纵有所

---

① 《财政部视察上海市的财政报告》(1947年),《中华民国工商税收史料选编》第5辑下册,第3468页。
② 甘允寿:《高税率破坏了商业道德》,《申报》1946年12月2日,第7版。

243

利，税收先我而获焉"。① 国家与地方税务机构围绕工商税源的争夺以及整个税收体系设计的缺陷为重复课税大开方便之门，大大增加了纳税人的负担。

民国时期，政府财政支出主要为行政费和军费，用于增加社会福利与改善社会公共服务的经费极少，致使纳税人无法直接享受纳税的实惠，所以政府征税也就意味着纳税人既得利益的减少。营业税纳税人通过商会、同业公会等工商团体反对政府提高税率，请求减免营业税。工商团体表达诉求的方式多种多样，如致电、致函政府有关部门，反映工商界税负过重及经营困难情形，选派代表请愿，甚至暴力抗税；同时积极参加全国经济会议、全国财政会议，借此发出自己的声音。与行会、公所等传统商业组织不同，商会、同业公会具有更强的社会动员能力，逐渐形成一支独立的社会力量，参与政府税政、反映工商界的诉求、维护工商界的利益、制约政府税收权力的扩张，这说明政府与工商业纳税人之间已经形成了一种相互制约的机制，正是在双方相互博弈中，现代税收制度得以不断完善和发展。

---

① 《浙、沪、杭、无锡、南京、江苏等省市商业联合会关于邀集粮业领袖再度晋京请愿续免粮食营业税的有关来往文件》（1947年9月16日），上海市档案馆藏，档案号：S395-1-70-56，第83~84页。

第五章

营业税课税标准的演变及其争议

近代营业税制度发端于西方国家,后被引进中国,逐渐在税收收入中占有较为重要的地位。中国的历史传统和社会经济发展水平与西方国家有很大不同,那么中国营业税制度与西方国家的"原型"有何差别?这是学术界关注较少而又值得深入探讨的问题。从税收性质的分类来看,根据税负能否转嫁,其可分为直接税和间接税两种类型。营业税在性质上属于直接税还是间接税?中外学者有不同的看法。美国财政学家亚当士在《财政学大纲》一书中指出:"所得税与产业税,皆属直接税,至若营业税,乃一间接税。"[①] 日本学者小川乡太郎则认为:"营业税,其性质上为直接税。"[②] 民国时期,关于营业税的性质学术界也有"直接税论"与"间接税论"两种截然不同的观点。[③] 这种分歧甚至影响着当前的税收史研究,如金鑫等主编的《中华民国工商税收史·直接税卷》并未将营业税纳入其中,而林美莉的《西洋税制在近代中国的发展》则将营业税置于直接税运动进程中加

---

① 〔美〕亚当士:《财政学大纲》,刘秉麟译,商务印书馆,1934,第135页。
② 〔日〕小川乡太郎:《论营业税》,夏道辉译,《新译界》第1期,1906年,第10页。
③ 参见侯厚培《营业税问题》,第42页;崔敬伯:《从间接税到直接税(续)》,《国闻周报》第14卷第26期,1937年,第14页;刘不同:《直接税与间接税论》,《财政评论》第4卷第3期,1940年,第124页。

以考察。① 在税收学中，判断某个税种究竟属于直接税还是间接税，主要看其税负能否转嫁，税负能否转嫁与课税标准有非常密切的关系。财政学家胡善恒在《赋税论》一书中指出："（营业税）课税方法不同，即有能转嫁与否之殊异。"② 经济学家何廉、李锐合著的《财政学》一书也强调："营业税之能否转嫁及转嫁之难易，大半视乎课征时所用之课税标准而定。"③ 要厘清营业税的性质，就必须了解其课税标准。④

第一节 西方国家营业税的课税标准

中世纪，西方各国对营利者一般以许可费的形式课税，即商人向政府缴纳一定的费用，就可以获得经营某种营利事业的授权。工业革命以后，随着工商业经济的日益繁荣，企业间和行业间的差别越来越大，原来的许可费不仅"渐失公允"，而且难以满足政府的财政需求。⑤ 1791年3月，法国政府改革许可费制度，颁行营业税法，此举被视为近代营业税制度的创始。⑥ 与许可费不同，营业税制度主要根据企业或行业的业务状况（如经营规模大小、获利多少等）征税，更能适应大工业时代企业和行业的发展。此后营业税制度逐渐在欧美其他国家建立和发展起来，并且，营业税在西方国家税收收入中占据比较重要的地位。如1890～1891年度普鲁士营业税收入为2111.9万马

---

① 金鑫等主编《中华民国工商税收史·直接税卷》，中国财政经济出版社，1996；林美莉：《西洋税制在近代中国的发展》。
② 胡善恒：《赋税论》，商务印书馆，1934，第52页。
③ 何廉、李锐：《财政学》，国立编译馆，1935，第305页。
④ 柯伟明：《引进与调适：近代中国营业税之课税标准及其争议》，《中国经济史研究》2018年第2期。
⑤ 高秉坊：《营业税之立制与整理》，《直接税月报》第2卷第4～6期综合编，1942年，第1页。
⑥ 侯厚培：《营业税问题》，第6页；胡善恒：《赋税论》，第419页。

克，在税收收入中所占比重为13%。① 第一次世界大战后，西方各国面临严重的财政赤字，为尽快增加财政收入，许多国家纷纷改革营业税制度。② 法、德、意、加等国侧重于对交易行为征税，而且扩大课税范围，所以当时营业税亦称"交易税"或"贩卖税"。③ 经过改革以后，营业税在西方国家税收收入中的地位更加重要。表5-1的统计数据显示，1926年度，奥地利、比利时、巴西营业税占税收收入的比重分别为18%、15%、5%；1928年度，捷克、匈牙利、意大利、葡萄牙、罗马尼亚营业税占税收收入的比重分别为18%、13%、4%、5%、6%；1929年度，法国营业税约占税收收入的19%，德国营业税占10%。营业税在西方各国税收结构中的地位可见一斑。正如时人所言："自欧战以后，各国财政收入之重心，除所得税外，均渐倾向于营业税。"④

表5-1 各国营业税收入与税收收入比较统计

单位：万元,%

国别	年度	营业税收入	税收收入	营业税比重
奥地利	1926	200	1113	18
比利时	1926	923	6175	15
巴西	1926	68	1350	5
捷克	1928	1980	10728	18
匈牙利	1928	91	702	13
意大利	1928	700	17903	4
葡萄牙	1928	107	2010	5

---

① Joseph A. Hill, "The Prussian Business Tax," *The Quarterly Journal of Economics*, Vol. 8, No. 1 (Oct. 1893), p. 77.
② 陈汝善：《各国营业税概况》，《银行月刊》第8卷第8期，1928年，第29页。
③ Alfred G. Buehler, "Recent Developments of the General Sales Tax," *Journal of Political Economy*, Vol. 36, No. 1 (Feb. 1928), pp. 83-84.
④ 王澄莹：《浙江之营业税》，《经济学季刊》第2卷第2期，1931年，第63页。

续表

国别	年度	营业税收入	税收收入	营业税比重
罗马尼亚	1928	2000	34283	6
法国	1929	8508	45090	19
德国	1929	1120	11032	10

资料来源：根据魏华《现代各国营业税制之发展及其现况》，《工商半月刊》第3卷第7期，1931年，第5~6页编制。

营业税之所以能够在西方国家迅速崛起，一方面得益于近代工商业经济的发展，为政府征收营业税提供了必要的物质基础，"只要货币经济存在，生产交换的功能就有长无消，工商营业方兴未艾，更无终了。社会一日有营业收益，营业税即能一日存在，其在财政上地位之重要，尚非一时一地已也"。① 另一方面是由于营业税本身具有"税源普遍""富有弹性""征收确实""负担比较公平""征收费用较少"等特点，能够满足政府不断增长的财政需求。② 事实上，营业税在近代西方国家发展的过程中也遇到了许多阻挠，批评之声不绝于耳，但因其在财政收入中表现突出，所以依然受到各国政府的青睐。③

课税标准是根据课税对象确定的税额的度量。④ 近代西方国家的营业税究竟以什么为课税标准呢？美国财政学家塞里格曼（Edwin R. A. Seligman）指出，西方各国营业税课税标准有13种之多，包括按资产原价课税、按资产估价课税、按实收资本时价课税、按资本总额课税、按资本额与发行公司债额课税、按营业总额课税、按总收益课税、

---

① 包超时：《我国现行营业税制度述要》，《直接税月报》第2卷第4~6期综合编，1942年，第13~14页。
② 包超时、倪镇：《中国营业税》，第1页。
③ E. G. Cornelius, "The Sales Tax: Development and Summary of Arguments," *Social Science*, Vol. 12, No. 4 (Oct. 1937), p. 435；刘不同：《交易税 Sales or turnover tax》，《财政评论》第3卷第2期，1940年，第131~132页。
④ 魏如主编《中国税务大辞典》，中国经济出版社，1991，第385页。

按纯收益课税以及特许课税等。① 以上这些营业税课税标准归纳起来，大致可分为四种类型：（1）以营业财产（资本）为课税标准；（2）以营业总额为课税标准；（3）以利润为课税标准；（4）特许税。

表 5-2　西方国家营业税课税标准概况

国别	课税标准	国别	课税标准
法国	营业总额	波兰	营业总额
比利时	批发营业总额	苏联	营业总额
意大利	批发营业总额	加拿大	销售额
奥地利	营业总额	澳大利亚	销售额
匈牙利	营业总额	新西兰	零售额
德国	收益额、资本额	日本	收益额

资料来源：根据李权时《各国营业税近状》，《银行周报》第 21 卷第 42 期，1937 年，第 10~11 页编制。

表 5-2 是民国时期经济学家李权时对西方国家营业税课税标准所做的统计。可以看到，法国、比利时、意大利、奥地利、匈牙利、波兰、苏联、加拿大等国营业税主要采用营业总额（销售额）为课税标准，德国营业税采用收益额和资本额为课税标准（后亦接受销售额），日本营业税采用收益额为课税标准。需要说明的是，英美两国并没有"营业税"这个税目，但已将其划归所得税或公司税之中。② 如美国对银行、保险、铁路、电报、电话、运输及其他具有垄断性质的企业征收公司税。③ 大体而言，至 20 世纪 20 年代，除英美两国较为特殊外，其他西方国家的营业税课税标准主要演进为以下两种类型。

第一种是以营业额为课税标准，以法国为代表。法国营业税最初亦

---

① 侯厚培：《营业税问题》，第 14~15 页；汪承玢：《今日营业税课征标准论战》，《公信会计月刊》第 11 卷第 3 期，1947 年，第 52 页。
② 周坤寿：《各国营业税概况与南京市特种营业税之意见》，《会计月刊》第 10 期，1930 年，第 4 页。
③ 于宝生：《营业税概论讲义（续）》，《山东财政公报》第 3 卷第 3 期，1931 年，第 49~50 页。

249

称为"职业及营业税"(Profession and Business Tax),其课税对象包括所有工商营业机关及律师、医生、建筑师、会计师等,由中央政府征正税,地方政府征附加税。① 自 1920 年起,法国政府改征贩卖税或交易税 (Sales Tax or Turnover Tax),其课税范围非常广泛,"除掉农人自己贩卖农作物和自由职业者之出售劳务之外,差不多是没有一种工商企业之贩卖商品可以能够逃得掉此笼罩一切的贩卖税的"。② 在法国营业税法当中,"对于贩卖其自己购入的或制造的货物者,总以其贩卖价格所示之销售额为课税标准"。③ 此种课税标准便于计税和征收,但在增加政府税收收入的同时,也带来了许多问题。特别是 1921 年以后,"法国遭商业恐慌,物价飞落,营业税之转嫁,商人遂觉困难……致使工商业者与农民所负担税额,愈相悬殊,故引起法国人民之仇视"。④

第二种是以纯收益额为课税标准,以日本为代表。日本营业税创办于明治 29 年 (1896),在开征之初,采用多种课税标准。根据营业税法的规定,纳入课税范围的 25 个行业中,物品贩卖业以销售总金额为课税标准,银行业、保险业、抽签贷款业、制造业、印刷业、出版业等以资本额为课税标准,金钱贷借业、物品贷借业以流动资本为课税标准,仓库业以贷租价格为课税标准,铁道业以收入金额为课税标准,包工业以承包金额为课税标准,出租房间礼室业、酒饭馆业、旅栈业以租赁价格为课税标准,经纪业、代理业、苎行业、信托业以报酬金额为课税标准。⑤ 由于资本额和营业额课税标准难以反映各业经营实况,所以

---

① 李权时:《财政学原理》下卷,商务印书馆,1935,第 464~465 页。
② 李权时:《中国目前营业税问题概观》,《经济学季刊》第 2 卷第 2 期,1931 年,第 4~5 页。
③ 〔日〕高木寿一:《战后世界各国财政》,徐文波译,民智书局,1934,第 153 页。
④ 《近代各国营业税述要(二)》,王澹如译,《商业月刊》第 1 卷第 2 期,1931 年,第 19 页。
⑤ 《日本营业税之过去与现在》,陈铁铮译,《四川省营业税局月报》第 1 卷第 6 期,1938 年,第 17 页。

遭到社会各界强烈反对。大正 15 年（1926），政府最终废除营业税，同时创设营业收益税。① 日本营业收益税课税范围包括物品贩卖业、银行业、金钱贷付业、物品贷付业、制造业、运送业、仓库业等 19 个行业。② 此项营业收益税以纯收益额为课税标准，分法人和自然人两种不同的计算方法：营业法人的纯益计算法是，先算出该业年度所获得的总益金，再扣除该年度的总损金；营业自然人的纯益计算法是，先算出前一年所获得的总益金，再扣除同年度内的总损金。③

第二节　中国营业税课税标准的演进

既然西方国家营业税课税标准有不同的类型，那么中国引进西方营业税制度时究竟采用什么课税标准，其又经历了哪些演进？事实上，民国时期营业税的立法有中央和地方两个层面，其课税标准亦随社会经济形势的变化而改变和调适。

一　中央税法中课税标准的变化

民国初年，北京政府面临严峻的财政危机，为增加财政收入，筹划开征特种营业税，于 1914 年 7 月 27 日制定了《特种营业执照税条例》，列入课税范围的有皮货业、绸缎业、洋布业、洋杂货业等 13 个行业。根据规定，特种营业税是以营业额为课税标准。④ 后因各地商会强烈反对，特种营业税无法施行，北京政府财政部遂改办普通商业牌照税，于 1915 年 9 月拟定《普通商业牌照税条例》。该条例规定，"全国商店分

---

① 《日本营业税之过去与现在（续）》，陈铁铮译，《四川省营业税局月报》第 1 卷第 7 期，1938 年，第 7 页。
② 金国宝：《日本之营业税》，《经济学季刊》第 2 卷第 2 期，1931 年，第 46、52 页。
③ 赖季宏：《日本财政》，商务印书馆，1939，第 121~122 页。
④ 《特种营业执照税条例》（1914 年 7 月 27 日），《中华民国工商税收史料选编》第 5 辑上册，第 376 页。

251

别市面衰旺与其营业大小酌定税额"。① 也就是说，普通商业牌照税与特种营业税一样，都是以营业额为课税标准。因受时局影响，该条例亦未能付诸实施。

至1917年初，财政部与国务院决定将普通商业牌照税更名为普通营业税，并以资本额为课税标准："拟采用营业税学理上之外标法，纯然以资本为标准……所谓总资本者，系连店铺之装修器具以及货物一并计算之简称。"② 1919年初，北京政府法制局拟定的《营业税法案》规定，营业税以资本额为课税标准，"资本额之计算，以实供营业之用者为准，如无确实之数目可稽，得依其出入货物之价额、营业所用之租金，酌量估计"。③ 当局在制定营业税课税标准时，对西方各国课税标准的利弊也有所考虑："有依资本额课税者，有依售出金额课税者，有依外标法课税者……此三种方法中，外标课税太涉粗疏，既未便采用，若以售出金额为标准，近于商约上之销场税，于他日加税裁厘之实行，恐有窒碍。本案拟采用资本课税法。"④ 对于《营业税法案》规定以资本额作为营业税课税标准，当时《大公报》发表评论并提出质疑，认为营业税应以"营业收益"为课税标准："按营业税，属于收益税之范围，若依原则言之，应以营业上所得利益，为课税之标准。不过因调查困难，恐有隐匿情事，不得不斟酌于其间，故普国之营业税，则以资本金与营业收益并重，法国之营业税，则区分为四种，而又参酌营业房屋之大小与营业人数之多寡，定税率之轻重，其余各国虽均有种种区别，而要不外以营业收益为课税之主体。资本不过居于备参考地位。今我国乃反是，不独有背租税之原则，且恐增将来推行新税制阻力。"⑤

1922年，关税研究会会长李景铭在关于营业税的提案中提出，中

---

① 《北京政府财政部拟开办普通商业牌照税致大总统呈》（1915年9月26日），《中华民国工商税收史料选编》第5辑上册，第383页。
② 《营业税草案之审核》，《申报》1917年1月14日，第6版。
③ 《法制局拟订之营业税法》，《大公报》1919年1月16日，第6版。
④ 《审核中之营业税法案》，《申报》1919年1月19日，第6版。
⑤ 《论营业税》，《大公报》1919年1月15日，第2版。

第五章 营业税课税标准的演变及其争议

国营业税"宜采日本主义，以营业之资本及用人屋租为课税之标准。盖欧美各国虽多采用赢利主义，其利在使纳税者之负担较为公平，惟调查不易，动致骚扰，故不如日本法之为善解决"。① 1925 年北京政府与英、美、法、日等国代表在北京开"关税特别会议"，就裁厘加税等问题展开谈判。为抵补裁厘损失，北京政府筹划开征新税，并由财政部重新拟定《普通营业税草案》。根据规定，无论设在华界还是租界的普通营业，"应须呈报附近所在经征官，候验其资本"，按照既定税率课税。② 由此可见，在北京政府时期的立法过程中，营业税课税标准经历了从营业额到资本额的转变。

1927 年 4 月，南京国民政府成立，财政部于 6 月召开中央财政会议，赋税司提出由地方开征营业税抵补裁厘损失，会议讨论了赋税司司长贾士毅起草的《营业税条例草案》。根据规定，在中华民国境内经营制造业、印刷出版业、银行钱庄业、保险业、典当质押业、租赁物品业等均须以资本额为课税标准征收营业税。③ 该草案沿用了北京政府时期所拟定的普通营业税课税标准。至 1928 年 7 月，全国裁厘委员会开会讨论裁厘改税问题，会议决议通过的《各省征收营业税办法大纲》对不同行业的营业税课税标准做了规定：物品贩卖业、制造业、印刷业、饭店业、娱乐场业、照相业以售出金额为课税标准，牙行业以所收牙费金额为课税标准，包作业以承包金额为课税标准，租赁物品业以所收租赁金额为课税标准，运送业以运送金额为课税标准，钱庄业、典当业、堆栈业以资本额为课税标准。④ 该大纲根据不同行业的特点，采用了营业额、资本额等不同的课税标准。也就是说，当局已经注意到营业额或资本额课税标准不能适用于所有行业，

---

① 《李景铭之营业税提议案》，《申报》1922 年 11 月 29 日，第 10 版。
② 《财部新拟普通营业税草案》，《银行周报》第 9 卷第 40 期，1925 年，第 29 页。
③ 《国民政府营业税条例草案理由书》，《银行周报》第 13 卷第 22 期，1929 年，第 26～27 页。
④ 《各省征收营业税办法大纲》，《财政公报》第 12 期，1928 年，第 88 页。

采用混合式的课税标准也许能够兼顾不同行业的差异性，减少征收的阻力。

至1931年1月，南京国民政府财政部正式开始裁撤厘金，并拟定《各省征收营业税大纲》及其补充办法，作为征收营业税的依据。该大纲规定："营业税征收标准，以照营业收入数目计算为原则。但对于特种营业，得按照资本额或其他计算方法为课税标准。"① 1931年1月28日，立法院委员马寅初在国民党上海市党部三楼演讲时指出："中央对于营业税，所定以资本额大小为标准之第二种办法，实为暂时不得已之办法。将来还须逐渐改良，必使均以营业多少为标准。盖中央亦深知资本相同，营业或有大小，惟暂时不得不如此办法。总之中央此次举办营业税，前曾经深切考虑认为最妥当之办法。"② 然而，在商界看来，营业额和资本额均不能反映纯收益情况，以此作为营业税课税标准显然有失公允。1931年4月19日，上海市各业税则研究委员会呈文立法院指出："查营业税为收益税之一种，世界各国营业税制度之最完善者，当首推德国营业税之征收，以资本额及营业收益额合而存其标准。例如资本额虽已及某一级，而营业收益连续二年不及某一级者，得低一级课税。盖所以保护商店之营业者也。吾国营业税之征收方法，依照部颁大纲之规定，分资本额与营业额两种，但资本之大小，与营业之多寡，对诸纯粹之收益，恒不能成一正比例，实失平允均衡之道，且有碍于商业之发展，而于营业税之原来意义亦已根本消失。"③ 该委员会恳请立法院拟定《营业税法》及审议各省市营业税章则时加以注意。为确立营业税规章的法律性和减少各种税收纷争，立法院于1931年6月审议通过《营业税法》。在财政部所拟税法草案中，原来只有营业收入额和营业资本额两种课税标准，"立法院委员会调查各国营业税法，最新的立法例，是以营业纯收益额为标

---

① 《各省征收营业税大纲》，《工商半月刊》第3卷第5期，1931年，第12~13页。
② 《马寅初昨演讲裁厘后营业税问题》，《申报》1931年1月29日，第13版。
③ 《各业税则会呈述营业税意见》，《申报》1931年4月20日，第9版。

第五章 营业税课税标准的演变及其争议

准,因为这种计算法比较准确,所以在第四条内把这种标准加入"。① 正因如此,国民政府颁布的《营业税法》中有三种课税标准:营业收入额、营业资本额和营业纯收益额。②

1931年《营业税法》颁布以后,施行近十年未曾修订和调整。直至1941年,国民政府召开第三次全国财政会议,决议将原属省级财政收入的营业税收归国家,同时决定对《营业税法》加以修正。在财政部看来,原税法中虽有按营业纯收益额课税一项,但"以其计算繁难,各省均未采行",而且"原法于标准之采用,任由各省市自由采行,致有参差偏颇、负担失平之弊"。③ 为统一及简化课税标准,国民政府于1941年9月修正公布了《营业税法》。根据规定,"营业税以营业总收入额为课税标准,专门制造业及其他不能以营业收入额计算之营业,得以营业资本额为课税标准"。④ 此次修正的税法取消了纯收益额课税标准,实际上是将营业税与当时的所得税、过分利得税划清界限,以免产生重复课税的嫌疑。后来因为立法院提出,"专门制造业范围难定,施行上多滋纷扰,为便易起见,予以删除"。⑤ 1942年7月2日,国民政府修正公布的《营业税法》将"专门制造业"改为"金融业"。⑥ 金融业须以资本额为课税标准,是因为该业"营业总收入额无明确依据,不便计算"。⑦

---

① 童蒙正:《中国营业税之研究》,第233页。
② 《营业税法》(1931年6月13日),《中华民国工商税收史料选编》第5辑上册,第394~395页。
③ 《财政部呈拟修正营业税法草案请转呈核准先付实施》(1941年9月),台北"国史馆"藏国民政府档案,档案号:001-012410-0030。
④ 《营业税法》(1941年9月26日),《中华民国工商税收史料选编》第5辑上册,第409页。
⑤ 《财政部议复立法院修正营业税各条意见》(1942年3月),台北"国史馆"藏国民政府档案,档案号:001-012410-0030。
⑥ 《营业税法》(1942年7月2日),《中华民国工商税收史料选编》第5辑上册,第414页。
⑦ 包超时:《我国现行营业税制度述要》,第17页。

民国时期营业税制度的变迁

表 5-3 以营业总收入额课税的行业详情

业别	范围	计算根据
买卖业	包括一切专以贩卖农产品或工业制造品之各种营业	所销货品之价额
制造业	包括一切使用原料制造物品及加工改造出售制造品之工业及手工业	所销制造品之价额
运送业	包括轮渡、轮船、汽车、电车、火车及转运行夫行业、打包装箱业等	旅客票价、运货运费及手续费等
堆栈业	包括货栈及仓库业等	栈租
租赁业	包括马车行、汽车行、脚踏车行、人力车行及搭篷业等	租赁费
包作业	包括营造厂、建筑公司、凿井业等	承包价额
旅宿业	包括宿店、旅馆等	房金及食费
娱乐业	包括戏园、书场、游戏场、电影院、弹子房、溜冰场等	入场券票价
保险业	包括保险公司及银行保险部等	保费
修理业	包括汽车修理行、钟表修理业等	修理费
代理业	包括广告业、报关业等	报酬金及手续费
信托业	包括信托公司、银行信托部等	报酬金及手续费
证券业	包括经营公债、股票、债券业及交易所之经纪人业等	报酬金及手续费
地产业	包括地产公司及银行地产部等	报酬金及手续费
电气业	包括电灯公司、电话公司等	电费
服装业	包括西装业、单装制服业、手工成衣业等	工料收入
饮食业	包括酒菜馆、咖啡馆、西点馆、面点馆、甜食馆、饭馆、茶馆等	饮食费
照相业	包括照相馆、写真馆等	工料收入
洗染织补业	包括染房、洗衣店、洗染织补店等	工料收入
镶牙补眼业	包括镶牙店、补眼馆等	药料及手续费
浴室理发业	包括浴室、理发店等	浴费或理发费
装潢裱画业	包括装潢店、裱画店等	工料收入
自来水业	包括自来水公司等	水费

资料来源：《营业税法施行细则》（1943 年 2 月 11 日），《中华民国工商税收史料选编》第 5 辑上册，第 435~436 页。

第五章 营业税课税标准的演变及其争议

　　1943年1月19日,国民政府行政院公布《营业税法施行细则》,对营业总收入额和资本额的课税标准做了更为详细的规定:"按营业资本额课税之营业,其营业资本额依其原投入资本或实收股本加公积准备及未提取或未分配之盈余计算";同时限定以营业总收入额课税的行业范围和计算依据。① 由表5-3可见,买卖业、制造业、运送业、堆栈业、租赁业、包作业、旅宿业、娱乐业、保险业、修理业、代理业、信托业、证券业、地产业、电气业等23个行业以营业总收入额为课税标准,其中,买卖业的课税范围包括"一切专以贩卖农产品或工业制造品之各种营业",其计算依据为"所销货品之价额";制造业的课税范围包括"一切使用原料制造物品及加工改造出售制造品之工业及手工业",其计算依据为"所销制造品之价额";运送业的课税范围包括"轮渡、轮船、汽车、电车、火车及转运行夫行业、打包装箱业等",其计算依据为"旅客票价、运货运费及手续费等"。

　　抗战胜利以后,随着社会经济环境的持续恶化,工商企业面临严重的生存危机。不少行业为减轻税收负担,呈请当局变更营业税课税标准。1946年1月16日,上海市商会致电财政部,对制造业营业税以营业总收入额为课税标准提出质疑:"营业税法第三条,营业税以营业总收入额为课征标准,金融业及其他不能以营业总收入额计算之营业,得以资本额为课征标准。该条所谓不能以营业总收入额计算之营业,虽未指明业别及种类,惟按照战前征收营业税之成例,凡制造业均系照资本额课税……自卅二年一月《营业税法施行细则》公布之后,其附列之营业总收入额计算表,制造业亦列入其内,无形中将税法变更,与十余年来营业税征收办法确有未符。"上海市总商会在电文中请求财政部将制造业营业税改为以资本额为课税标准:"按从前制造业营业税照资本额课税之原意,谅以负担较

---

① 《营业税法施行细则》(1943年2月11日),《中华民国工商税收史料选编》第5辑上册,第435~436页。

257

民国时期营业税制度的变迁

轻,则产品成本自可低廉,否则制造商将应缴税额加入成本,提高售价,实非奖励生产之旨。拟请依照税法第三条,将营业总收入额计算表,由钧部予以修正,明令颁行,实为公便。"① 然而,该项提议并未能得到财政部的准许。

1947年5月,国民政府修正公布的《营业税法》规定,"营业税以营业收入额或收益额为课税标准;营业收入额依其各项营业销货额计算,其不能以销货额计算者,以其营业所获得收益计算"。② 同年8月4日公布的《营业税法施行细则》对营业收入额类和收益额类的课税标准做了明确规定,其中采用收益额课税标准的有牙行业、典当业、代理业和堆栈业,其计税根据分别为佣金及手续费、利息收入、报酬金及手续费、栈租。③ 虽然政府恢复了收益额课税标准,但此种课税标准所涉及的行业有限,只是作为营业收入额课税标准的一种补充手段而已。马寅初先生也指出:"营业税之以纯收益额为征税标准,与所得税之纯益额征课标准者,性质与范围均有不同……事实上是以营业收入额为标准,只在不能以收入额计算时,始以收益额为依据。"④

表5-4 中央营业税法规中课税标准的变化

法规	时间	课税标准
《特种营业执照税条例》	1914年7月	营业额
《普通商业牌照税条例》	1915年9月	营业额
《普通营业税草案》	1925年10月	资本额
《营业税条例草案》	1927年7月	资本额

---

① 《市商会电财部请修正营业税免税标准》,《民国日报》1946年1月17日,第1张第3版。
② 《营业税法》(1947年5月1日),《中华民国工商税收史料选编》第5辑上册,第463页。
③ 《营业税法施行细则第七条附表》,《立信月刊》第6卷第11期,1947年,第9页。
④ 《马寅初全集》第13卷,第321~322页。

第五章 营业税课税标准的演变及其争议

续表

法规	时间	课税标准
《各省征收营业税办法大纲》	1928年8月	营业额、资本额
《各省征收营业税大纲》《各省征收营业税大纲补充办法》	1931年1月	营业额、资本额
《营业税法》	1931年6月	营业额、资本额、收益额
《营业税法》	1941年9月	营业额、资本额
《营业税法》	1947年5月	营业额、收益额

资料来源：根据前文所述编制。

由表5-4可见，中央营业税法规中的课税标准大致经历了从营业额或资本额，到营业额与资本额并存，再到收益额取代资本额的演进历程。事实上，无论何种组合均是以营业额标准为主，以资本额或收益额标准为辅。值得注意的是，抗战胜利以后，在地方政府征收营业税的同时，国民政府于1947年5月公布了《特种营业税法》，由中央开征特种营业税，将银行业、信托业、保险业、交易所业、进口商营利事业、国际性省际性交通事业等大宗行业纳入课税范围，分别以营业收入额和收益额为课税标准。① 可见，在战后的税制改革中，无论是中央特种营业税还是地方营业税，对某些无法以营业额为标准进行课税的行业均采用了收益额课税标准。

二 地方课税标准的设计

北京政府时期，营业税属于国家税，各省市政府没有营业税的立法权。在南京国民政府前期（1927～1941年）的财政体制下，营业税属于地方税，各省市可在中央《营业税法》基础上制定地方性的营业税征收章则。浙江是最早筹办营业税的地方之一。根据1927年8月浙江省政府制定的《浙江省营业税条例》，营业税以"各商店营业数目"即营业收入

---

① 《特种营业税法》，《法令周刊》第10卷第21期，1947年，第1页。

259

民国时期营业税制度的变迁

额为课税标准。① 这与当时财政部赋税司所拟《营业税条例草案》中以资本额为课税标准的规定显然不同。1931 年 1 月,财政部宣布裁厘以后,浙江省财政厅重新拟定《浙江省征收营业税条例》,经财政部修正后公布施行。该条例规定,以营业额为课税标准的行业包括物品贩卖业、输运业、交通业、包作业、租赁物品业等,以资本额为课税标准的行业包括印刷出版书籍文具教育用品业、制造业、货栈业、钱庄业等。② 除浙江外,其他省市亦纷纷拟定营业税章则呈请财政部核准实施。根据《山东省征收营业税条例》,制造业、印刷出版业、交通业、包作业、信托业、运送业等以营业额为课税标准,有奖储蓄、保险业、交易所业、钱庄业等以资本额为课税标准。③ 根据 1931 年 5 月公布的《北平市征收营业税条例》,制造业、银钱庄业、货栈业等以资本额为课税标准,物品贩卖业、凿井业、转运业、交通业等以营业额为课税标准。④ 根据财政部修正公布的《湖北省征收营业税条例》,钱庄业、保险业、制造业等以资本额为课税标准,旅馆业、信托业、物品贩卖业等以营业额为课税标准。⑤ 事实上,大多数处于国民政府控制下的省份均按照财政部颁布的《各省征收营业税大纲》及其补充办法规定,以营业额和资本额为课税标准。

除国民政府控制的地方外,不少处于独立或半独立状态的地方,如广东、广西、山西等也相继制定征收章程,开征营业税。相对而言,四川开征营业税时间较晚,直至川政统一以后,四川省政府才根据中央法令筹备开征营业税事宜。1936 年 3 月,四川省政府公布了财政部修正通过的《四川省营业税征收章程》及《四川省营业税税率表》,确立了该省营业税征收的法律依据。根据章程,四川营业税分别以营业总收入

---

① 《浙江省营业税条例》,《申报》1927 年 8 月 3 日,第 9 版。
② 《浙江省征收营业税条例》,《浙江省政府公报》1174 期,1931 年,第 13~14 页。
③ 《山东省征收营业税条例及课税标准》,《工商半月刊》第 3 卷第 9 期,1931 年,第 10 页。
④ 《北平市征收营业税条例》(1931 年 5 月 28 日),北京市档案馆编《民国时期北平市工商税收》,中国档案出版社,1998,第 358~359 页。
⑤ 《湖北省征收营业税分类税率表》,《财政公报》第 47 期,1931 年,第 147~148 页。

第五章 营业税课税标准的演变及其争议

额和营业资本额为课税标准，前者包括贩卖业、运输业、浴室理发业、木作业、换钱业、交通业、酒菜茶饭业等，后者包括制造业、银行业、文具教育用品业、货栈业、钱庄业、保险业等。① 抗战全面爆发后，四川省政府颁布的《非常时期营业税征课办法》规定，银行业、钱庄业、证券业、专门制造业及无买卖货行为的营业，均以资本额为课税标准；其他各业及自由职业，皆以营业总收入额为唯一课税标准。②

表5-5 各省市营业税征课标准适用行业数

省市	行业数	营业额行业数	资本额行业数	纯益额行业数
江苏省	21	15	6	0
浙江省	18	14	4	0
安徽省	25	19	6	0
河南省	19	14	5	0
河北省	72	46	26	0
山东省	21	17	4	0
山西省	31	24	7	0
江西省	26	20	6	0
湖北省	26	23	3	0
湖南省	30	26	4	0
福建省	13	不详	不详	0
陕西省	14	9	5	0
绥远省	17	14	3	0
四川省	31	20	11	0
察哈尔省	20	18	2	0
南京市	22	16	6	0
上海市	37	30	7	0
青岛市	23	17	6	0

资料来源：根据王丕烈《所得税与营业税并征问题》，《银行周报》第21卷第28期，1937年，第9页编制。

---

① 《四川省营业税征收章程》（1936年2月），《中华民国工商税收史料选编》第5辑下册，第2458页。
② 《非常时期营业税征课办法》，《四川经济月刊》第8卷第5期，1937年，第7页。

民国时期营业税制度的变迁

由上所述，大多数地方均采用营业额和资本额两种课税标准，到底以哪一种为主，哪一种为辅呢？根据王丕烈1937年对江苏、浙江、安徽、河南、河北、山东、山西、上海、青岛等18个省市营业税课税标准的统计，各省市营业税课税均以营业额为主，以资本额为辅，并未采用纯益额，如江苏省21个行业中，15个行业采用营业额课税标准，6个行业采用资本额课税标准；浙江省18个行业中，14个行业采用营业额课税标准，4个行业采用资本额课税标准；安徽省25个行业中，19个行业采用营业额课税标准，6个行业采用资本额课税标准；河南省19个行业中，14个行业采用营业额课税标准，5个行业采用资本额课税标准；南京市22个行业中，16个行业采用营业额课税标准，6个行业采用资本额课税标准；上海市37个行业中，30个行业采用营业额课税标准，7个行业采用资本额课税标准（见表5-5）。就湖北营业税而言，"以收益额之考察，实属匪易，且每发生争执，致各局不易处理，故课税暂不以收益额为标准。为标准者仅营业总收入额及资本额而已，其中尤以营业总收入额课税者为主"。[①] 一般而言，各省市的制造业和金融业（包括钱庄业、信托业、保险业等）多采用资本额课税标准，贩卖业及其他具有交易行为的行业则多采用营业额课税标准。经济学家朱炳南、严仁赓在文章中也指出："各业所用标准，对制造业大部均用资本额为标准，物品贩卖业均用营业额为标准，其他各类则略有异同，不过对钱庄、保险、货栈等业多按资本额，照相、洗染等业多按营业额。"[②] 一份关于1936年3~12月重庆市营业税收入情况的统计显示，营业额类纳税户数为40212户，占91.76%，营业额类税收收入为450826.41元，占94.04%；资本额类的纳税户数为3613户，占8.24%，资本额类税收

[①]《湖北省营业税概况》（1935年5月15日），《中华民国工商税收史料选编》第5辑上册，第1698页。

[②] 朱炳南、严仁赓：《中国之营业税》，《社会科学杂志》第6卷第3期，1935年，第366页。

第五章 营业税课税标准的演变及其争议

收入为28574.48元,占5.96%。① 可见,营业额课税标准的主要地位体现在不仅在行业上占多数,而且在实际税收收入上占有绝对优势。

事实上,各省市在征收营业税的过程中仍须根据实际需要对课税标准进行调适。1932年山东省黄县商会呈请财政厅将皮业公会会员恒祥永等号改按资本额课税,经查明这些商号确属制造硝皮就场售卖,所以财政厅于6月30日指令黄县营业税征收局局长孟栋华:"应准自本年四月份起,将恒祥永等号改按资本额征收。"② 浙江保险业营业税原以资本额为课税标准,但因考虑到省内"经营保险业者多系经理处性质,其总公司大都设在上海,所有资本额数并不明白划分,核定税额诸多困难",经浙江省财政厅于1933年3月呈请省政府核准,改以营业总收入额为课税标准。③ 浙江染坊业营业税原亦以资本额为课税标准,因该业"实际营业情形与一般制造业不同,且设备简单,资本无多,而其全年收入,每超过资本额数倍以上,仅照资本额课税,负担殊失公允"。④ 后经浙江省财政厅援照江苏、河南两省成案,决定自1934年起改照营业总收入额课税。⑤ 地方政府根据某些行业的特殊情形调整营业税课税标准之事屡见不鲜。

与其他省市相比,广东省政府在设立营业税的过程中似乎更重视借鉴西方国家的制度设计。1927年6月,广东省整理财政委员会专门开会讨论营业税的立法问题,在比较分析各国营业税课税标准优劣的基础上,决议通过了广东省营业税的四项课税标准:(1)资本之多少;(2)总收入数;(3)店铺之装置大小;(4)用人之多寡。⑥ 1929年,广东省

---

① 《重庆市营业税收数》,《四川营业税周报》第1卷第1期,1937年,第29~30页。
② 《呈一件准黄县商会函为皮业公会会员恒祥永等号请照新章改按资本额课税转呈核示由》,《山东财政公报》第3卷第10期,1932年,第30页。
③ 《修改保险业营业税课税标准》,《浙江省政府行政报告》第3期,1933年,第32页。
④ 《改订染坊业课税标准》,《浙江省政府行政报告》第1期,1934年,第25页。
⑤ 《浙江染坊业营业税自二十三年起改照营业额课税准予备案咨达查照》,《财政公报》第72期,1934年,第143页。
⑥ 《粤整理财委会讨论营业税法》,《晨报》1927年7月2日,第9版。

263

民国时期营业税制度的变迁

政府派沈毅等人赴日本考察营业税制度,以为创办营业税提供参考:"营业税一项,有国家营业税,府县营业税,市町村国税营业税附加税之分,其法令章制,早已编订。但其举办之始,有无困难情形,其实施方法如何,最近改善程度如何,均非派员前往实地考查,不能窥其全豹。"① 经考察后,广东省政府派员筹备开办营业税,组织税则委员会,由该会拟定《营业税税率草案》。② 该草案规定,营业税课税标准有资本额、铺租额、从业人员数等几种。③ 后因裁厘问题未获解决,该草案也未能施行。1931年1月,广东省政府奉中央政令开始裁撤厘金,并拟开征营业税作为抵补。根据财政厅拟定的《广东省营业税征收章程草案》,营业税征收采用资本额、铺租额、从业人员数三种混合标准,对特种营业则根据其性质,以营业额、报酬金额、收入金额等为标准。④ 财政厅如此制定课税标准主要出于几方面考虑:一是广东商人没有确实可信的簿记,调查营业额非常困难;二是工商业营业资本大都以固定设备的形式存在,广东已有陈报,可为征收营业税提供参考;三是采用资本额、铺租额、从业人员数等混合标准,较营业额或资本额的单一标准更为公平,能够兼顾行业的差异性。在财政当局看来,"营业税,系一种收益税,为适应担税力而求课税之公平,自应直接以营业之纯收益为课税之标准,然纯收益计算至为困难,加之本省缺乏熟练之课税人员,实行益为困难,纯收益标准,既难采用,势不能不以其他约略可测定纯收益之外部或内部事实,为课税标准……拟略为变通,对于一般营业,拟用资本、铺租、从业员人数三种混合标准,对于特种营业,则酌量其性质,以营业额、报酬金额、收入金额等为标准"。⑤

自《广东省营业税征收章程草案》公布以后,广东商界对课税标

---

① 《派沈毅赴日本考查税制案》,《广东省政府公报》第14期,1929年,第20页。
② 《粤省筹办营业税》,《申报》1929年8月7日,第8版。
③ 《广东税委会拟定营业税率草案》,《工商半月刊》第1卷第17期,1929年,第3~6页。
④ 《粤省规定营业税率》,《申报》1931年3月14日,第8版。
⑤ 《广东省营业税征收章程草案说明书》(1931年3月28日),《民国时期广东财政史料》第2册,第51页。

第五章 营业税课税标准的演变及其争议

准有许多不满。1931年4月13日,广州市商会召开第十三次执委会会议,商会主席邹殿邦对草案提出批评:"财政厅所定营业税章程,与财政部所定营业税法,颇多冲突,有不妥当之处甚多。"① 广州各商认为:"本省营业税征收章程,以资本额、租额、从业人员为课税标准,事实上予商人以负担重税之苦。盖资本额征税,财政厅已有商业牌照之征收,租额征税,已有房捐一项。至若以从业人员为征税标准,则无异抽收人头税,且商店营业,其租项昂贵者,生意未必大,从业人员众者,其生意亦未必多,以之作为标准,难昭平允。"② 广州市商会指出:"本省营业税征收标准,系以资本额及从业员为原则,在外国则不然,其征收标准乃以营业时所得为标准,较以资本额及从业员,较为公允,且不妨碍商业之发展。至资本额则不然,不论其盈亏,一律征收,似此商人必致裹足,安望其发展之希望。"商会方面提出,课税标准要"以世界各国通例,以营业所得为原则"。③

广州各商致电国民政府、财政部、立法院等有关部门,对广东省财政厅所订营业税课税标准提出质疑:"粤财政厅创拟营业税征收章程案,全与部颁大纲不符,改为向资本额、铺租、从业员额三种分别征收。计资本额一种,除将公积金并入外,所有溢利及附充金、借入金亦作为资本额计算,不知公积金与溢利原为弥补亏折之用,附项及借项临时偿还,绝非资本额可比。又铺租一种,与营业收入数目何涉?"④ 鉴于各商反对强烈,广东省财政厅召集商界开会讨论,各商明确提出三点要求:(1)反对以铺租额为标准征收;(2)反对照从业员额征收营业税;(3)反对以借入金为资本额。⑤ 各商要求改以纯收益额为课税标准,面对此种情况,广东省财政厅负责营业税筹备工作的沈毅出面进行

---

① 《商会讨论营业税法》,《香港工商日报》1931年4月16日,第2张第2版。
② 《再志商会讨论营业税法》,《香港工商日报》1931年4月17日,第2张第2版。
③ 《商人要求改善营业税》,《香港工商日报》1931年4月22日,第2张第2版。
④ 《商界电中央争改营业税章》,《香港工商日报》1931年4月24日,第2张第2版。
⑤ 《再志财厅宣布办营业税意见》,《香港工商日报》1931年4月25日,第1张第3版。

民国时期营业税制度的变迁

解释:"在纯理上,营业税既系以收益为税源,那么,应该以纯收益为课税标准,才合课税公平原则,但纯收益的调查,非常困难。因为各个营业,每年纯益有无及多少,各有其特别原因,客观上观察,无从断定。如商人纳税道德未发达,政府调查方法不精密,不惟政府收入不确实,而各个营业,担税太不平允,同业间因竞争关系上所受影响,非常重大。"① 广东财政当局向各商强调,营业税课税标准是根据广东实际情况而定:"依本省目前商情,采用纯收益标准,固绝对不可能,即采用单一营业额或资本额为标准,在事实上亦多窒碍难行,因为所谓营业额、资本额,照中央规定,系指商人上年度营业总额、资本总额而言……但本省从未办过营业税,政府对于商人日用簿记,事前既无定式限制,则商人向未发生依式登记的义务,若必责令缴验,虽属可能,但其簿记登录事项,未必能适合政府调查的目的。"②

为维护各商的利益,广州市商会汇集各行商的意见,呈请广东省政府修正营业税征收章程。其中,关于课税标准的要求主要有以下三点:(1)"原条文用资本额课税之各业,请一律以现报商业牌照之资本为准,其无商业牌照资本额者,由该店自行申报计算之,其余铺租额、从业员额之标准,请一律删去";(2)"原条文用营业收入额课税之各业,其铺租额、从业员额标准,请一律删去";(3)"原条文用报酬金额课税之各业,请一律以现报商业牌照之资本额计算,仍删去铺租额、从业员额之标准"。③ 既然纯收益额课税标准无法为当局接受,于是广州市商会提出以商业牌照资本额为课税标准,其理由在于:"照营业收入为标准,则必须将账簿严格检查,商人每感痛苦,甚或与税收人员,时起争执,不若就物品贩卖业、制造加工业等各项,大多数之商店,以资本额计算,比较简单……惟资本额之外,将铺租、从业员加入为课税标

---

① 《宣布征收营业税意见词》,《香港工商日报》1931年4月25日,第2张第2版。
② 《沈毅宣布营业税标准意见》,《香港工商日报》1931年4月27日,第2张第2版。
③ 《广州商会条陈改善营业税意见(续)》,《香港工商日报》1931年5月19日,第2张第2版。

266

第五章 营业税课税标准的演变及其争议

准,又于原定资本之内,将公积金、溢利、附充金、借入金等,并为资本额,则检查钩稽,尤为复杂,全市必更骚然,匪特不能作公平之标准,且令商业无发展之希望,故各行同业公会,均主张单纯照上年之商业牌照资本额为标准。"① 在营业税开征之初,各项征收工作均需要商会及各行商的支持和配合,当局对其提出的意见和建议也不能不慎重考虑。

广东省政府呈请财政部核准《广东省营业税征收章程草案》时,财政部以铺租额和从业人员额两种标准与《各省征收营业税大纲》不符为由,未予通过。② 加之广州各行商认为这两种课税标准"有碍商业前途之发展,且违营业税之本旨",一致主张予以取消。③ 迫于中央和商界的压力,1931 年 7 月广东省政府第六届委员会第八次省务会议议决通过了《修正广东省营业税征收章程》。与其他省市课税标准不同,该章程规定,广东营业税以资本额、营业额、收入金额、报酬金额为课税标准,其中储蓄、理发、印刷品等 14 个行业以资本额为课税标准,税率分为 5‰、10‰、15‰、20‰四级;电话、电力等 6 个行业以营业额为课税标准,税率分为 2‰、6‰、10‰三级;包工、仓库等 8 个行业以收入金额为课税标准,税率分为 3‰、10‰、20‰、30‰、40‰五级;庄口、报税馆等 4 个行业以报酬金额为课税标准,税率为 50‰(详见表 5-6)。采用以资本额为主的混合标准是广东营业税制度的一大特点。较之此前的规定,取消了铺租和从业员额课税标准。这两项课税标准是商界一直要求删除的,这反映出地方政府在制定课税标准时亦能够听取商界的意见和建议,商界的诉求也能够得到中央政府的支持。

---

① 《广州商会条陈改善营业税意见(再续)》,《香港工商日报》1931 年 5 月 20 日,第 2 张第 2 版。
② 《省政府关于修正本省营业税征收章程草案请核令遵文》(1931 年 7 月 3 日),《民国时期广东财政史料》第 2 册,第 53 页。
③ 《粤省进行营业税》,《申报》1931 年 6 月 21 日,第 10 版。

267

民国时期营业税制度的变迁

表 5-6　广东省营业税课税标准及税率

课税范围	课税标准	税率(‰)
物品贩卖业	资本额	5~20
储蓄业、理发业、印刷品业	资本额	5
加工制造业、银行业、运送业、不动产买卖业、信托业	资本额	10
银号业、浴室业、物品租赁业、茶馆业	资本额	15
映相业	资本额	20
电话业、电力业、酒菜馆业、旅馆业	营业额	2
洋服业	营业额	6
酒店业	营业额	10
包工业	收入金额	3
仓库业	收入金额	10
铁路业	收入金额	20
码头业、市场业、屠宰场业、广告业	收入金额	30
娱乐场业	收入金额	40
庄口业、报税馆业、代理业、经纪业	报酬金额	50

资料来源：根据《修正广东省营业税征收章程》（1931年7月），《民国时期广东财政史料》第2册，第6~9页；《修正广东省营业税征收章程》，《广东省政府公报》第159期，1931年，第14~17页编制。

需要说明的是，在地方税时期，各省市政府对营业税制度设计有较大的自主权，所以各地营业税课税标准不仅与中央税法规定有所不同，地区间差异也很大。自1942~1946年营业税由直接税处（署）接办期间，各省市原订营业税章则全部取消，国民政府颁布的《营业税法》及《营业税法施行细则》成为征收营业税的唯一法律依据，甚至于1946年营业税重新划归地方接办后，各省市亦未重新制定征收章程。也就是说，自1942年以后基本实现营业税制度的统一，课税标准的差异性亦被消除。营业税课税标准趋于统一是国民政府在抗战中后期实行中央财政集权的需要。

第三节　中国营业税课税标准的争议

在营业税立法和征收过程中，各界对采用何种课税标准以及营业税与所得税关系问题存在诸多争议，这是政府不得不面对的重要问题，甚至在一定程度上影响了政府的制度选择及营业税的性质。

一　采用何种课税标准之争

北京政府时期，在营业税立法过程中采用营业额或资本额作为课税标准。有学者从税收公平的角度提出质疑："税额规定，不以收益多少为标准，而以营业种类分等级，难免畸轻畸重之弊。盖同属一种之营业，其资本大小不同，收益多少自殊，而每年皆纳统一税额，则资本大者之负担轻，资本小者之负担重，有失租税公平之旨。"① 诚然，资本额或营业额无法准确地反映商家营利实况，税收负担有失公允。从征收方法的角度看，资本额和营业额的确可采用外标法，即以店铺或工厂的租赁价格及雇用的工人作为推算依据；纯收益额需要采用查定法，即由征税人员直接调查纳税单位的利润情况。② 相对而言，纯收益额的确定比较繁杂，且易受查征人员的苛扰。马寅初先生就指出："因一业费种类甚多，不易校对，而倒账预备金及折旧费等，亦无正当标准计算，且扩充营业费及借用资本之利息等，应否从毛利中除去等之问题，皆使找出正确纯利时发生困难。"③

鉴于当时中国会计制度落后的情况，马寅初就中国营业税问题提出了"渐进发展"的建议，即先效仿法国，待时机成熟后，再效仿德国："中国向无普通营业税，商界中人亦有不知营业税为何物者。若于创办之始，骤然采用德国复杂之营业税法，深恐窒碍难行，反为改良税制之

---

① 《裁厘后应推行营业税所得税之研究》，《中外经济周刊》第158期，1926年，第4页。
② 《营业税》，《申报》1928年7月21日，第6版。
③ 马寅初：《江浙两省筹备之营业税》，《交大季刊》第4期，1931年，第99~100页。

梗。故于改革之始,可先由贩卖税入手,迨二三年间商家习惯养成后,再徐图改行德国之营业税法。"① 马寅初所言效仿法国,实际上是以营业额为课税标准,效仿德国则以收益额为课税标准。此项建议遭到一些会计学专家的质疑。复旦大学会计学教授钱祖龄在《营业税之征收标准及其制度》一文中明确反对以营业额和资本额为课税标准。他认为:"营业和资本大小不能决定获利之多少,造成不公,亦违反租税原则……以利益为征税标准,其原则可说无人反对,既易行施,又无阻碍,何必再以营业收入及资本额为过渡,图使人民及执事者多一番麻烦。"②

对纳税人来说,收益额课税标准更为公平和合理,这是经济学家们一致认可的。问题的关键是,受制于当时的会计制度,收益核算不易,最终中央和地方政府在制定营业税法规时也主要采用营业额和资本额课税标准。在时人看来,这种变通也符合中国的国情:"确系根据我国历史,并参以租税之最新学理,不但其征收标准与进行之手续等,极合税法,即于我国国情方面,亦斟酌尽善,毫无枘凿之虞!"③ 但也有学者指出,《营业税法》规定的"营业资本额"似乎仅指企业的流动资本,而没有包括固定资本,"将在生产程序中占重要地位之固定资本(其额可大于流动资本数倍)弃之不顾,实欠公允"。④ 更有学者尖锐地指出,"营业税为收益税之一种",各地所订税则,"已近乎消费税之性质,而有背营业税之原则"。⑤ 刘德邻也批评《营业税法》中采用营业额课税标准:"(营业税)应当课于赢益上,以适于纳税能力说,方为久当。若以营业收入为课税之标准,则无异于贩卖税矣。"⑥ 经济学界对营业

---

① 《马寅初全集》第4卷,第98~99页。
② 钱祖龄:《营业税之征收标准及其制度》,《商学期刊》第6期,1931年,第2~3页。
③ 王宪煦:《浙江营业税之面面观》,《经济学季刊》第2卷第2期,1931年,第74页。
④ 朱偰:《中国租税问题》第3编,商务印书馆,1936,第165页。
⑤ 张宪:《营业税论(续)》,《安徽半月刊》第5期,1931年,第27页。
⑥ 刘德邻:《就各国营业税实施之概要谈到中国营业税法》,《东北大学文法学院院刊》第1卷第1期,1931年,第79~80页。

第五章 营业税课税标准的演变及其争议

税课税标准的不同意见，反映了学界对参与新税制建设的热情，也为政府选择营业税制度提供了有益的参考。

事实上，哪些行业应当采用营业额课税标准，哪些行业应当采用资本额课税标准，中央税法没有明确规定，各省市之间也有差异，不少行业出于自身经营利益的考虑要求将课税标准由营业额改为资本额，由此而引发的官商交涉屡见不鲜。1931年5月6日，全国民营电业联合会呈文立法院，痛陈该业税收负担过重的情形，请求将电料、电器、五金等业改照资本额课税。① 上海市旅馆业同业公会对财政局将该业列入营业额课税标准范围非常不满，"群情惶恐，状如已判之囚"，各旅商均认为："若不核改就资本额征税，无异摧残我业。"② 根据上海市营业税章则，珠玉业属于贩卖业，应以营业额为课税标准，但珠玉业同业公会呈文上海市政府，要求与金银首饰业一样以资本额为课税标准。上海市政府在1931年9月26日的批文中断然拒绝了该会的请求："该业既与金银首饰业分立，自难援以为例。"③ 天津市庆生恒、鸿兴、瑞和等57家商号均属制造地毯业，本应按资本额课征营业税，财政局却通知按营业额课税，天津市地毯业公会为此于1936年3月呈请财政当局"根据各该号资本数目改按资本额纳税"。根据该会所呈各商名册，资本额较多者有：庆生恒20000元，华光18000元，春生3000元，广源2700元，协利永2600元，华信诚2500元，远大2000元（详见表5-7）。1937年4月6日，福建省闽侯县金银器业同业公会也向税务当局提出，改以资本额为课税标准："敝会各商金银器营业税，向以资本额为标准……所属各商号计四十三家，年纳资本额一千五百六十

---

① 《为再请核减营业税为千分之一并为电料五金业改照资本额征税由》，《电业季刊》第4期，1931年，第6~7页。
② 《据本市财政局呈请将旅馆营业税率改按资本额课税千分之三转咨备案由》，《上海市政府公报》第99期，1931年，第66页。
③ 《为请改按资本额征收营业税由》，《上海市政府公报》第104期，1931年，第39页。

民国时期营业税制度的变迁

元,现统计通知书竟变更为营业额课税二万余元。当经呈请税务局更正。"① 营业税课税范围相当广泛,涉及各种各样的行业,各行业的经营方式有很大差异,所以不少行业根据其经营特点,出于维护自身利益的需要,提出变更课税标准的要求,这是当局需要考虑的重要问题。

表5-7 1936年天津市地毯业公会开列呈请改按资本额纳税各商名册

商号	资本额(元)	地址
庆生恒	20000	特别一区花园路
鸿兴	1500	特别一区三义庄
瑞和	1000	河东复兴庄
庆记	1200	南开下头德安里
华光	18000	怀庆里
义顺公	1000	怀庆里
瑞记	700	南开马场道
荫昌	1200	炮台庄
自立成	600	炮台庄
元盛合	1200	南门西太平庄荣安里
义丰	800	南门西太平庄郭家胡同
宝聚兴	500	南开大学对过
英聚	1000	河北锦衣卫桥
远大	2000	河北四马路
德成厚	1000	河北杨桥
华兴祥	600	河北杨桥
德隆厚	600	河北杨桥
厚记	500	河北杨桥
德玺水	700	河北杨桥
钰隆	700	河北杨桥
义聚水	800	河北杨桥
洪兴成	500	河北杨桥
元利	500	河北杨桥
德丰	600	河北杨桥
兴记	1200	河北小王庄
瑞顺昌	800	河北小王庄
庆和公	800	竹林村

---

① 《据金银器业公会书称本业营业税向以资本额为标准请予更正等情转请查照见复由》,《商务月刊》第3卷第4期,1937年,第33页。

第五章　营业税课税标准的演变及其争议

续表

商号	资本额(元)	地址
德记	500	竹林村
全兴永	500	竹林村
义发和	1200	河北营门外同义庄
宝聚丰	1200	河北邵公庄
永和玉	500	河北邵公庄
宏昌	500	河北邵公庄
华兴昌	500	河北邵公庄
庆义	1000	河北邵公庄
华信诚	2500	西头老公所西
文和祥	1000	西头掩骨会
春生	3000	西关学务处
义庆成	700	南大道宝龙巷
祥瑞成	500	广开
德立成	500	广开
华洋	80	广开
瑞庆和	500	广开
茂盛永	800	广开
华鑫成	500	广开
大华成	700	广开
德庆公	800	广开
增记	500	广开
隆祥	500	广开
庆发成	500	广开
福盛兴	500	广开
广源	2700	马场道
协利永	2600	马场道
永和	1200	马场道
宝记	1000	马场道
双兴	600	马场道
德鑫	600	马场道

资料来源：《天津市地毯业公会开列呈请改按资本额纳税各商名册》（1936 年 3 月），《天津商会档案汇编（1928～1937）》下册，第 1933～1936 页。

如前所述，广东营业税课税标准以资本额为主，那么如何确定各行商的资本额也就成为营业税征收的关键问题。广州市商会提出，"不宜

民国时期营业税制度的变迁

将公积金、积存溢利及附充金、借入金等并入资本计算"。商会指出，"采用资本额课税，各商店资本若干，自以报厅有案之商业牌照为最明确，按借以求简而易行，万不宜于原有商照资本之外，再事苛求"。①资本额应由营业税征收机关对各行商经营情况进行详细调查所得，但由于各行商账簿尚未完备，调查成本较大，且容易给各行商带来种种苛扰，所以广州各行商提出，按商业牌照资本额进行课税。商业牌照是广东省财政厅为收取牌照费而调查各行商店资本额并发给的证明。按商业牌照所载资本额课税可减少政府重新调查的烦琐手续和成本。不过政府担心的是，各行商资本额和营业状况每年有所不同，如果按照数年前所登记的资本额作为课税标准，必然造成"资本增加者，而仍照未增资本课税，则政府受其损失；资本减低者，而仍照未减资本额课税，则纳税者难以负担，核与公平原则，实相背驰"。有鉴于此，省政府最终决定，"照商业牌照资本额课税，应以民国十九年份及今年所领之商业牌照为限"。②对于广州市商会提出"不宜将公积金、积存溢利及附充金、借入金等并入资本计算"的请求，省政府在复函中解释称："附充金及借入金，其超过出资金与公积金之合计部分，始认作资本计税，无形中已与商人以便利，商人亦将减少收入矣，而于政府库收，亦觉稳定。苟不如是，则不肖商人，将资本金报作借入金以瞒税款，政府何从防范？"③

对于资本额课税标准的计税问题，广州市商会特别召开各同业公会会员代表及商店会员代表会议商议，经过充分讨论之后，再次提出"公积金、附充金、借入金等，万不能并入资本额计算"，且"商业牌照当以呈报有案者为准，不必限于十九年份及今年所领之商照"。④

---

① 《广州市商会市字第三〇九号公函》，《民国时期广东财政史料》第 2 册，第 63 页。
② 《函复广州市商会解释营业税征收章程订定原则》，《广东省政府公报》第 160 期，1931 年，第 106~107 页。
③ 《复广州市商会业将营业税征收章程酌量采纳修正文》（1931 年 7 月 13 日），《民国时期广东财政史料》第 2 册，第 61 页。
④ 《广州市商会市字第三六四号公函》，《民国时期广东财政史料》第 2 册，第 66 页。

第五章 营业税课税标准的演变及其争议

1931年8月26日,广东省财政厅在复函中强调,1930年以前商业牌照资本额与各行商实际资本已有很大不同,本应不予采用,但为推行新税及减少争执,财政当局不得不做出妥协,即"所有章程内规定以资本额为课税标准者,本年内暂准照原商业牌照资本额课税。此次申报,其资本额一项,亟应据实填报,其余借入金及公积金、附充金两项,填报与否,任从民便"。① 这意味着1931年度营业税资本额计税问题基本解决,但各行商更关心1932年资本额如何确定的问题。

经与各业同业公会商议后,广州市商会认为,"有必要由官商双方共同组设广州市各行商店资本额审定委员会,于当年内将各行商店资本额计算问题予以解决"。② 广东省财政厅对商会提出设立资本额审定委员会的主张深存疑虑,一方面担心该委员会权力过大,"课税标准之审定,乃督征机关之权衡,即征收机关亦无此种权限";另一方面认为,政府与商界已经设有营业税评议委员会,"可作公正之咨询机关","似更无另行由厅派员会组之必要"。③ 为打消财政当局的顾虑,广州市商会在致财政厅的函中表示,该委员会只有"审定之责","核准备案之权仍在官厅,绝非侵夺督征机关之权衡"。商会同时指出营业税评议委员会和资本额审定委员会的区别:前者"系以营业税征收机关交付之评议事项为限,即有涉及资本之评议,亦仅属某一商店临时发生之事",后者"系就各行商列送之资本额为整个之审定及为全年度征收根据者"。④ 12月28日,广东省财政厅在复文中对广州市商会拟定的资本额审定委员会草案提出一些修改意见,如将该会名称中的"审定"改为"审查",但财政厅方面表示不派员参加该

---

① 《复市商会准函请再改善营业税章程除以资本额为课税标准者暂准照所领商照资额课税其余均难照办文》(1931年8月26日),《民国时期广东财政史料》第2册,第65页。
② 《广州市商会市字第八〇三号公函》,《民国时期广东财政史料》第2册,第68~69页。
③ 《广州市关于拟设商店资额审定委员会以审定立名似有未当函复查照办理见复文》(1931年12月4日),《民国时期广东财政史料》第2册,第68页。
④ 《广州市商会市字第一〇五七号公函》,《民国时期广东财政史料》第2册,第72页。

民国时期营业税制度的变迁

委员会。① 接到财政厅的复文后，商会方面认为，如果将审定委员会改称审查委员会，"则实际只等于政府之咨询机关，其职务只等于各区之调查员司"，必然造成该会"形同虚设"；且政府不派员参加，也就没有"表示官商合作之精神"。经过各商讨论后，商会方面提出两项主张：(1) 请求照原订资本额审定委员会草案准予备案；(2) 在资本额审定委员会未审定资本额以前，请求1932年营业税仍照原有课税标准征收。②

确定课税标准事关1932年营业税征收。为尽快解决这一问题，1932年3月5日，广州市商会选派四名代表至广东省财政厅当面商议营业税资本额课税标准问题。对于商会提出仍照1931年标准课税的要求，财政厅指出，"去年份（1931年）营业税，前因创办伊始，为便利商人起见，凡以资本额为课税标准之营业，暂准以商业牌照资本额为课税标准，原属权宜办法，本年自难援照办理"。③ 为避免与商界争执不下，影响营业税的推广和征收工作，财政厅向省政府提出一种变通办法，即在课税标准问题解决以前，"凡以资本额为课税标准之营业，准照商业牌照资本额计税"；待该问题解决时，"再行按照从实征税"，"其已照商照资本额纳税者，得照缴过税额分别不足追补，有余发还，或留抵下期税款"。④ 广东省财政厅提出的"从实征税"实际上是按照中央税法规定，以营业额作为主要课税标准。但是，广州市商会对此项营业额课税标准依然十分抗拒，认为"照营业额课税，商人方面必将税价加在货价内，如此必影响物价腾贵，有碍民生"；"商人店号营业，常有甲号将一货转售乙号，乙号又转丙号，丙号又转售丁号，如此岂不

---

① 《复广州市商会关于商店资额审委会酌拟办法复请查照办理见复文》（1931年12月28日），《民国时期广东财政史料》第2册，第71页。
② 《市商会市字第八七号公函》，《民国时期广东财政史料》第2册，第74页。
③ 《复商会关于商店资额审委会复请选派代表来厅面议文》（1932年3月2日），《民国时期广东财政史料》第2册，第73页。
④ 《核准财厅变通课征广州市本年营业税办法》，《广东省政府公报》第188期，1932年，第95~97页。

第五章　营业税课税标准的演变及其争议

是同是一物，课营业税四次"。① 各商坚持主张由官商合组的资本额审定委员会核实资本确切数额："现忽改拟就营业额课税，虽云可免借入金等并入资额之争执，然营业税额计算之困难，远不若资本额计算之简便，理最明显。如谓照章须每年决定税额一次，原报商照资额，或有不实不尽，则前者准设之各行商点，资额审定委员会，有官商合组，共同审定核实，增加自足，以资救济。况我国商场簿记，尚未完备，业在政府洞鉴之中，即勉就营业额课税，恐亦未得确实之标准，徒令不肖员司，意为高下，滋扰情形，何堪设想。"② 广东省财政厅在复函中对此予以批驳："广州市商业牌照十之八九，系属多年前给领，其所列资本额与现在营业规模多异。若必强照原领商照资额计税，则其结果，库收固属减短，同时资本减缩者，加重负担，既悖于公平。"③

为解决这一问题，广东省财政厅提出，由政府和商会共同派员组设广州市商店营业额估定委员会，对商店营业额进行估定，呈由财政厅核准，即按照核准数额进行征税。财政厅拟定了《广州市商店营业额估定委员会章程草案》和《广州市商店营业额估定办法》，作为"从实征税"的依据。《广州市商店营业额估定委员会章程草案》规定，该会人员由财政厅委员三人、广州市营业税局委员二人、广州市商会委员二人、广州市各行同业公会委员二人组成，该会的职权以估定广州市各商店营业额为限，各商店营业额经估定，并呈报财政厅核准备案后，即由财政厅发交市营业税局按照征税。④ 至于具体估定手续和程序，则按照《广州市商店营业额估定办法》办理。该办法规定，营业额估定委员会估定商店营业额，应依据该商店全年一切总支销（包括员工工资总额、铺租金额、自来水和电灯费总额及其他一切支出）及酌加普通利率为

---

① 《官商协议营业税标准》，《香港工商日报》1932年6月3日，第2张第2版。
② 《广州市商会市字第六〇五号公函》，《民国时期广东财政史料》第2册，第80~81页。
③ 《复广州市商会准函仍请商照资额计税未便照办应仍照拟定改善办法办理》（1932年7月15日），《民国时期广东财政史料》第2册，第77~78页。
④ 《广州市商店营业额估定委员会章程草案》，《民国时期广东财政史料》第2册，第78~79页。

民国时期营业税制度的变迁

标准。① 广东省财政厅是在否决商会提出设立资本额审定委员会的基础上,拟组设营业额估定委员会,并希望借此彻底改变营业税的课税标准的,然而,各行商并不同意广东省财政厅提出的"变通方案"。因为缺乏商会的参与,营业额估定委员会最终未能设立。受此影响,营业税只能按照原有办法征收。1932年8月31日,财政厅在给广州市营业税局的指令中指出,在改善课税标准办法解决以前,"凡以资本额为课税标准之营业,暂准照商业牌照资本额课税";待改善办法决定后,"其已照商资额纳税者,得照其缴过税额分别不足追补,有余发还"。② 这意味着经过反复争论之后,营业税课税标准又回到了搁置争议的"权宜之法"。1933年12月,财政厅不得不再次布告:"所有二十三年份以资本额为课税标准之商店,准予一律仍照原领商业牌照资本额计税。"③ 可见,商界的反对和广东省政府方面未能拿出切实有效的办法,使营业税课税标准陷入了"积重难返"的困境。④

营业税本是南京国民政府为抵补地方裁厘损失而由地方开征的新税。从各地营业税收入状况来看,浙江、河北、江苏、山东等省均在300万元以上。⑤ 相比之下,自1931年开征以后,广东营业税收入一直停滞不前。据统计,1931年10~12月广东省营业税收入143649元,各项经费支出46612元;1932年1~12月营业税收入695607元,各项经费支出124531元。也就是说,在开征营业税的一年多时间里,营业税净收入仅668113元。⑥ 统计数据显示,1933年度广东营业税收入为

---

① 《广州市商店营业额估定办法》,《民国时期广东财政史料》第2册,第79~80页。
② 《令市营业税局第五六两期营业税准照一二三四各期办法征收》,《广东省政府公报》第199期,1932年,第59页。
③ 《二十三年份营业税以资本额为课税标准之商店准予仍照商业牌照资本额计税》,《广东省政府公报》第246期,1934年,第92页。
④ 柯伟明:《民国时期广东营业税课税标准之争》,《兰州学刊》2015年第7期。
⑤ 《1934~1941年度各省(市)营业税收数表》,《中华民国工商税收史料选编》第5辑上册,第477~478页。
⑥ 《本省营业税收入统计表》,《民国时期广东财政史料》第2册,第224~227页。

278

第五章　营业税课税标准的演变及其争议

763605 元，1934 年度为 984079 元。① 造成广东营业税收入有限的最主要原因是，以资本额为主的课税标准未能反映各行商经营实况。为改变此种情形，广东省政府试图调整营业税课税标准，但其所订营业税章则未经国民政府财政部审核通过，所以未能得到各行商的认可和接受。

直至 1936 年，广东归政中央以后，宋子良出任广东省财政厅厅长，决意整理地方财政税收，将调整课税标准作为改革地方营业税制度的突破口。1937 年 1 月，广东省政府公布了经财政部修正通过的《广东省营业税征收章程》。该章程规定，物品贩卖业、特许商办业、旅馆业、包作业、运送业、浴室业、理发业、介绍代理业、庄口业、茶馆业、中西餐馆业、洋服业、物品租赁业、映相业、酒店业、仓库业、码头业、市场业、屠宰场业、娱乐场业均以营业额为课税标准，印刷出版业、制造加工业、信托业、不动产买卖业、银号业以资本额为课税标准。② 由此可见，新章程采用营业额和资本额两种课税标准，其中以营业额为主。广东省政府希望通过变更营业税课税标准以实现收入的增加。

然而，新章程遭到以广州市商会为代表的各行商的激烈反对。1937 年 1 月 8 日，各行商召开代表会议，决定向财政当局请愿，③ 并表示"如官厅不能收回仍照二十五年度课税标准成命"，各行商"决停业，候财部解决"。④ 各行商强烈反对营业额课税标准，因为在他们看来，广东绝大多数的中小商店主要在市内从事辗转贩卖，"若对营业收入额课税，每经转卖，即课税一次。若转行贩卖无限之次数，即重抽无限之税款……则除少数直接贩运商店外，其余大多数之中下等级商店，势必

---

① 《广东省营业税收入统计》，《统计月刊》第 4 期，1936 年，第 13～14 页。
② 《广东省营业税征收章程》（1937 年 1 月），《民国时期广东财政史料》第 3 册，第 54～56 页。
③ 《粤各行商反对营业税新章》，《申报》1937 年 1 月 13 日，第 4 版。
④ 《粤省反对营业税新章》，《申报》1937 年 1 月 14 日，第 4 版。

民国时期营业税制度的变迁

无业可营"。① 虽经广州市商会及各行商代表数次请求改善，但广东省财政厅仍决定继续执行新章程。为给当局施加更大压力，广州商界组织成立"反对营业税课税新标准案联合办事处"。该办事处通告全省商店："一致暂勿申报二十六年度营业税，以待解决；纵使新章程仍照资本额课税，亦须请求重新核实课税标准，以免除苛扰。"② 1937年1月15日，广州市商会全体执监委代表120余行商赴广东省政府、财政厅和营业税局请愿。③ 广东省财政厅厅长宋子良"以群情激昂，恐酿事变"，于当天上午乘机飞往上海"暂避风潮"，由财政厅秘书桂竞秋及科长董仲鼎代表宋子良接见请愿代表。商会主席请求财政厅"收回成命"，"令营业税局准照旧额课税"。④

广州市商会"照资本额课税"的请求未能为财政当局所接受，但财政厅方面又表示，"各行商有特别情形，在不抵触法令范围内，可予以考虑"。⑤ 各商决定再开会力争。1937年1月26日，广州市商会召开120余行商会议，一致反对营业税新章程，强烈要求改照资本额课税，并以罢市相威胁。⑥ 与此同时，广州各行商致电国民党五届三中全会，请求中央出面"撤销营业税新章，仍照资本额征税"。⑦ 在各行商的反对声中，广东营业税征收相当困难，"申报者寥寥"，为此广州市营业税局不得不呈请财政厅核准，"将申报期限展期"。⑧ 为缓和官商矛盾，广东省财政厅拟对营业税征收办法稍做调整，即"有娱乐性之商业，仍照营业额课税，批发制造等业则照资本额征税，但须重新申报资本额"。⑨ 政府单方面制定的营业税章则显然未能令商界满意。2月1日，

---

① 《粤商民坚请变更营业税新标准》，《申报》1937年1月16日，第11版。
② 《粤省百余行商请愿请求变更营业税课税新标准》，《申报》1937年1月18日，第9版。
③ 《粤商坚决表示反对营业税新章》，《申报》1937年1月15日，第4版。
④ 《粤商民请变更营业税新标准》，《银行周报》第21卷第3期，1937年，第8~10页。
⑤ 《粤各行商力争营业税》，《申报》1937年1月23日，第4版。
⑥ 《粤商会继续反对营业税》，《申报》1937年1月26日，第4版。
⑦ 《粤商请撤销营业税新章》，《申报》1937年1月28日，第4版。
⑧ 《粤营业税陈报寥寥》，《申报》1937年1月21日，第4版。
⑨ 《粤拟变更营业税征收办法》，《申报》1937年1月31日，第4版。

第五章 营业税课税标准的演变及其争议

广州市商会再次召开各行商代表会议,决议组织广州市商会研究税则委员会,以市商会执监委员 22 人和各商行推举代表 19 人为委员,该会的职责和宗旨是:"对营业税课税新标准,加以详细之研讨","汇集各行商意见,贡献政府,以收集思广益之效"。① 国民政府财政部方面对成立研究税则委员会表示支持,并致电广州市商会,"允改善征收办法",由税则委员会将各行营业状况及分类课税标准呈营业税局核办,"如能照营业额征收者,照旧办理,其不能者照资本额征税,以上两法均不适合者,则照报酬金额征税"。② 由此可见,财政部对此次课税标准之争十分关注,为化解纷争,甚至"允许"广东营业税课税标准"偏离"中央税法的规定。

广东营业税课税标准之争并未因财政部的表态而平息。1937 年 2 月 17 日,广东省商会联合会代表再次赴财政厅请愿,并表达了两点意见:(1) 在营业税问题解决前,准各地商人暂缓申报;(2) 仍照资本额征税。财政厅秘书桂竞秋在答复中表示,第一点建议"可以照办",第二点意见"仍需考虑"。③ 3 月 22 日,广东省财政厅对外公布了《修正营业税减征办法》。根据规定,贩卖业仍照营业额征税,但对原订税率有所减轻。此举意味着当局试图通过减轻税率换取各行商对新课税标准的支持。但在各行商看来,财政厅颁布的减轻营业税税率办法,仍然主张以营业额为课税标准,"对于商人全体之请求,尚未著边际"。各行商的实际要求是:"惟望变更以营业额课税,恢复以前照资本课税之标准。"④ 由于各商按照原课税标准征税的要求未能实现,广州市商会于 3 月 24 日开会商量应对办法。⑤ 会议决议,由各行派代表一名组成

---

① 《粤商界组织研究税制委员会对于营业税课税标准汇集各行商意见研究》,《申报》1937 年 2 月 4 日,第 10 版。
② 《粤营业税潮大致解决》,《申报》1937 年 2 月 6 日,第 4 版。
③ 《粤商继续反对营业税新章》,《申报》1937 年 2 月 18 日,第 4 版。
④ 《财政厅修正营业税减征办法》,《申报》1937 年 3 月 28 日,第 7 版;《粤省商人反对营业税课税潮》,《申报》1937 年 3 月 28 日,第 7 版。
⑤ 《广州营业税决改善新章》,《申报》1937 年 3 月 24 日,第 4 版。

民国时期营业税制度的变迁

请愿团,再次向省政府、财政厅、营业税局请愿。广州市商会的行动得到了佛山、江门、汕头、海口、番禺、乐昌、台山等地商会的支持和响应。① 经政府与商界方面多次协商,最终决定由官商共同设立的营业税评议委员会核对税额。后因评议工作进展缓慢,严重影响地方财政收入,广东省财政厅提请依照1937年1月公布的《广东省营业税征收章程》办理,当年7月以前"商会已评定之税额,若超过全年额半数者,则本年第一二两期税额,仍准照评定额数征收","其尚未评定部分,亦在指定期间内评竣,但评定之额,仍须送由当地营业税稽征机关审定"。② 此项办法经广东省政府第八届委员会第八次会议议决通过施行,成为当时广东营业税征收的唯一法律依据。至此,这场持续长达数年之久的广东营业税课税标准之争得以暂时平息。

与其他地方的商人组织请求改按营业额或资本额课税不同,重庆市商会却提出铺户业改用纯收益额课税标准。根据四川省政府拟定的营业税章程,铺户业应以营业额为课税标准。重庆市商会于1936年2月16日开会讨论营业税问题,并致函四川省营业税局指出,"除居间商外,其它渝市之铺户业,其营业性质本类似于居间商,且其组织简单,资本薄弱,顾客向铺户购买,多系零碎,铺户小商,获利甚少,尤不得不请特别救济"。该商会请求税局"按纯收益额课税,并请将税率减轻"。③ 四川省营业税局在复函中拒绝了商会的请求,认为居间商是指抽取佣金的掮客经纪,重庆普通铺户属于贩卖营业,与居间商性质迥然不同;所请按照纯收益额课税,与省政府所定课税办法不符。④ 收到复函后,重庆市商会立即召开会议,各商坚持力争,并于1936年3月1日再次致

---

① 《粤商再反对营业税新章》,《申报》1937年3月25日,第4版。
② 《粤营业税实行照章稽征》,《金融经济月刊》第1期,1937年,第66~67页。
③ 《渝市举办营业税情形》,《四川月报》第8卷第2期,1936年,第42~43页。
④ 《实施营业税之近况》,《四川经济月报》第5卷第2~3期合刊,1936年,第17~18页。

函营业税局，恳请"对于铺户商征收办法，采取纯收益为课税标准"。① 营业税局仍以铺户与居间商性质不同为由予以拒绝。② 3月21日，重庆市商会致函营业税局，以停业相威胁："倘不以纯收益课税，则所获微利，不足供营业税之缴纳，与其营贸反遭贴赔，不如停闭，不再垫累。"③ 营业税局不为所动，复函强调"对于纯收益课税办法，政府并未采用，本局断难变更"。④ 在此情况之下，重庆市商会唯有呈文四川省政府，希望省政府"准予转令营业税局，对于铺户小商特准按纯收益或资本额课税"。⑤ 四川省政府的批示与营业税局复函的态度基本一致。⑥ 为推行营业税，经商会与财政当局协商，财政厅厅长刘航琛最终承诺："凡出售商品，不增加价格的居间商，一旦类别呈明，即按资本税额征税。"⑦ 虽然重庆市商会没有实现将铺户业营业额课税标准改为纯收益额的目标，但经过官商反复交涉之后，终改为按资本额课税。

二 与所得税并征之争

营业税与所得税均为引自西方国家的现代税制，各界对两税并征或重复课税问题存在诸多争议。1927年7月，财政部赋税司司长贾士毅在拟定《营业税条例草案》时就指出，营业税如以每年收益额为课税

---

① 《重庆市商会为请对于铺户商以纯收益课税致营业税局函》，《经济杂志》第1卷第1期，1936年，第85页。
② 《营业税局为所请铺户商以纯益课税限于定章碍难照办复重庆市商会函》，《经济杂志》第1卷第1期，1936年，第86页。
③ 《重庆市商会为准各帮商民请求再请准以纯益课税致营业税局函》，《经济杂志》第1卷第1期，1936年，第86页。
④ 《营业税局为各帮所请以纯益或资本额课税限于定章仍难照办复重庆市商会函》，《经济杂志》第1卷第1期，1936年，第87页。
⑤ 《重庆市商会为转请令饬对于铺户小商准以营业纯收益或资本额课税以示体恤呈省府文》，《经济杂志》第1卷第1期，1936年，第88页。
⑥ 《省府为所请令饬对于营业纯益或资本额课税碍难照准批示重庆市商会文》，《经济杂志》第1卷第1期，1936年，第88页。
⑦ 《渝市商请求结果，营业税准予减征两月》，《新新闻》1936年4月16日，第5版。

283

标准,"则又涉及所得税之境域","惟以资本课税为原则,则与现在之情形,将来之计划,皆无窒碍"。① 财政部门已经意识到,如果营业税以收益额为课税标准,必然与所得税存在某些"重叠",所以在立法时倾向于采用资本额课税标准。在1928年7月召开的第一次全国财政会议上,与会代表就营业税与所得税关系问题也展开了热烈讨论,有人认为"营业税即所得税,似嫌重复",也有人认为"营业税之征收,不以公司盈余为标准";讨论结果为"将公司盈余税删去,并入所得税,营业税仍保留"。② 7月20日,裁厘委员会召开开征营业税案审查委员会,讨论结果为:"普通商业只纳营业税,经中央注册之公司只纳所得税。"③ 1931年1月以后,各省市在裁厘后相继开征营业税,而作为国家收入的所得税却因种种原因迟迟未能开征,故关于营业税与所得税关系的争议暂时搁置,但各地反对两税并征之事仍时有发生。1932年8月,山西全省商会联合会召开全体代表大会,营业税、所得税是大会讨论的中心问题,会议决议:"如官方必欲商界认缴营业税,则所得税应恳予以豁免,以为无形之交换条件,并即以大会名义联呈省府……如若以所得税为中央法令所许,且早作有用之途,未便豁免,则于商民半载力争之营业税,即恳准予撤销征收,以免口实。"④

至1936年以后,随着所得税立法和开征,营业税与所得税重复课税的争议再起。1936年7月,吴纯在《营业税与所得税之重复问题》一文中提出,立法院通过的《所得税征收条例》中的课税标准,分为营利事业所得、俸给报酬所得及证券存款利息所得三类,其营利事业所得实与营业税的征收发生重复课税,容易引起商人反感。有鉴于此,吴纯建议,"财政部推行所得税后,将现行营业税取消,而与所得税归并办理。最低限度,亦宜对于已征营业税之营利事业,免征其所得税"。

---

① 《国民政府营业税条例草案理由书》,《银行周报》第13卷第22期,1929年,第26页。
② 《国用财政行政税务联席会》,《申报》1928年7月5日,第12版。
③ 《裁厘会之审查会》,《申报》1928年7月20日,第8版。
④ 《山西全省商会请豁免所得税》,《申报》1932年8月28日,第13版。

第五章 营业税课税标准的演变及其争议

吴纯强调:"我国营业税之征收,不仅与所得税发生重复课税,且以营业额为课税标准之营业税,实为贩卖税性质,弊害滋多,不如将其取消而改征所得税,较为妥善。"① 针对此种言论,王丕烈在《所得税与营业税并征问题》一文中进行批驳。他首先说明重征和并征的区别,认为营业税与所得税不存在重复课税:"各省现行营业税与所得税并征,不但本质互异,而其负担之主体,复为二人,前者为消费人,而后者始为营业者,而非集二税于商人之一身也。商人之居奇取盈,盈利百倍,国家之赐可谓独厚,而初无所缴纳,殊违公平负担之旨。此工商界之应纳所得税与营业税,并非二者并行负担,而实只有其一而已之理也。"但是,为消除商民误会,王丕烈建议改办营业税为交易税:"各省现行之营业税,表面上虽为课之以营业纯益,而其实质即等于以营业额为课税标准之交易税……不如将现行各省市营业税稍加订正,改为交易税,始可名实相符,两得其利也。"② 王丕烈的观点得到不少经济学家的支持。此时马寅初也认为,营业就是交易,当然应以交易额(营业总收入)为课税标准;所谓纯收益就是"所得"与"利得",则营业上之纯收益税,实际就是所得税与利得税。③ 李权时也指出:"各省市征收营业税,其标准殆无不为资本额或营业额,其以纯收益额为标准者,可谓绝无仅有。故二税之分野,仍泾渭显然,不易混扰也……所得税系属能力税系统,而营业税则属享益税系统,前者为国家税,后者为地方税;前者系根据纳税能力之多寡,比例的或累进的向国家尽其分摊公共经费之义务,后者系根据享受政府保护之轻重,累进的或比例的向地方尽其分摊公共经费之义务。"④ 在所得税开征以后,经济学界倾向于将营业

---

① 吴纯:《营业税与所得税之重复问题》,《独立评论》第 214 期,1936 年,第 10~11 页。
② 王丕烈:《所得税与营业税并征问题》,《银行周报》第 21 卷第 28 期,1937 年,第 9 页。
③ 《马寅初全集》第 13 卷,第 318~319 页。
④ 权时:《地方营业税与中央所得税》,《银行周报》第 21 卷第 9 期,1937 年,第 1~2 页。

税改造为以营业总收入额为课税标准的交易税,以消除与所得税重征或并征之嫌疑。

在经济学界就营业税与所得税关系问题进行探讨之时,各地商人团体则纷纷上书政府,陈明商业困境及税负过重情形,请求政府废除营业税。1936年7月,常熟县商会在致行政院、财政部的电文中指出,"倘商家既纳营业税,一面再纳所得税,双管齐下,两税并征,其税率之高,断非现在商力所能担任……商民已痛苦不堪,如再两税并征,则一羊两剪其毛,商民何能忍受?"① 8月31日,汉口市商会在致财政部的呈文中也质疑营业税与所得税并征:"所得税推行最善之英美二国,均将营业税包括于所得税之中,不闻所得税外复有营业税。即其他各小国,于所得税推行后,亦无不免营业税之一部分。"该呈文提出,"今宜于施行所得税之日,明令废除营业税,借裕国库而苏民困"。② 1936年10月,财政部直接税筹备处主任高秉坊在谈话中称:"各地工商界间有对征收营利事业所得系与营业税重复者,经各专员解释,均已无异议。"③

然而,事情并非高秉坊所讲的那么简单,至少在商人看来,所得税与营业税似乎还是"水火不容",两者并征必定加重商民负担,所以要求缓办所得税以及废止营业税的呼声未能停息。1936年12月11日,兰州市商会致电国民政府指出,"(所得税)第一类营利事业所得之课税,与营业税之课自营业收益及资产收益者相同,未免重征",请求"准予营业税未废除之前,所得税暂缓施行"。④ 根据计划,广东省政府拟于1937年元旦起全面开征所得税,并将营业税推广至全省。商会方

---

① 《常熟县商会为解释请缓行所得税理由四点事致行政院财政部电》(1936年7月),马敏、肖芃主编《苏州商会档案丛编》第4辑下册,第1735页。
② 《汉口市商会为请修改所得税率并暂缓施行事呈财政部》(1936年8月31日),马敏、肖芃主编《苏州商会档案丛编》第4辑下册,第1738页。
③ 《高秉坊谈所得税进行顺利》,《申报》1936年10月24日,第4版。
④ 《兰州市商会电国民政府请修正所得税条例》(1936年12月11日),台北"国史馆"藏国民政府档案,档案号:001-012410-00021-016。

第五章 营业税课税标准的演变及其争议

面开会讨论,认为"若征所得税,则营业税应当停办;若二者同时推行,则在此凋零之商场中,将不胜其负担"。商会议决"呈请财政部免征营业税,并请将公布元旦开征之所得税,展至二十六年三月一日始行开征"。① 1937 年 1 月 21 日,上海市所得税研究会举行会议,会议讨论的议案就有《所得税实行应即停止营业税以昭平允而免重复案》。② 2 月 25 日,吴县县商会召开的第六届会员代表年会议决,"吁请行政院、财政部表示拥护推行所得税,同时明令取消营业税"。③ 苏州铁机丝织和纱缎等同业公会也纷纷建议,"财部开征所得税,但与所得税性质抵触,迹近重复之营业税,应在废止之列,俾免除一物重征"。④ 3 月 21 日,天津市商会营业税审核委员会的审查意见书也指出:"现国家既又征收所得税,应将此苛刻扰商之营业税立即取消。"⑤ 1937 年 3 月,江苏全省商会联合会在镇江召开联席会议,吴县县商会和化县县商会提议"电财政部表示拥护推行所得税,请求取消营业税",会议议决"呈请财政部所得税实行后,废除营业税以免重征,并函各市商联会一致主张"。⑥ 对于商联会提出取消营业税的建议,江苏省财政厅方面强调:"营业税法,既经立法院通过,行政院核准施行,系属正当之税收,当不能轻易有所变动。"⑦ 财政部则对江苏各商严厉批驳:"苏省各县商会有呈请取消营业税情事,如属实在,自系不明事理,借词误解。"⑧ 政府与社会各界围绕营业税与所得税的交涉和争论,使得政府在修订营业税章则时不敢轻易采用收益额课税标准。这也是 1941 年 9 月国民政府

---

① 《粤省元旦起开征所得营业两税》,《申报》1937 年 1 月 5 日,第 12 版。
② 《所得税研究会昨继续举行》,《申报》1937 年 1 月 22 日,第 13 版。
③ 《苏州商会代表大会》,《申报》1937 年 2 月 26 日,第 9 版。
④ 《请求取消营业税》,《申报》1937 年 3 月 1 日,第 10 版。
⑤ 《津商会营业税审核委员会关于营业税率的审查意见书》(1937 年 3 月 21 日),《天津商会档案汇编(1928~1937)》下册,第 1984 页。
⑥ 《呈请废除营业税》,《申报》1937 年 3 月 3 日,第 8 版。
⑦ 《营业税难取消》,《申报》1937 年 3 月 6 日,第 9 版。
⑧ 《吴县县政府为转知营业税与所得税性质不同不应取消事令吴县县商会》(1937 年 4 月 15 日),马敏、肖芃主编《苏州商会档案丛编》第 4 辑下册,第 1784 页。

民国时期营业税制度的变迁

第一次修正《营业税法》时取消收益额课税标准的重要原因之一。正如时人所言:"目前我国所得税尚在分类制度之际,营业税之纯益,亦即其所得,营业税如以纯益为课征标准,不特于事无补,而徒使人民发生复税之感。"①

在税收学中,根据税负能否转嫁,可将其分为直接税和间接税,能转嫁者为间接税,不能转嫁者为直接税。20世纪以后,随着资本主义经济的发展,西方国家实现了由以间接税为主向以直接税为主的转变,形成了以所得税为中心,收益税(即营业税)、财产税、财产交易税及消费税四种作为补充的税收结构。② 根据统计数据,1930年英国所得税在税收总收入中所占比重为43.3%;1932年美国所得税所占比重为50.7%,法国为30.2%,意大利为24.2%,德国为23.6%;1934年日本所得税所占比重为20.2%。③ 当时中国的大宗税种如关税、盐税和统税均为间接税,其税源集中于东南沿海地区,发生战争后果不堪设想。在1934年第二次全国财政会议上,关吉玉对此表达了担忧:"一旦开战,此三种(关税、盐税、统税)平日视为可靠之财源,皆将受敌人之威胁而趋于锐减或消灭。"④ 如何改变以间接税为主的税收结构是当局面临的重大问题。

实际上,早在清末民初就有引进西方所得税、遗产税等直接税制之议。作为直接税的主干,所得税尤其被寄予厚望:"课税以能应人民之纳税能力为最善,而真能应人民之纳税力者,则惟所得税。"⑤ 1914年1月11日,北京政府颁布《所得税条例》,后因种种因素的影响,所得

---

① 包超时:《我国现行营业税制度述要》,第17页。
② 马寅初:《马寅初全集》第5卷,第244页。
③ 《孔祥熙在中央党部纪念周作关于所得税问题的报告》(1936年9月28日),《中华民国工商税收史料选编》第4辑上册,第11页。
④ 《关于改进财政制度各案及决议案》(1934年5月),《中华民国工商税收史料选编》第1辑上册,第1243页。
⑤ 《论增税为今日之必要及所得税之优点》,《东方杂志》第9卷第1期,1912年,第46页。

第五章　营业税课税标准的演变及其争议

税推行屡屡受挫，至 1936 年 10 月才正式开征。① 1936 年 9 月 28 日，国民政府主席林森演讲时强调："所得税是一种最好的税制，既公平普遍，而且收入也固定，又不妨碍人民生产事业的发展。"② 经过二十多年的酝酿和探索，所得税作为"良税"的观念逐渐得到了社会的认可和接受，但对于课税对象、税率及征收程序等问题，各方仍有许多异议，所以推行阻力依然不小。③

抗战全面爆发后，开辟新税源迫在眉睫。军事委员会 1937 年 9 月制定的《总动员计划大纲》，在税收方面要求"改进旧税，举办新税"。④ 1938 年 3 月，国民党临时代表大会决议提高所得税税率并扩大其征收范围，举办遗产税，筹办战时利得税。⑤ 为便于直接税的征收管理，财政部于 1940 年成立直接税处，将所得税、遗产税、利得税、印花税统归其征收，1942 年起营业税亦归该处接管。随着直接税体系的扩充，其在国家税收收入结构中的地位显著提高。1940~1945 年度，国民政府最主要的间接税为盐税及附加、货物税，前者在税收总收入中所占比重分别为 14.2%、12.6%、32.1%、11.7%、40.2%、61.6%，后者所占比重分别为 8.9%、20.0%、13.4%、13.0%、10.5%、13.2%；直接税在税收总收入中的比重分别为 12.4%、18.6%、26.2%、32.0%、17.5%、14.5%（见表 5-8）。由此可见，抗战后期直接税与货物税、盐税及附加一道成为国民政府最重要的三项税收。

---

① 金鑫等主编《中华民国工商税收史·直接税卷》，第 21 页。
② 《林森作关于推行直接税的演讲》（1936 年 9 月 28 日），《中华民国工商税收史料选编》第 4 辑上册，第 7~8 页。
③ 魏文享：《国家税政的民间参与——近代中国所得税开征进程中的官民交涉》，《近代史研究》2015 年第 2 期。
④ 《财政部抄发〈总动员计划大纲〉的密令》（1937 年 9 月 11 日），《中华民国工商税收史料选编》第 1 辑上册，第 210 页。
⑤ 朱偰：《中国战时税制》，第 25 页。

289

民国时期营业税制度的变迁

表 5-8 1940~1945 年度国家税中直接税和主要间接税比较

单位：万元

年度	国家税总额	盐税及附加 税额	盐税及附加 比重(%)	货物税 税额	货物税 比重(%)	直接税 税额	直接税 比重(%)
1940	739	105	14.2	66	8.9	92	12.4
1941	996	125	12.6	199	20.0	185	18.6
1942	4475	1437	32.1	599	13.4	1174	26.2
1943	14120	1645	11.7	1837	13.0	4521	32.0
1944	53749	21592	40.2	5629	10.5	9413	17.5
1945	172093	106014	61.6	22742	13.2	24985	14.5

资料来源：根据《1937~1946 年度国税收入统计表》,《中华民国工商税收史料选编》第 1 辑下册, 第 3148 页编制。

表 5-9 1942~1945 年度直接税体系中各税所占比重

单位：%

年度	所得税	利得税	遗产税	印花税	营业税
1942	17.72	29.98	0.17	2.30	49.83
1943	21.92	26.99	1.08	8.16	41.85
1944	21.37	25.13	1.81	11.21	40.48
1945	19.03	20.98	1.76	16.88	41.35

资料来源：根据《财政部统计处编制之战时直接税分类收入统计表》(1946 年 9 月),《中华民国史档案资料汇编》第 5 辑第 2 编《财政经济》(2), 第 102~103 页编制。

  所得税是西方国家直接税体系的主干,国民政府财政当局也希望建立以所得税为中心的直接税体系。然而,统计数据显示,1942~1945 年度,所得税在直接税体系中所占比重为 20% 左右,利得税所占比重为 20%~30%,遗产税所占比重不足 2%,印花税所占比重由不足 3% 增至近 17%；作为直接税体系中的间接税,营业税所占比重始终保持在 40% 以上,甚至接近半数（见表 5-9）。直接税体系中真正的直接税并不占优势,这是中国直接税发展中的一个特点。当时的报告也指出：''在所得税之中综合所得税未举办之前,营利事业所得税范围未扩

290

第五章　营业税课税标准的演变及其争议

大之时，营业税尚不失为所得税之唯一补充税……（营业税）得居于直接税体系中之重要地位，诚非偶然，亦吾国租税制度之一特征焉。"①1947年元旦，直接税署署长王抚洲在《告直接税同仁书》中表示感慨："营业税之课税只问总售不问纯益，税源普遍，其他各税纵有短收，可赖营业税以弥补之，无形中养成依赖营业税而忽视本来直接税之惰性。喧宾夺主，本末倒置，税收之增殖，无补税质之降低。"② 直接税体系的发展促使中国税收结构发生一些新变化，但要像西方国家那样，直接税取代间接税在税收结构中占主导地位，就当时中国社会经济发展的实际而言，仍为时尚早。

小　结

近代西方国家营业税制度并非单一模式，各国根据其历史传统与社会经济条件，制定了各具特色的课税标准。时人也指出："社会经济之基础，各国互殊，财政当局之理想及其政策，又恒以历史背景之不同，未能一致，从而形成各国租税制度之特征。故营业税征收方法各异。"③各国营业税制度及课税标准亦非固定不变。如法国经历了从职业及营业税到贩卖税的转变；日本营业税经历了营业税向营业收益税的转变；德国营业税本以收益额及资本额为课税标准，后也改为以销售额为课税标准的贩卖税。至20世纪20年代，根据课税标准之不同，西方国家营业税制度大致演进为两种类型：以营业收益为课税标准者，称为营业收益税（Business Profit Tax）；以营业总收入额为课税标准者，称为贩卖税

---

① 《财政部统计处呈报营业税税收分析签呈及复表》（1945年11月17日），《中华民国工商税收史料选编》第5辑上册，第493～494页。
② 《直接税署署长告直接税同仁书》（1947年1月1日），《中华民国工商税收史料选编》第4辑上册，第61页。
③ 汪中：《营业税之课税标准》，《钱业月报》第11卷第6期，1931年，第14页。

或交易税（Sales Tax or Turnover Tax）。① 中国引进西方营业税制度时，以营业收益税为目标，但在实践中反而以营业额课税标准为主，辅之以资本额或收益额课税标准，这在中央和地方营业税法规中得到充分体现。实际上，不仅中央法规中的课税标准根据形势变化而演进，地方法规中的课税标准也根据实际需要不断地调适。值得注意的是，在营业税立法和征收过程中，经济学界提出许多建议，有主张以营业额为课税标准者，也有主张以收益额为课税标准者，为政府制定营业税制度提供了重要参考。同时，各业同业公会、商会等商人组织也不断地反映各商的诉求，有要求改按资本额课税者，也有要求改按收益额课税者，他们的要求也是政府不能不考虑的重要问题。可以说，政府与各种社会力量的角力是推动近代中国营业税课税标准发展演变的重要动力之一。

从营业税不同课税标准各自的特点来看，收益额课税标准按照各业获利多少课税，符合能力原则，似乎更为合理；采用营业额、资本额课税标准，无论盈亏均要纳税，其课税范围极为广泛，符合财政收入原则。就征税效率的角度而言，营业额课税标准简单有效，颇受中央和地方政府青睐，故成为最主要的课税标准。事实上，民国时期中国营业税不具备普遍采用收益额课税标准的条件。营业税征收机关必须根据各商账簿确定应纳税额，按照中国传统商业习惯，商人将账簿视作商业机密，征税机关很难掌握商家经营实况。"内地商家，对于簿记类多付缺如，征税者欲查核某一商号全年营业数额，实属难能……此乃办理营业税不能彻底之通病。"② 会计制度的革新程度远远未能达到营业税制度发展的要求，准确核算商家营业额或资本额已经颇为不易，更何谈收益额呢？课税标准在很大程度上决定了营业税本身的性质。一般而言，以营业收入额为课税标准，税负易于转嫁；以收益额为课税标准，税负则

---

① 颂平：《大战后各国营业税之检讨》，《银行周报》第15卷第5期，1931年，第9页；寿景伟：《从营业税到营业收益税应有之准备》，《经济学季刊》第2卷第2期，1931年，第38页。

② 许元新：《营业税之课征程序》，《公信会计月刊》第6卷第5期，1941年，第144页。

第五章　营业税课税标准的演变及其争议

难以转嫁。前者属于直接税,后者属于间接税。① 法国营业税就是典型的间接税,"货物经一次之转卖,其价格将随营业税增收额而增加,商人虽负缴纳营业税之责任,而其结果,仍将转嫁于消费者"。② 中国营业税主要采用营业额课税标准征收,商品货物在辗转运销的过程中,税负易于含于价内转嫁出去,大大加重了消费者的税收负担。当时的学者也指出:"营业税的性质,是不论行商住商,凡发生一次营业行为,就要课他一道税……因之消费者的负担也就很重,原料品由生产者手中卖到厂商,至少经过两道税,厂商制造出来卖到消费者手中,至少又经过三道税。"③ 税负转嫁造成商品货物价格大幅上涨,民众购买力水平大幅下降;民众需求萎缩,反过来会制约商家的经营。这是各地商人组织抵制营业税或要求变更课税标准的重要原因。因此,民国时期中国营业税具有明显的间接税性质,但因极少数行业采用了收益额课税标准,故又有一些直接税的色彩。这表明中国营业税制度并非照搬西方国家的某种模式,而是依据自身实际情况进行设计和调适,力图在国家与社会之间寻求某种利益的均衡。

---

① 李锐、何廉:《财政学》,第305页;侯厚培:《营业税问题》,第44~53页。
② 《近代各国营业税述要(一)》,王澹如译,《商业月刊》第1卷第1期,1931年,第16页。
③ 甘融:《营业税的归宿和物价》,《金融汇报》第4期,1946年,第2~3页。

293

结　语

民国时期，中国政治、社会、经济处于转型与变化之中，战乱不断，财政枯竭。为了维持正常的运转，政府必须设法增加财政收入。税收是政府增加财政收入的一个重要手段，其大致有两种路径：一是整理旧税，包括田赋、盐税等；二是引进西方税制，包括印花税、所得税、遗产税等。作为一个引自西方国家的现代税制，营业税在民国财政税收中有着非常重要的地位和作用。

首先，营业税取代了厘金，建立了相对合理的税收制度。厘金初办时只是一种为镇压太平天国起义的临时筹款措施，后因其收效显著，"故乱事既定，而厘仍征收，年复一年，遂成一种牢不可破之税制"。[①] 厘金有"行厘"和"坐厘"两种：一是对行商贩运货物所征的"行厘"，属于通过税性质；二是对坐商征收的"坐厘"，则属于营业税性质。晚清时厘金已经成为政府财政的重要收入来源之一。根据周育民对晚清厘金历年全国总收入的估算，光绪五年以后厘金岁入已长年在2000万两以上，光绪二十九年以后突破3000万两。[②] 厘金在清政府财政收入中所占比重为15%~20%。[③] 厘金在为政府带来巨额收入的同

[①] 马寅初：《马寅初全集》第2卷，第154页。
[②] 周育民：《晚清厘金历年全国总收入的再估计》，《清史研究》2011年第3期。
[③] 罗玉东：《中国厘金史》下册，商务印书馆，1936，第469页；周志初：《晚清财政经济研究》，齐鲁书社，2002，第174~175页。

时,也带来种种弊病,严重阻碍工商业经济的发展。马寅初一针见血地指出:"考厘金之病,在乎关卡林立,重床叠几,一物之税,一征再征,成本多少,不可知也;甚至所运货物,何时达到,亦不可知,则商人之痛苦,可以想见矣。关卡胥吏,擅作威福,包庇中饱,留难苛索,显而易见之尤小,隐而难知之弊极大。故厘金不裁,工商业无振兴之望。"① 因此,裁撤厘金,建立更为合理的税收制度,是民众的共同愿望。

早在1909年的《东方杂志》上就有人提出"中国宜免厘金,创办营业税"的言论。该文认为,欲摆脱当前的财政困境和发达工商业只有一个办法:"其惟免厘金乎,然而以何法为善,其惟办营业税乎。"②该文从中国的实际出发,提出了一条挽救财政危机的办法,即裁撤厘金,代之以营业税。北京政府时期,"国度支浩繁,入不敷出,民力凋敝,迫达极点",裁厘加税成为中外关注的焦点问题。1922年11月,关税研究会会长李景铭先生提出,应当建立科学合理的税收制度:"是宜急谋增设善良之租税,使苛捐杂税,渐次裁撤,乃可以济国用而纾民困,忒非求其有公平确实永久之性质者不可。"李景铭认为,可以效仿西方国家征收营业税:"营业税者,就其营业之赢利而征收之,既受国家之保护,即有纳税之义务,故东西各国靡不通行。"③南京国民政府时期,以营业税抵补裁厘损失的主张逐渐得到了社会各界的认可和接受。侯厚培在《营业税问题之研究》一文中,阐述了营业税的四大优点:(1)营业税以盈利多寡为课税标准,盈利愈大,纳税愈多,比较公平;(2)营业税以收益为税源,其纳税多者,均为大公司大商人,故收入额甚多,能充裕国库;(3)商家临时亏损时,可以免征营业税,减少骚扰;(4)营业税计算比较容易,税源比较集中,征收及稽查方

---

① 马寅初:《财政学与中国财政——理论与实践》下册,商务印书馆,2000,第354页。
② 《论中国宜免厘金创办营业税》,《东方杂志》第6卷第2期,1909年,第31页。
③ 《李景铭之营业税提议案》,《申报》1922年11月29日,第9版。

便，费用经济。① 侯厚培认为："中国于税则改革时，欲图得一种好税源，收入多而可靠，可以抵补裁厘损失的税则，营业税实为最佳的一种。"② 马寅初也对营业税推崇备至："营业税在中国最为重要，因其为弥补裁厘损失之惟一方法。"③ 他将西方营业税与厘金比较之后，得出以下几点结论："营业税比厘金公允"，"厘金重重剥削，漫无限制，营业税在交易完成后再行纳税"；"厘金不无贫富大小，遇卡则税，遇关则抽，营业税不及小贩卖"；"不以营利为目的的事业可以免营业税"，"厘金有附加，营业税则无之"。④

社会各界裁厘及改办营业税的主张最终在南京国民政府时期的财政税收政策中得以实现。1928年7月召开的第一次全国财政会议决议将营业税交由各省政府办理，其后召开的全国裁厘委员会会议将各省征收营业税与裁厘合并讨论，拟定了《各省征收营业税大纲》。至1931年6月，南京国民政府正式颁布了中国历史上第一部《营业税法》，标志着中央层面营业税制度的基本确立，同时宣告在中国存在近八十年之久的厘金的终结。营业税主要以营业额、资本额和纯收益额为课税标准，根据纳税人或单位的纳税能力进行课税，能够体现税收的公平原则。纳税能力强者，多纳税；纳税能力弱者，少纳税或不纳税。正如时人所言："营业税比厘金优良之点多得很，最重要的就是厘金不论贫富，不论资本的大小都要纳税，而营业税则对于能力大的取得多，能力小的取得少，能力弱的就不取，由此我们可也知道营业税制是多么优良呢！"⑤ 林美莉在《西洋税制在近代中国的发展》一书中也指出："营业税采取以业课税的原则，比起物物课税的厘金来得简化，而且在征课手续上也较为单纯，可以说是近代中国运用比较进步税制的一个尝试。"⑥

---

① 侯厚培：《营业税问题之研究》，《复旦季刊》第1卷第2期，1925年，第21~23页。
② 侯厚培：《营业税问题》，第67页。
③ 马寅初：《马寅初全集》第5卷，第229页。
④ 马寅初：《财政学与中国财政——理论与实现》下册，第356~357页。
⑤ 蔡元：《厘金与营业税》，《北平市营业税特刊》，1931年8月，第16页。
⑥ 林美莉：《西洋税制在近代中国的发展》，第178页。

结　语

其次，在国民政府的分税制体制下，营业税与田赋构建起地方税收体系的主体，为地方现代化事业建设提供了不可代替的资金支持。地方现代化事业的建设和发展需要稳定的资金支持。在分税制体制下，地方政府需要独立的财源，拥有若干个适合作为地方税的税种。这些地方税种构成地方现代化事业建设的资金保障。厘金本来是地方政府的重要财源，但自裁厘以后，地方税收收入锐减。营业税税源在地方，所以它适合作为地方税，很多地方将其作为发展地方现代化事业的重要资金来源。在北平市营业税开征之初，市政府就计划将营业税款项用于该市的市政建设。① 有的地方政府还以营业税作为抵押进行借款，如1932年9月和10月，浙江省政府先后向上海辛泰银公司借款20万元和25万元，分别以第一区和第二区营业税作为抵押。② 1935年3月江苏省财政厅以"各项税收均淡，政费不敷"为由，呈请省政府以该年营业税为抵押，向中央、交通、上海、江苏四银行借款150万元，借款期限为八个月。③

在南京国民政府的分税制体制下，地方税收收入主要有田赋、契税、营业税、房捐、船捐等。从1936年度各省市的税收收入结构来看，田赋占58.68%，营业税占30.51%，契税占8.82%，其他税种所占比重不大。④ 由此可见，营业税与田赋一起构建起地方税收体系的主体。数据显示，1936~1941年度，营业税收入稳步增长，其在地方财政收入中的比重由15%左右大幅增加至32%以上。⑤ 地方政府的正常运作及各项现代化事业的发展主要依靠地方财政的支持，所以作为地方税收大宗的营业税在其间发挥着不可替代的作用。

---

① 蔡元：《北平前途》，《北平市营业税特刊》，1931年8月，第6~7页。
② 朱炳南、严仁赓：《中国之营业税》，《社会科学杂志》第6卷第2期，1935年，第409页。
③ 《苏营业税抵押借款》，《申报》1935年3月14日，第10版。
④ 张一凡：《民元来我国之地方财政》，第181页。
⑤ 《1936~1941年度各省市营业税收入与岁入总额比较表》，《中华民国工商税收史料选编》第5辑上册，第482页。

297

民国时期营业税制度的变迁

最后，抗战时期营业税成为政府增税的重要手段，大大扩充了直接税体系，有效地支持了抗战财政，为中国争取民族独立做出了积极贡献。虞和平在《中国现代化历程》一书中指出："中国现代化除包括工业化和民主化这两个一般现代化含义所包括的主体内容外，还包括民族化——争取民族独立这一中国现代化所特有的内容。争取民族独立不仅是中国现代化的一项不可或缺的内容，而且是中国现代化进程的一个重要动力和前提条件。"① 1937年7月，日本发动全面侵华战争，中华民族面临空前的民族危机。如何集中全国财力物力以争取抗战的胜利，获得民族独立，是摆在中国政府和人民面前的重大问题，这关系到中国现代化的历史进程。

现代战争是经济及财力的战争，税收在战时财政中有不可替代的作用。关吉玉在《营业税三三论》一文中明确指出："在中国现行各税中，其能具有制度简单，收入丰富，而永久可靠之战税特质者，当无过于营业税。"② 1937年8月7日，四川省政府主席刘湘在南京参加最高国防会议时表示愿意领军出川作战。军费是刘湘十分关心的问题。在财政十分困窘的情况下，四川省财政厅厅长刘航琛受刘湘之托，负责筹集军费，并经中央电令，将营业税"一律解往前方，充作战费"。③ 为迅速增加收入，1937年9月四川省政府出台《四川营业税非常时期暂行办法》，将营业税税率由6‰大幅提高至3%。此举取得立竿见影的效果，11月营业税收入就接近60万元，是前一个月的3倍；12月营业税收入增加至100万元以上。④ 1938年川军第二次出川抗战时，由于税淡款绌，无从筹措军费，四川省政府便以营业税作抵押，向四大银行（中央银行、中国银行、交通银行、农民银行）押借法币160万元，作

---

① 虞和平主编《中国现代化历程》第1卷，江苏人民出版社，2001，第33页。
② 关吉玉：《营业税三三论》，《四川营业税周报》第1卷第1期，1937年，第14页。
③ 《中央令川省营业税悉数作战费》，《四川月报》第11卷第6期，1937年，第107页。
④ 《四川省营业税局呈办理税收经过》（1938年1月13日），四川省档案馆藏，全宗号：59，案卷号：1822，第33～34页。

结　语

为出川部队经费及补发欠饷。① 作为川军出川作战粮饷费用的一个重要组成部分，四川营业税为支持抗战财政做出了贡献。1942 年营业税由财政部直接税处接管以后，作为战税，营业税的地位反而得到进一步提高，其在直接税中的比重始终保持在 40% 以上。抗战中后期，直接税与货物税、盐税及其附加一道成为国民政府最重要的三项税收，在有的年份直接税的比重甚至高达 30% 以上。因此，作为直接税体系中的主力，营业税在战时财政税收中的作用不言而喻。可以说，营业税为中国争取民族独立做出了贡献，在中国现代化进程中具有特殊而重大的历史意义。

民国时期营业税制度的建立和发展对改进中国税制有积极意义，对中央财政和地方财政也有着重要的作用。但受种种因素的制约，营业税制度运行过程中也存在种种不足，以致加重民众负担，影响了实际征收效果。

按照中央税法，乡村商店本在免税之列，但很多乡镇营业税征收处为征得更多税款，对免税规定置若罔闻，致使乡间小民深受其害。据涪陵县百汇场商民等反映：“沿街唤卖纸烟者，必纳营业税，卖葱蒜小菜者，必纳营业税，甚而卖米一升者，必抓营业税一撮，卖鸡蛋数枚者，必拿营业税一个，收税者自喜得计，纳税者怨声载道，长此以往，势必致乡人不敢入市，商店迫而歇业，小民生活陷于绝境。”② 面对营业税渗透至乡村、危害地方民生经济的局面，前同盟会会员陈炳堃在致国民政府和四川省政府的陈情书中指出：“川省营业税抽收办法与中央所定营业税法不合，各地办理者亦未尽善，故一般手工营生之穷苦百姓，如理发业、裁缝业、小食店等，以及零售小摊借以营谋生活者，均抽取无遗，此间连遭匪患天灾、民穷财尽之地，一般穷苦营生之小民无力

---

① 《省府绥署为发川军出征费向四行借款》，《四川月报》第 12 卷第 5~6 期合刊，1938 年，第 111 页。
② 《呈为吁恳豁免乡村营业税事》（1938 年 3 月 27 日），四川省档案馆藏，全宗号：59，案卷号：275，第 51~52 页。

负担。"①

从稽征的角度看，当时的工商企业的会计制度远远未能满足查征的需求。独资经营企业盈亏全由个人负责，有无簿记并不重要，"即或有之，亦仅赊欠而已，或有旧式流水总账诸簿，内容则又删改圈围，奇字异体，辨识困难"。②账簿不能反映经营实况，加大了税收稽征难度，致使偷税漏税严重，"除少数规模较大的企业账簿真实，申报不至短漏外，其余大部隐匿真账，另立伪簿，以为搪抵，或将大宗收入，漏不登记"。③营业税的征收还要受到地方势力的阻挠，底层乡镇营业税征收更是如此。如1938年12月18日成华稽征处派员赴崇义桥征收税款时，遭到当地商民的强烈抵制。商人黄云宾等纠众百余人拥至该处征收税款所在地吼称："本场营业税，曾呈控行营，奉有批示。此后一律免征，如敢再来征税，定予打烂，绝对拒绝调查。"后经税局派员调查得知，黄云宝等阻挠征税的真实目的在于"妄图推翻原案，使税收停滞，再由其出面认包，以遂私谋"。④可见，地方社会势力已成为营业税征收的一大障碍。1938年7月，施基夫被派往涪陵营业税局整理乡场税务，他在《我办乡镇营业税的经验》一文中介绍了征收乡镇营业税的具体实践"经验"。由此，我们也可以窥见办理四川各地乡镇营业税的种种艰辛和困难："办理税收（营业税）的人最好能像化缘的道人一样，如遇商人狡赖，便向他解释；一遇执拗不由，又要像是打架者一样，便要兜许多的圈子，借了种种的力量来说服他……常常不管你说得怎样好听，他们都不会理睬你的……有些场镇上的刁狡商人，你若不能用剀切而明了的言辞去开导，去说服他们，那么，你要想收到税款简直是'缘木求鱼'一样的困难。如果你的说话技巧不到家，说得不肯定，理

---

① 《请中央政府改善四川营业税办法第四次陈请书》（1938年3月），四川省档案馆藏，全宗号：59，案卷号：275，第55~56页。
② 许钱侬：《最近四川财政论》，中央政治学校研究部，1938年，第258页。
③ 《省府令整理营业税令》，《四川经济月刊》第10卷第3期，1938年，第12~13页。
④ 《四川省营业税局华阳县办理营业税情形》（1939年1月），四川省档案馆藏，全宗号：59，案卷号：509，第25~27页。

结　语

解得不周到，他们会说你'冒充'的，弄得障碍重重。因而税款也就无从收起了！尤其是一些摊户较铺户更难说服。"①

直接税处接管营业税以后，厉行直接查征，清除地方包征积弊，而这遭到了包征受益者的抵制。鸣龙场位于西充南部盐亭边境，素以丝绸特产品著称，是成渝万及其他各县大丝绸商采购丝绸之地。该场丝绸两项税收由乡长冯资政布告招标承包，全年计120余万元。1943年7月，西充直接税查征所以该场丝绸特产交易甚旺，派范查征员前去宣传开办营业税。该乡长及包商为顾及私人利益，竟命令乡所队丁严锦云等将该查征员毒打，以致该场税收无法推进。② 当时营业税征收机构主要集中到大城市及商业发达地区，对于偏远及不发达地区的营业税征收管理力度严重不足，加之处于战乱之中，中央政令难以达到，这为税务人员舞弊行为和地方社会势力影响税务提供了条件。无论是税员苛扰商民还是地方势力的抵制，不仅制约了营业税制度的实施，而且加深政府与民众之间的隔阂。这可从当时流传于重庆民间的几句隐语中略见一斑："从军不如从正（政），为正不如从良（粮食部门），从良不如下堂（食糖专卖部门），下堂不如当娼（仓库管理），当娼不如直接睡（直接税）！"③

需要说明的是，以上对营业税制度的研究只是个案研究，尚未能从整体上把握民国时期税收制度的演进。从学术研究的规律来看，某一领域的研究大致会经历由浅到深、由个案到整体的过程。在笔者看来，目前民国税收史研究仍需从不同侧面、不同角度做更多的个案研究。只有这样，若干年以后，一幅能全面反映民国税收与社会变迁的画卷才会展现在人们的面前。

---

① 施基夫：《我办乡镇营业税的经验》，《四川省营业税局月报》第2卷第1期，1939年，第13页。
② 《西邑鸣龙场乡长违抗税收影响抗战形同汉奸案》（1944年4月10日），四川省档案馆藏，全宗号：59，案卷号：2297，第286~287页。
③ 侯坤宏：《抗战时期的税务控案》，《财政与近代历史论文集》下册，台北，中研院近代史研究所，1999，第731页。

参考文献

一 档案资料

重庆市档案馆藏,全宗号53,档案号:1-247、2-228、2-509、2-850、2-890、2-916、2-973、2-1020、2-1044、2-1237、2-1257、2-1305、2-1345、2-1357、2-1378、2-1380、2-1381、2-1387、2-1389、3-181、12-101、12-191、13-106、15-98、19-2108、19-2735、19-2746、19-2761、19-2840、21-101、25-74、26-24、27-143、28-34、28-54、29-356;全宗号54,档案号:1-11、1-24、1-25、1-69、1-196、1-207、1-336、1-345、1-346、1-347、1-367、1-375、1-397、1-484、1-576、1-637。

上海市档案馆藏,档案号:Q109-1-860、Q109-1-861、Q109-1-1999-129、Q202-1-110、Q300-1-22-133、Q432-2-126、Q432-2-1196、S395-1-70-47、S395-1-70-56、S395-1-70-119、S395-1-70-174。

四川省档案馆藏,全宗号59,档案号:130、158、161、247、275、290、493、494、496、509、1067、1134、1181、1198、1226、

1241、1254、1319、1356、1590、1686、1688、1689、1822、1930、1931、1943、1944、1945、1996、2051、2142、2143、2297、4148、4211、4602、5086、5519、5613、6015、6026、6611。

台北"国史馆"藏，档案号：001-012400-00003、001-012410-00021、001-012410-0029、001-012410-00030、001-012410-0031。

二 报刊资料

《北京营业税特辑》《财政经济汇刊》《财政评论》《财政研究》《大公报》《工商半月刊》《工商导报》《工商法规》《广东省政府公报》《广州民国日报》《国闻周报》《湖南财政汇刊》《江苏省政府公报》《京报》《经济汇报》《经济学季刊》《立信月刊》《民国日报》《宁波日报》《商会月报》《上海会计师公会会刊》《社会科学杂志》《申报》《时报》《顺天时报》《四川经济汇刊》《四川经济季刊》《四川经济月刊》《四川日报》《四川省营业税局月报》《四川省营业税周报》《四川月报》《香港工商日报》《新民报》《新闻报》《新新新闻》《益世报》《银行周报》《浙江财政月刊》《浙江省财政统计》《直接税月报》《中兴日报》等。

三 文献资料

包超时、倪镇：《中国营业税》，国民政府财政部直接税处经济研究室，1943。

北京市档案馆编《民国时期北平市工商税收档案史料汇编》，中国档案出版社，1998。

财政部财政科学研究所、中国第二历史档案馆：《国民政府财政金融税收档案史料（1927~1937）》，中国财政经济出版社，1997。

财政部四川财政特派员公署编印《四川财政概况》，1936。

财政部统计处编《中华民国战时财政金融统计》，1946。

财政部直接税处印行《营业税宣传资料辑要》，1943。

财政部直接税署编《中央接管后之营业税》，1946。

曹国卿：《财政学》，独立出版社，1947。

曹国卿：《中国财政问题与立法》，正中书局，1947。

曹仲植：《河南省地方财政》，文威印刷所，1941。

地方财政整理会议汇编委员会编辑《地方财政整理会议汇编》，财政部总务司发行，1940。

第三次全国财政会议秘书处编辑《第三次全国财政会议汇编》，财政部总务司，1941。

高秉坊：《中国直接税史实》，国民政府财政部直接税处经济研究室，1943。

龚桂芳：《成都市营业税之研究》，华西协和大学社会学系社会调查报告，1939。

关吉玉：《中国税制》，经济研究社，1945。

广东省财政科学研究所、广东省立中山图书馆、广东省档案馆编辑《民国时期广东财政史料》（全六册），广东教育出版社，2011。

广西省政府编《广西省营业税章则辑览》，1934。

河北省财政厅编《河北省二十二年度财政报告书》，1935。

河南省公署财政厅印《河南省营业税征收暂行章程》，1940。

侯厚培：《营业税问题》，上海大东书局，1931。

胡善恒：《赋税论》，商务印书馆，1934。

吉德湘：《营业税概论》，前锋报社，1944。

贾德怀：《民国财政简史》，商务印书馆，1947。

贾士毅：《民国续财政史》，商务印书馆，1932~1934。

江苏省财政厅编《江苏省财政法规汇编》，1942。

江苏省政府法规编审委员会编《江苏省单行法规汇编》，江苏省政府秘书处庶务股，1935。

江苏省中华民国工商税收史编写组、中国第二历史档案馆编《中华民国工商税收史料选编》第1、3、4、5辑，南京大学出版社，1994、1996、1999。

江西省政府财政厅编《江西财政报告书》，1939。

金国珍：《中国财政论》，商务印书馆，1930。

李权时：《财政学原理》，商务印书馆，1935。

李锐、何廉：《财政学》，国立编译馆，1934。

罗敦伟：《中国战时财政金融政策》，财政评论社，1944。

罗玉东：《中国厘金史》，商务印书馆，1936。

吕登平：《四川农村经济》，商务印书馆，1936。

马存坤：《非常时期之地方财政》，中华书局，1937。

马敏、肖芃主编《苏州商会档案丛编》第4、6辑，华中师范大学出版社，2009、2011。

南京特别市财政局编《财政讨论初集》，南京特别市财政局事务股，1929。

丘东旭：《我国租税政策之研究与批判》，福建合作印刷工厂，1945。

全国财政会议秘书处编辑《第二次全国财政会议汇编》，财政部总务司，1934。

四川省政府财政厅秘书室编《四川省现行财政章令汇刊》，成都公记新新印刷社，1938。

四川省政府秘书处法制办编《四川省现行法规汇编·财政》，1941。

山东省营业税筹办委员会编《山东省营业税筹办委员会工作报告》，1931。

上海市年鉴委员会编纂《上海市年鉴》，上海市通志馆，1935。

谭宪澄：《地方财政》，商务印书馆，1939。

天津市档案馆等编《天津商会档案汇编（1928~1937）》，天津人民出版社，1996。

童蒙正：《中国营业税之研究》，正中书局，1942。

王首春：《租税》，商务印书馆，1930。

王孝泉：《福建财政史纲》，远东书局，1936。

卫挺生：《中国今日之财政》，商务印书馆，1931。

魏颂唐：《财政学撮要》，浙江经济学会，1928。

西南经济调查合作委员会：《四川经济考察团考察报告》，独立出版社，1939。

许钱侬：《最近四川财政论》，中央政治学校研究部，1938。

杨汝梅：《国民政府财政概况论》，中华书局，1938。

杨廷尉、袁中丕、朱俊主编，江苏省财政志编辑办公室编《江苏财政史料丛书》第2辑第2分册，方志出版社，1999。

姚庆三：《财政学原论》，大学书店，1934。

叶元龙：《中国财政问题》，商务印书馆，1937。

尹文敬：《财政学》，商务印书馆，1935。

云南省财政厅总务科编《云南财政特刊》，1931。

张淼：《中国营业税制度》，正中书局，1943。

张肖梅：《四川经济参考资料》，中国国民经济研究所，1939。

浙江财务人员养成所编《浙江财政概要》，1931。

浙江省财政厅第四科编《最近之浙江财政》，1931。

郑拔驾：《福建财政研究》，华宝印刷局，1931。

直接税处经济研究室编《营业税逃税百弊》，直接税处经济研究室，1943。

中国第二历史档案馆编《中华民国史档案资料汇编》第3辑《财政》，江苏古籍出版社，1991。

中国第二历史档案馆编《中华民国史档案资料汇编》第5辑第1编《财政经济》（2），江苏古籍出版社，1994。

中国第二历史档案馆编《中华民国史档案资料汇编》第5辑第2

编《财政经济》(1)(2)，江苏古籍出版社，1997。

周伯棣：《租税论》，文化供应社印行，1943。

朱斯煌：《民国经济史》，银行学会编印，1947。

朱偰：《中国战时税制》，财政评论社，1943。

朱偰：《中国租税问题》，商务印书馆，1936。

祝步唐：《直接税纳税义务人须知》，英华书店，1944。

四　研究著作

〔美〕白凯：《长江下游地区的地租、赋税与农民的反抗斗争（1840~1950年）》，林枫译，上海书店出版社，2005。

〔美〕B. 盖伊·彼得斯：《税收政治学》，郭为桂、黄宁莺译，江苏人民出版社，2008。

崔国华：《抗日战争时期国民政府财政金融政策》，西南财经大学出版社，1995。

董长芝：《民国财政经济史》，辽宁师范大学出版社，1997。

〔美〕杜赞奇：《文化、权力与国家：1900~1942年的华北农村》，王福明译，江苏人民出版社，2008。

付志宇：《中国近代税制流变初探——民国税收问题研究》，中国财政经济出版社，2007。

付志宇：《近代中国税收现代化进程的思想史考察》，西南财经大学出版社，2010。

何一民：《变革与发展——中国内陆城市成都现代化研究》，四川大学出版社，2001。

侯坤宏：《抗战时期中央财政与地方财政》，台北，"国史馆"，2000。

黄仁宇：《十六世纪明代中国之财政与税收》，三联书店，2001。

黄天华：《中国税收制度史》，华东师范大学出版社，2007。

金鑫主编《中华民国工商税收史纲》，中国财政经济出版社，2001。

〔日〕久保亨：《走向自立之路：两次世界大战之间中国的关税通货政策和经济发展》，王小嘉译，中国社会科学出版社，2004。

匡球：《中国抗战时期税制概要》，中国财政经济出版社，1988。

李柏槐：《现代性制度外衣下的传统组织——民国时期成都工商同业公会研究》，四川大学出版社，2006。

李国忠：《民国时期中央与地方的关系》，天津人民出版社，2004。

林美莉：《西洋税制在近代中国的发展》，台北，中研院近代史研究所，2005。

李炜光：《中国财政史述论稿》，中国财政经济出版社，2000。

陆仰渊：《民国社会经济史》，中国经济出版社，1991。

〔美〕罗伯特·A. 柯白：《四川军阀与国民政府》，殷钟崃、李惟健译，四川人民出版社，1985。

罗荣渠：《现代化新论——世界与中国的现代化进程》，北京大学出版社，1993。

吕铁贞：《近代外商来华投资法律制度》，法律出版社，2009。

马金华：《民国财政研究：中国财政现代化的雏形》，经济科学出版社，2009。

马敏：《官商之间：社会剧变中的近代绅商》，华中师范大学出版社，1995。

《马寅初全集》，浙江人民出版社，1999。

潘国旗：《民国浙江财政研究》，中国社会科学出版社，2007。

彭通湖、刘方健编《四川近代经济史》，西南财经大学出版社，2000。

曲绍宏、白丽健编《中国近现代财政简史》，南开大学出版社，2006。

四川省中国经济史学会编《抗战时期的大后方经济》，四川大学出版社，1989。

孙翊刚：《中国赋税史》，中国财政经济出版社，1997。

王笛：《跨出封闭的世界——长江上游区域社会研究（1644~1911）》，中华书局，1993。

〔美〕王国斌：《转变的中国：历史变迁与欧洲经验的局限》，李伯重、连玲玲译，江苏人民出版社，2008。

王坤一：《中国营业税史》，台北，台湾商务印书馆，1971。

王骐骥、赵赴越、姜炳团主编《税收·社会·经济》，海潮出版社，1998。

〔英〕威廉·配第：《赋税论》，邱霞、原磊译，华夏出版社，2006。

吴兆莘：《中国税制史》，上海书店出版社，1996。

项怀诚主编《中国财政通史·中华民国卷》，中国财政经济出版社，2006。

辛向阳：《百年博弈：中国中央与地方关系100年》，山东人民出版社，2000。

许涤新、吴承明主编《中国资本主义发展史》，人民出版社，2003。

徐建生：《民国时期经济政策的沿袭与变异（1912~1937）》，福建人民出版社，2006。

〔美〕亚当士：《财政学大纲》，刘秉麟译，商务印书馆，1946。

杨荫溥：《民国财政史》，中国财政经济出版社，1985。

叶振鹏：《20世纪中国财政史研究概要》，湖南人民出版社，2005。

殷崇浩主编《中国税收通史》，光明日报出版社，1991。

银行学会编《民国经济史》，京华书局，1967。

尹红群：《民国时期的地方财政与地方政治——以浙江为个案》，湖南人民出版社，2008。

虞宝棠：《国民政府与民国经济》，华东师范大学出版社，1998。

虞和平：《20世纪的中国——走向现代化的历程》（经济卷），人民出版社，2010。

虞和平：《商会与中国早期现代化》，上海人民出版社，1993。

虞和平主编《中国现代化历程》，江苏人民出版社，2001。

曾康华：《西方财税理论研究》，中国财政经济出版社，2007。

〔美〕詹姆斯·C. 斯科特：《农民的道义经济学》，程立显、刘建等译，凤凰传媒集团、译林出版社，2001。

张东刚、朱荫贵等主编《世界经济体制下的民国时期经济》，中国财政经济出版社，2005。

张公权：《中国通货膨胀史（一九三七——一九四九年）》，文史资料出版社，1986。

张海鹏、龚云：《中国近代史研究》，福建人民出版社，2004。

张连红：《整合与互动：民国时期中央与地方财政关系研究（1927~1937）》，南京师范大学出版社，1999。

张生：《南京国民政府的税收》，南京出版社，2001。

赵云旗：《中国分税制财政体制研究》，经济科学出版社，2005。

郑备军：《中国近代厘金制度研究》，中国财政经济出版社，2004。

中华民国工商税收史编委会编《中华民国工商税收史·货物税卷》，中国财政经济出版社，2001。

中华民国工商税收史编委会编《中华民国工商税收史·地方税卷》，中国财政经济出版社，1999。

中央财经大学中国财政史研究所编《财政史研究》，中国财政经济出版社，2008。

周开庆：《民国刘甫澄先生湘年谱》，台北，台湾商务印书馆，1981。

周天豹、凌承学：《抗日战争时期西南经济发展概述》，西南师范大学出版社，1988。

周志初：《晚清财政经济研究》，齐鲁书社，2002。

朱红琼：《中央与地方财政关系及其变迁史》，经济科学出版社，2008。

朱英：《近代中国商会、行会及商团新论》，中国人民大学出版社，2008。

朱英：《商会与近代中国》，华中师范大学出版社，2005。

邹进文：《民国财政思想研究》，武汉大学出版社，2008。

五　论文

敖涛、付志宇：《民国时期地方财政体制思想探索》，《贵州社会科学》2017 年第 11 期。

敖涛、付志宇：《民国时期租税理论的现代化探索》，《税务研究》2018 年第 3 期。

北洋财税制度研究课题组：《北洋时期中央与地方财政关系研究》，《财政研究》1996 年第 8 期。

陈锋：《20 世纪的清代财政史研究》，《史学月刊》2004 年第 1 期。

陈锋：《近 40 年中国财政史研究的进展与反思》，《江汉论坛》2019 年第 4 期。

陈可畏：《略论民初上海商民的抗税斗争》，《历史教学问题》2009 年第 4 期。

陈勤：《试论南京国民政府的税制改革》，《南京社会科学》1998 年第 2 期。

陈勇勤：《所得税与国民党政府财政——从崔敬伯的财税理论谈起》，《学术研究》1996 年第 2 期。

陈诗启：《南京政府的关税行政改革》，《历史研究》1995 年第 3 期。

董长芝：《宋子文、孔祥熙与国民政府的税制改革》，《民国档案》1999 年第 3 期。

董振平：《论抗战时期国民政府的盐税政策》，《抗日战争研究》

2004年第3期。

董振平:《试论1927~1937年南京国民政府的统税政策》,《齐鲁学刊》1992年第3期。

董振平:《1927~1937年南京国民政府关税的整理与改革述论》,《齐鲁学刊》1999年第4期。

杜恂诚:《民国时期的中央与地方财政划分》,《中国社会科学》1998年第3期。

付志宇:《历史上分税制的产生和形成》,《税务研究》2002年第2期。

付志宇、敖涛:《近代中国直接税的发展及其借鉴》,《财政科学》2016年第5期。

龚汝富:《近代中国国家税和地方税划分之检讨》,《当代财经》1998年第1期。

国英:《略评三十年代的关税自主政策》,《山西师大学报》(社会科学版)1999年第2期。

韩昌盛:《略论抗战时期四川省所得税的征收》,《文史杂志》2009年第1期。

何继华:《民国时期营业税税制性质分析》,《中国证券期货》2009年第7期。

胡子祥:《1927~1937年南京国民政府税制改革缘由探析》,《江汉学刊》2002年第3期。

黄建富:《论南京政府初期的"特种消费税"》,《上海经济研究》2000年第4期。

金普森、董振平:《试论1927~1937南京国民政府对盐税的整理》,《浙江社会科学》1992年第3期。

柯伟明:《1934年第二次全国财政会议与地方税收整理》,《近代史学刊》第20辑,社会科学文献出版社,2018。

柯伟明:《1936~1937年广东币制改革的券币比率之争》,《近代史研究》2017年第6期。

柯伟明：《1940年代临时财产税的立法与社会反应》，《福建论坛》（人文社会科学版）2016年第2期。

柯伟明：《抗战时期中央对地方营业税的接收与改革》，《民国档案》2014年第2期。

柯伟明：《论民国时期的营业税税率与税负》，《安徽史学》2015年第3期。

柯伟明：《论战时四川营业税制度的改革》，《抗日战争研究》2013年第3期。

柯伟明：《民国时期地方税收权力的流失——以1939～1949年重庆营业税为中心的考察》，《安徽史学》2012年第1期。

柯伟明：《民国时期广东裁厘及其对地方财政的影响》，《暨南学报》（哲学社会科学版）2015年第9期。

柯伟明：《民国时期广东营业税课税标准之争》，《兰州学刊》2015年第7期。

柯伟明：《民国时期马寅初的税收思想研究》，《江西财经大学学报》2017年第1期。

柯伟明：《民国时期税收征管激励机制研究》，《兰州学刊》2017年第6期。

柯伟明：《民国时期特种营业税的征收及其影响》，《中山大学学报》（社会科学版）2017年第3期。

柯伟明：《南京国民政府第一次全国财政会议新探》，《广东社会科学》2016年第2期。

柯伟明：《南京国民政府时期江苏营业税的创办与改革》，《民国研究》第30辑，社会科学文献出版社，2016。

柯伟明：《南京国民政府时期中央、地方与商界的税收纷争——1931年营业税法颁布前后的分析》，《民国档案》2011年第4期。

柯伟明：《南京国民政府税收现代化的挫折——以涉外营业税为中

心的考察》，《理论界》2011年第7期。

柯伟明：《宋子良与广东归政中央后的财政整理》，《暨南学报》（哲学社会科学版）2017年第10期。

柯伟明：《引进与调适：近代中国营业税之课税标准及其争议》，《中国经济史研究》2018年第2期。

柯伟明：《在传统与现代之间：再论南京国民政府时期的营业税征收制度》，《中国经济史研究》2013年第4期。

柯伟明：《战时政府与商界的税收关系——以四川营业税税率风波为中心的考察》，《抗日战争研究》2012年第2期。

柯伟明、于广：《民国税收史研究中的三种"关系"》，《中国社会经济史研究》2015年第4期。

黎浩：《试论南京国民政府的裁厘改税》，《历史教学》1998年第8期。

李柏槐：《民国商会与同业公会关系探析——以1929～1949年的成都市为例》，《四川师范大学学报》（社会科学版）2005年第2期。

李德英：《同业公会与城市政府关系初探——以民国时期成都市为例》，《城市史研究》，天津社会科学院出版社，2004。

李金铮、吴志国：《清末官方与民间社会互动之一瞥——以1908～1911年天津商会反对印花税为中心》，《江海学刊》2006年第6期。

雷家琼：《抗战前中国遗产税开征的多方推进》，《近代史研究》2016年第4期。

李凌宇：《评南京国民政府的关税自主》，《历史教学》1987年第10期。

李铁强：《抗战时期国民政府田赋征实政策再认识》，《中国社会科学院研究生院学报》2004年第3期。

林枫：《也谈民国时期中央与地方财政的划分问题》，《中国经济问题》2001年第3期。

刘椿：《三十年代南京国民政府的田赋整理》，《中国农史》2000

年第 2 期。

刘洪升：《民国初期的盐政改革对盐务近代化的影响》，《河北学刊》1996 年第 5 期。

刘慧宇：《论南京国民政府时期国地财政划分制度》，《中国经济史研究》2001 年第 4 期。

刘云虹：《北洋时期江苏商人的捐税抗争》，《民国档案》1998 年第 4 期。

马军：《1945 至 1949 年上海米商研究》，《史林》2007 年第 6 期。

牛淑萍：《1927 至 1937 年南京国民政府田赋整理述评》，《民国档案》1999 年第 3 期。

潘国旗：《第三次全国财政会议与抗战后期国民政府财政经济政策的调整》，《抗日战争研究》2004 年第 4 期。

潘国旗：《抗战初期国民政府财政政策考辨》，《抗日战争研究》2003 年第 1 期。

潘国旗：《论战时的浙江省财政》，《抗日战争研究》2009 年第 2 期。

潘国旗、汪晓浩：《民国时期的浙江营业税述论》，《浙江社会科学》2010 年第 12 期。

宋美云：《近代中国商会中介性的制度分析——以天津商会为个案》，《天津社会科学》2003 年第 3 期。

宋美云、王静：《民国时期天津牙税向营业税的过渡——以油行为例》，《史林》2011 年第 6 期。

王玉茹：《中国近代政府行为的特征及其对国家工业化的影响——关于近代中国制度变迁几个理论问题的思考》，《南开经济研究》2000 年第 1 期。

魏文享：《"对逃税作战"：近代直接税征收中关于逃税问题的论述》，《兰州学刊》2016 年第 2 期。

魏文享：《工商团体与南京政府时期之营业税包征制》，《近代史研究》2007年第6期。

魏文享：《国家税政的民间参与——近代中国所得税开征进程中的官民交涉》，《近代史研究》2015年第2期。

魏文享：《华洋如何同税：近代所得税开征中的外侨纳税问题》，《近代史研究》2017年第5期。

魏文享：《近代职业会计师与所得税法的推进（1936~1937）》，《人文杂志》2013年第3期。

魏文享：《抗诉与协征之间：近代天津商人团体与所得税稽征》，《中国经济史研究》2017年第4期。

魏文享：《沦陷时期的天津商会与税收征稽——以所得税、营业税为例》，《安徽史学》2016年第4期。

魏文享：《民国工商税收史研究之现状与展望》，《中国社会经济史研究》2019年第1期。

魏文享：《贪污惩治、税政革新与派系权争——抗战胜利前后直接税署长高秉坊贪污案解析》，《史学月刊》2017年第7期。

魏文享、张莉：《自征抑或代征：近代天津营业税征稽方式的路径选择（1931~1937）》，《华中师范大学学报》（人文社会科学版）2019年第2期。

吴承明：《谈谈经济史研究方法问题》，《中国经济史研究》2005年第1期。

吴景平：《从银行立法看30年代国民政府与沪银行业关系》，《史学月刊》2001年第4期。

吴景平：《近代中国内债史研究对象刍议——以国民政府1927年至1937年为例》，《中国社会科学》2001年第5期。

吴景平、王征：《抗战时期经济研究50年》，《抗日战争研究》1999年第3期。

夏巨富：《"新瓶装旧酒"：1931年厘金废除与广州市营业税开征》，《中国社会经济史研究》2017年第3期。

徐鼎新：《商会与近代中国社会经济发展》，《上海经济研究》1999年第1期。

严云强：《抗战时期国民政府的税制改革》，《重庆社会科学》2005年第8期。

尹红群：《略论1941年国民政府国家财政体系改制》，《中国经济史研究》2006年第2期。

虞和平：《关于中国现代化史研究的新思考》，《史学月刊》2004年第6期。

虞和平：《现代化研究与中国历史学的创新》，《上海交通大学学报》（社科版）2002年第3期。

于广：《1928年前后卷烟统税开征中的华洋纳税问题》，《史林》2017年第3期。

袁成毅：《南京国民政府三次"裁厘"述评》，《民国档案》1998年第2期。

袁成毅：《现代化视野中的抗日战争》，《史林》2005年第1期。

张立杰：《南京国民政府盐税整理与改革述论》，《民国档案》2008年第1期。

张连红：《论南京国民政府在现代化进程中的角色——以财政为中心》，《江海学刊》1997年第4期。

张生：《论南京政府初期的盐税改革》，《近代史研究》1992年第2期。

张生：《南京国民政府初期关税改革述评》，《近代史研究》1993年第2期。

张生：《南京国民政府时期的印花税述评（1927~1937年）》，《苏州大学学报》1998年第2期。

章启辉、付志宇：《北京政府时期税收政策的演变及借鉴》，《湖南大学学报》（社会科学版）2009年第2期。

章启辉、付志宇：《南京国民政府时期税收政策演变的思考》，《湖南师范大学社会科学学报》2009年第2期。

张神根：《论抗战后期国民政府对国家与地方财政关系的重大调整》，《历史档案》1997年第1期。

张兆茹：《抗战时期国民政府的财金政策研究》，《渤海学刊》1995年第4期。

张志超、曲绍宏等：《中国财政现代化模式的历程——民国时期（1912~1937）财税改革问题对话》，《华北水利水电学院学报》（社科版）2007年第3期。

周岚：《抗战期间国民政府赋税政策述略》，《民国档案》1991年第1期。

周育民：《晚清加税裁厘交涉案初探》，《中国社会经济史研究》1988年第2期。

朱荫贵：《对近代中国经济史研究中心线索的再思考》，《社会科学》2010年第6期。

朱荫贵：《辛亥革命与近代中国市场经济的发展》，《学术月刊》2012年第7期。

朱荫贵：《中日早期现代化中资金问题的比较研究（1870~1911年）》，《上海行政学院学报》2001年第3期。

朱英、夏巨富：《广州市商会与1937年营业税风潮》，《河北学刊》2015年第6期。

陈跃：《近代裁厘运动研究》，硕士学位论文，安徽师范大学，2007。

段树：《北洋时期的国地财政划分》，硕士学位论文，广西师范大学，2005。

高峰：《抗战时期国民政府直接税征收述论——以西康为中心》，硕士学位论文，四川大学，2007。

郝银侠：《抗战时期国民政府田赋征实制度之研究》，博士学位论文，华中师范大学，2008。

胡芳：《民国时期所得税法制研究》，硕士学位论文，江西财经大学，2010。

胡松：《南京国民政府时期所得税之研究》，硕士学位论文，华中师范大学，2009。

金源云：《南京国民政府卷烟统税研究》，硕士学位论文，河北师范大学，2003。

柯伟明：《民国时期四川营业税的实施与社会反应——以1936~1941年税率问题为中心的考察》，硕士学位论文，四川大学，2009。

柯伟明：《营业税与民国时期的税收现代化（1927~1949）》，博士学位论文，复旦大学，2013。

李向东：《印花税在中国的移植与初步发展（1903~1927）》，博士学位论文，华中师范大学，2008。

栾世文：《抗战时期直接税的实施与影响》，硕士学位论文，华中师范大学，2004。

申义植：《从创办厘金到裁厘加税》，博士学位论文，南京大学，1997。

夏国祥：《中国近代税制改革思想研究》，博士学位论文，上海财经大学，2003。

张神根：《袁世凯统治时期北京政府的财政变革（1912~1916）》，博士学位论文，南京大学，1993。

郑备军：《中国近代厘金制度研究》，博士学位论文，浙江大学，2003。

六　数据库资源

JSTOR西文过刊全文库、大成老旧刊全文数据库、典海民国文献数据库、读秀学术搜索数据库、民国期刊全文数据库、民国图书数据库、全国报刊索引数据库、中美百万册电子图书数据库等。

后 记

2009年秋，我进入复旦大学历史学系，随朱荫贵教授攻读博士学位。朱老师的主要研究方向为近代中国企业史、金融史，这也是很多师兄师姐博士论文选题的方向。但是，朱老师非常支持和鼓励我根据自己的兴趣选择研究题目。最终我以《营业税与民国时期的税收现代化（1927~1949）》为题完成博士论文，并于2013年5月通过答辩。

博士毕业后，我到中山大学历史学系任教。在拓展研究领域的同时，我以博士论文为基础申报国家社科基金，获得2016年度青年项目立项。经过三年的努力，该项目于2019年8月顺利结项，本书是该项目的最终成果。在本书即将出版之际，衷心感谢一直以来教导、帮助和鼓励我的诸位师友！

感谢西南财经大学刘方健、四川大学李德英、复旦大学朱荫贵等老师对我谆谆教导，指引我一步步地走上学术道路。

感谢复旦大学历史学系吴景平、金光耀、章清、戴鞍钢、王立诚、陈雁、司佳、马建标、张仲民等老师在学业上对我的指导和帮助。

感谢中山大学历史学系吴义雄、刘志伟、关晓红、景蜀慧、赵立彬、何文平、黄国信、江滢河、曹家启、程美宝、曹天忠、孙宏云、朱卫斌、潘一宁、牛军凯、温强、温春来、谷小水、李爱丽、周湘、周立红、谢湜、安东强、费晟、陈喆、李欣荣、於梅舫、于薇、刘勇、杨培娜、曹鸿等老师和同事在教学、科研等方面给予我的帮助和支持。

后 记

感谢父母、爱人对我工作的理解和支持。感谢两个宝宝为我的生活增添了许多乐趣，促使我在学术道路上奋力前行！

柯伟明
2020 年 3 月 11 日

图书在版编目(CIP)数据

民国时期营业税制度的变迁 / 柯伟明著. －－北京：社会科学文献出版社，2020.6
（近代中国的知识与制度转型丛书）
ISBN 978－7－5201－6508－2

Ⅰ.①民… Ⅱ.①柯… Ⅲ.①工商营业税－税收制度－财政史－研究－中国－民国 Ⅳ.①F812.96

中国版本图书馆 CIP 数据核字（2020）第 058552 号

·近代中国的知识与制度转型丛书·
民国时期营业税制度的变迁

著　　者 / 柯伟明

出 版 人 / 谢寿光
组稿编辑 / 宋荣欣
责任编辑 / 邵璐璐

出　　版 / 社会科学文献出版社·历史学分社（010）59367256
　　　　　 地址：北京市北三环中路甲 29 号院华龙大厦　邮编：100029
　　　　　 网址：www.ssap.com.cn
发　　行 / 市场营销中心（010）59367081　59367083
印　　装 / 三河市尚艺印装有限公司
规　　格 / 开　本：787mm×1092mm　1/16
　　　　　 印　张：20.5　字　数：294 千字
版　　次 / 2020 年 6 月第 1 版　2020 年 6 月第 1 次印刷
书　　号 / ISBN 978－7－5201－6508－2
定　　价 / 98.00 元

本书如有印装质量问题，请与读者服务中心（010－59367028）联系

▲ 版权所有 翻印必究